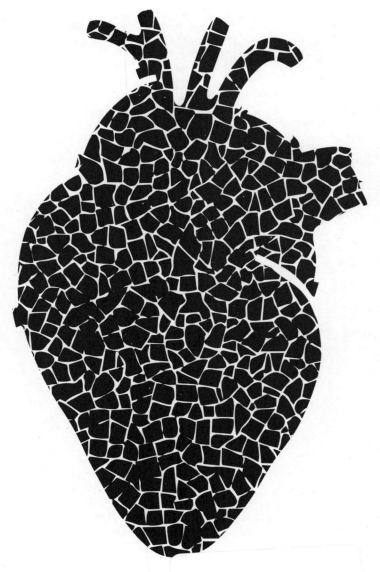

Sheila Walsh

QUEBRANTAMENTO
Como Deus reconstrói corações feridos

Tradução de *Markus A. Hediger*

Título original: *God loves broken people: and those who pretend they're not*
Copyright © 2012 por Sheila Walsh
Copyright da tradução © 2021 por Vida Melhor Editora Ltda.
Edição original por Thomas Nelson. Todos os direitos reservados.

As citações bíblicas são da *Nova Versão Internacional* (NVI), da Biblica, Inc., a menos que seja especificada outra versão da Bíblia Sagrada.

Os pontos de vista desta obra são de total responsabilidade da autora, não refletindo necessariamente a posição da Thomas Nelson Brasil, da HarperCollins Christian Publishing ou de sua equipe editorial.

PUBLISHER	*Samuel Coto*
EDITOR	*Guilherme H. Lorenzetti*
TRADUÇÃO	*Markus A. Hediger*
COPIDESQUE	*Eliana M. Mattos e Lais Chagas*
REVISÃO	*Jean Xavier*
CAPA	*Débora Grazola*
DIAGRAMAÇÃO	*Filigrana*

Dados Internacionais de Catalogação na Publicação (CIP)

W19q Walsh, Sheila
1.ed. Quebrantamento: como Deus reconstrói corações feridos / Sheila Walsh ; tradução de Markus Hediger. – 1.ed. – Rio de Janeiro: Thomas Nelson Brasil, 2021.
256 p.; 15,5 x 23 cm.

Tradução de: God loves broken people
ISBN: 978-65-56892-33-7

1. Crescimento espiritual. 2. Consolador – Espírito Santo. 3. Deus (Cristianismo) – amor e adoração. 4. Vida cristã. I. Hediger, Markus. II. Título.
06-2021/17   CDD 248.4

Índice para catálogo sistemático:
1. Vida cristã: Dificuldades: Cristianismo 248.4
Bibliotecária responsável: Aline Graziele Benitez CRB-1/3129

Thomas Nelson Brasil é uma marca licenciada à Vida Melhor Editora Ltda.
Todos os direitos reservados à Vida Melhor Editora Ltda.
Rua da Quitanda, 86, sala 218 - Centro
Rio de Janeiro, RJ - CEP 20091-005
Tel.: (21) 3175-1030
www.thomasnelson.com.br

*Em memória de Ruth Bell Graham,
que me ensinou a procurar a beleza
que Deus esconde no
quebrantamento*

Sumário

AGRADECIMENTOS
• 9 •

INTRODUÇÃO
Tudo bem não estar bem
• 11 •

UM
Não estou acenando; estou me afogando
Quando águas profundas encontram um amor ainda mais profundo
• 13 •

DOIS
Cordeiros rejeitados e ovelhas rebeldes
Um pastor que vai atrás de vítimas e vilões
• 29 •

TRÊS
Feridas antigas têm boa memória
Encontrando uma saída da escuridão
• 41 •

QUATRO
Perguntas persistentes
A paz e a presença de Deus nas noites mais escuras e batalhas mais longas
• 59 •

CINCO
Esconde-esconde, fazer de conta e outras fugas fracassadas
Como evitar uma velha estratégia que nunca funciona
• 75 •

SEIS
O que posso saber com certeza?
Três verdades sólidas para manter você de pé, aconteça o que acontecer
• 89 •

SETE
Um conto de duas Teresas
Sabedoria provada pelo tempo para lidar com dor persistente
• 101 •

OITO
Amor intenso e graça de Halloween
Por que a dedicação feroz de Deus a você vem com surpresas
• 115 •

NOVE
Nada a proteger, nada a perder
Três escolhas quando o sofrimento leva você da plateia para o palco
• 133 •

DEZ
Chamado para algo maior
Permita que Deus use sua dor para os propósitos maravilhosos do céu
• 147 •

ONZE
Somente os feridos podem servir
E se suas feridas tornam você apto para o serviço dele?
• 161 •

DOZE
A dor sagrada
Como Deus transforma suas feridas em algo santo
• 175 •

TREZE
Cristo, o quebrantado
O Salvador que escolheu sofrer... por você
• 189 •

EPÍLOGO
O anseio pelo Éden
• 203 •

ESTUDO BÍBLICO
• 207 •

AGRADECIMENTOS

*E*screver este livro foi uma longa e extensa luta, mas estou muito ciente de que não estava sozinha no ringue. Quero agradecer àqueles que lutaram ao meu lado.

Brian Hampton, obrigada pela graça e pelo espaço para acertar tudo. Você poderia ter desistido dessa — mas permitiu que continuássemos *round* após *round*, até terminarmos.

Bryan Norman, o que posso dizer? Você continua me dando um lugar para crescer, aplaude quando acerto e ouve quando algo parece estar errado. Você é muito mais do que um grande editor. Você é um grande amigo.

Christin Ditchfield, obrigada por se permitir sujar um pouco com sangue nessa batalha. Você me encorajou muito quando sei que também precisava de encorajamento. Suas ideias foram maravilhosas, mas seu coração foi ainda mais.

Lee Hough e Rick Christian, todo lutador precisa de alguém que seja seu defensor; vocês entraram no ringue quando eu estava nocauteada e me levantaram. Sou profundamente grata.

Steve Halliday, que coisa incrível tem sido o trabalho ao seu lado! Amo seu humor e sua sabedoria, seu jeito de usar palavras e seu coração maravilhado diante do amor feroz de Deus. Aprendi muito trabalhando com você. Obrigada.

Larry Libby, você tem um dom enorme de entender as nuanças da língua. Você pole cada palavra até ela brilhar como o cinturão de um campeão!

Barry e Christian Walsh, o amor e encorajamento que recebo de vocês são implacáveis. Vocês me apoiam nas estações inseguras da vida, e eu os amo.

Introdução
Tudo bem não estar bem

Se eu pudesse escrever um único livro em toda a minha vida, pediria a Deus que fosse este, o livro que você está segurando em suas mãos agora.

A mensagem deste livro é a paixão da minha vida. Acredito, com tudo que há em mim, que Deus ama pessoas feridas e que, quando em algum momento no processo doloroso de sermos feridos e machucados encontramos uma forma de acolhê-lo na escuridão, podemos conhecer seu amor de um jeito que nunca conhecemos antes. E isso, meu amigo, não é pouca coisa.

Quando a casa de vidro em que eu tinha vivido por tantos anos ruiu, comecei uma vida nova fora da segurança daquelas paredes. Não, a sensação não foi boa. Nada boa. No início, nem me sentia segura. Mas parecia *verdadeiro*. Eu me vi como um cordeiro ferido que, mancando, seguia o Pastor, sem saber para onde ele estava indo, mas sabendo que estaria com ele para onde quer que ele fosse. Até hoje, permaneço totalmente convencida de uma coisa inalterável: o Pastor me ama. As palavras que eu cantava como criança são, hoje, mais verdadeiras do que nunca para mim: "Jesus me ama, disso eu sei".

Tenho observado essa mesma convicção na vida de outros homens e mulheres quebrantados que conheci ao longo dos anos. Eles jamais teriam concordado com o quebrantamento de antemão (quem teria?), mas, agora, não mudariam nada. Não trocariam o relacionamento mais profundo que encontraram com Deus por *nada*. Não é que Deus ama as pessoas quebrantadas em nosso meio mais do que aquelas que se consideram íntegras; é simplesmente que *sabemos* que somos amados. Ousamos acreditar nisso. E sabemos que não há esperança, vida e sentido últimos sem ele. Eu entreguei minha vida a Cristo aos 11 anos. Agora, tenho 55 e, após 44 anos nessa jornada, dediquei minhas crenças mais fortes e mais profundas a estas páginas.

Isso não significa que você encontrará tudo pronto e arrumadinho. Eu *gostaria de* poder dizer-lhe que, no passado, tudo costumava ser ruim, mas que, agora, tudo está bem e todas as páginas dispersas da história da minha vida estão guardadas em suas respectivas gavetas. Mas não posso.

Ainda não.

Talvez não deste lado do céu.

Sim, há dias em que o caminho adiante de mim parece claro e eu me sinto maravilhada ao contemplar o amor e a misericórdia de Deus. Mas também há dias escuros e noites ainda mais escuras. Um sonho recorrente me assombra. As circunstâncias e os personagens mudam, mas a mensagem é sempre a mesma: "Você está sozinha, você sempre estará sozinha". Na maioria das manhãs, eu consigo esquecer a pior parte, tomar uma xícara de café quente e abraçar o novo dia. Mas, às vezes, o sonho deixa pequenas digitais escuras, manchas que não podem ser removidas facilmente e que parecem se agarrar a mim por horas.

Este sonho tem me assombrado desde a infância: eu me vejo andando por um corredor até uma câmara de execução, prestes a ser morta por um crime que não cometi. Pelas paredes de vidro do corredor, vejo membros da minha família e amigos conversarem uns com os outros, rindo e contando histórias. Grito pedindo ajuda a eles... Mas, de alguma forma, não me ouvem.

Acordo banhada em suor frio. Meu marido está deitado ao meu lado, meu filho dorme profundamente no andar de cima, e meus cachorros — um ao lado da minha cabeça e outro aos meus pés — descansam em paz. Sinto o peso bem-vindo de Belle sobre meus tornozelos, uma prova tangível de que não estou sozinha.

Por que, então, o sonho ainda me persegue depois de todos esses anos? Infelizmente, feridas antigas trazem lembranças profundas. Nos momentos após despertar, nos momentos em que meu pulso volta ao normal, agradeço a Deus por ser amada, mesmo que não esteja "consertada". Tudo bem não estar bem.

Você ousa acreditar nisso? Você ousaria levar todos os pedaços quebrados da sua vida —com os resquícios de feridas antigas e pesadelos insistentes — até Deus e permitir que ele faça o que somente ele pode fazer?

Muitos de nós estariam dispostos a assumir tal risco... se acreditássemos que somos verdadeiramente amados. Esta, então, é a minha oração por você ao começarmos esta jornada. Oro para que você saiba — até a medula de seus ossos — que Deus te ama com uma paixão feroz e imortal; que você não está sozinho e que ele se comprometeu, com todo o seu poder onipotente, a guiá-lo em segurança ao longo de todo o caminho até você chegar em casa.

Um

Não estou acenando; estou me afogando

Quando águas profundas encontram um amor ainda mais profundo

Desde a infância, ela havia lutado contra sentimentos esmagadores de melancolia.

Como adulta, as coisas não melhoraram.

A poetisa britânica Stevie Smith identificou a raiz de sua luta numa infância difícil e na devastação causada pelo pai quando ele abandonou a família. Seu poema mais famoso emprestou seu título a uma coletânea que publicou em 1957. Ela o chamou simplesmente de *Não estou acenando, estou me afogando*. Seu curto poema de 12 versos retrata um homem moribundo gesticulando loucamente em meio às ondas, mas sem conseguir chamar a atenção e receber a ajuda das pessoas que passam pela praia. Elas o veem, mas supõem que ele está apenas acenando. E assim elas continuam andando, talvez até acenem de volta... permitindo que ele se afogue. O poema termina com estes versos aflitos:

> *Durante toda a minha vida, estive sempre muito longe*
> *Não acenando, mas me afogando.*

Alguma vez você já sentiu algo parecido?

Eu já. Às vezes, ainda sinto.

A despeito do amor feroz de Jesus e da graça imensurável de Deus, às vezes eu jogo meus braços para o alto, gesticulando loucamente, e as pessoas sorriem e respondem com algo que entendem como aceno. Mas não estou acenando. Estou me afogando. Mesmo aqueles que têm caminhado com Cristo por anos podem ser surpreendidos por feridas do passado como uma tempestade inesperada.

Nessas últimas semanas, por exemplo, as águas começaram a subir quando voltei de um fim de semana de palestras. Como costumo fazer, mandei uma mensagem para o meu marido, dizendo "Pousei!", assim que as rodas do avião tocaram o chão. Eu tinha me acostumado a esperar a resposta "Viva!". Dessa vez, ele acrescentou que estava saindo para pegar nosso filho, que tinha passado a noite e o dia na casa de seu melhor amigo. Um pouco depois das dez da noite, peguei minha mala da esteira e fui até meu carro. Moramos a uns trinta minutos do aeroporto, por isso eu tinha certeza de que Barry e Christian chegariam em casa antes de mim. Mas, quando estacionei na frente da nossa casa, ela estava escura.

Que sensação de desolação quando vi uma casa escura no lugar de janelas iluminadas e acolhedoras!

"Bem", disse a mim mesma, "provavelmente estão demorando mais porque precisam encontrar as coisas do Christian, que devem estar em lugares que só garotos adolescentes conseguem imaginar." Ignorei a pequena onda de medo e me mantive ocupada desfazendo a mala.

Às onze da noite, porém, eu ainda não tinha ouvido nada deles.

Liguei para o celular do Barry, mas ele não atendeu.

Eu lhe mandei uma mensagem: "Onde vocês estão?". Nada. Nenhuma resposta.

Quando, já perto da meia-noite, eu ainda não tinha nenhuma notícia, senti a água cobrir a minha cabeça e os dedos do pânico se fecharem ao redor da minha garganta.

É uma emoção muito familiar. É a voz odiada lá no porão da minha alma que sussurra: "Eles se foram! Você sempre soube que isso aconteceria em algum momento. Você perde o que ama, Sheila. Isso sempre foi e sempre será assim".

Eu sentia que afundava uma terceira vez quando, alguns momentos depois, finalmente ouvi o carro de Barry entrar na garagem. Poderia — e deveria — ter sido um momento de calor e alegria, uma reunião familiar feliz e aliviada completada com um abraço grupal.

Mas não foi.

Paralisada pelo medo, em vez de estender a mão ao meu marido, eu dei de costas, escondendo-me em minha própria cela particular. Em vez de receber o acolhimento caloroso de uma esposa profundamente grata por ele ter chegado em casa em segurança, meu marido teve de suportar o silêncio de perguntas que eu não sabia fazer. Quando encontrei uma voz, joguei minhas perguntas ao ar como sinalizadores — mas elas o acertaram como flechas.

Muitas vezes, a raiva é mais confortável do que o medo. Raiva me passa a ilusão de controle, enquanto medo me deixa nua e exposta. Quando as ondas finalmente se acalmavam, eu me encontrava numa poça de vergonha.

"Por que eu reagi daquele jeito?"

"Eu não aprendi nada ao longo dos anos?"

"Como pude perder o chão sob meus pés tão rapidamente?"

Barry tinha ficado na casa de amigos por mais tempo do que o planejado para conversar com eles sobre suas próprias tempestades angustiantes. Ele também pensou que, talvez, eu gostaria de ter um pouco de tempo para mim após um fim de semana exaustivo. Isso não era irônico? Eu tinha acabado de falar a dez mil mulheres que Cristo oferece paz na tempestade mais feroz — e agora minhas próprias palavras me castigavam.

Não estou acenando; estou me afogando.

Desaprendendo lições velhas

Ao longo dos anos, descobri que, enquanto o amor de Jesus permanece constante, o mesmo não ocorre com a nossa *experiência* desse amor. Esse é um grande problema para muitos de nós, porque crescemos acreditando que, uma vez que tivéssemos aprendido as lições que Deus queria nos ensinar, nós atravessaríamos a vida numa gloriosa nuvem dourada, independentemente dos desafios ou das dificuldades que batessem (ou arrombassem) à nossa porta. Talvez você também já tenha implorado a Deus, como eu fiz tantas vezes: "Senhor, aprendi essa lição. Eu aprendi! Não podemos passar para a próxima? *Por favor*?". "Passar para a próxima", porém, nem sempre é uma opção. A vida é o que é, nossos desafios são o que são, e as grandes mudanças que desejamos tanto podem ocorrer *dentro* de nós, e não nas nossas circunstâncias externas. Levei um tempo para aprender essa lição. Para dizer a verdade, ainda estou aprendendo.

Por outro lado, por favor, não imagine que minha vida oscila loucamente entre os picos mais altos e os vales mais baixos. Na verdade, algumas das situações em que me encontro podem até parecer um tanto engraçadas — pelo menos em retrospectiva.

Alguns anos atrás, recebi um convite para participar de uma cruzada em Londres, na Inglaterra. O pastor Paul Yonggi Cho, de Seul, Coreia do Sul, seria o palestrante principal, e eu cantaria. Já que amo qualquer oportunidade de voltar para a minha terra natal, fiquei animada quando soube que o evento ocorreria na magnífica Arena O2, com 20 mil assentos. Eu desembarquei no dia anterior e, a caminho do hotel, perguntei ao organizador de eventos quando eu poderia fazer a checagem de som. Ele me disse que me levaria ao local na tarde seguinte.

Quando bateram à minha porta às três da tarde, peguei minhas coisas, pronta para ir para a Arena. Mas quem estava à minha porta não era meu organizador de eventos. Era uma pequena comissão de boas-vindas. Disseram que estavam vindo do quarto do dr. Cho e que gostariam de entrar e conversar um pouco. Pedi que entrassem e, após alguns momentos de silêncio constrangedor, um homem aclarou a voz e anunciou que houve uma "pequena mudança de planos". Em retrospectiva, era como se um dos marinheiros do navio de Jonas tivesse dito ao profeta: "Há um pequeno peixe bem aqui ao lado do navio que adoraria dar um oi..."

Eles me disseram que, em vez de promoverem o evento, tinham esperado que *Deus* faria a promoção. Mas, aparentemente, ele não tinha feito isso. O cavalheiro me explicou que, por causa dessa mudança circunstancial, o evento ocorreria em outro local. Em vez de realizar o evento na Arena O2, tudo aconteceria na escola de ensino médio de Peckham. (Isso é como passar de um grande estádio para uma loja de conveniência num posto de gasolina.)

— Tudo bem — respondi.

Mas abri a boca cedo demais.

— Bem — ele continuou. —Pensamos que talvez você não se importaria em ir até a arena e ficar do lado de fora com um cartaz, dizendo que o evento foi transferido, caso alguém apareça. Segure o cartaz o mais alto possível!

"Será que realmente estou ouvindo isso?"

Educadamente, recusei essa oportunidade e me preparei para cantar no ginásio de uma escola.

Na época, foi aterrorizante, mas confesso que, hoje, é bem engraçado.

O que isso está fazendo na Palavra de Deus?

Podemos admitir agora que um aceno de mão nem sempre significa "Olá!". Às vezes, pode significar "Socorro!".

Acredito que isso é especialmente válido quando nossa vida não se desenvolve como planejávamos. Talvez iniciemos nossa vida cristã com grandes sonhos, altas esperanças e expectativas fervorosas. Mas, em algum momento ao longo do caminho, nossos sonhos ruíram, nossas esperanças foram destruídas e nossas expectativas desapareceram num abismo. Expectativas frustradas podem nos deixar desesperados, angustiados e desolados.

Já leu o salmo 88?

Não é provável que você encontre este salmo pendurado numa placa ou num bordado emoldurado na sala de uma casa. Esse "salmo de lamento" tem até o potencial de acabar com a fama dos salmos de lamento. A maioria desses cânticos começa com algum tipo de clamor desesperado — "Até quando, SENHOR? Para sempre te esquecerás de mim?" —, mas costuma terminar em louvor ou, no mínimo, com um pouco de esperança: "Quero cantar ao SENHOR pelo bem que me tem feito" (Salmos 13:1,6).

O salmo 88, não.

Sim, ele começa com um grito de socorro — "Ó SENHOR, Deus que me salva, a ti clamo dia e noite. Que a minha oração chegue diante de ti; inclina os teus ouvidos ao meu clamor". Mas, lá no fim, não há sinal de louvor, de esperança, não há nem mesmo o mais fraco raio de luz. O autor descreve como a "ira" de Deus o atropela e como os terrores do Senhor o destroem, o cercam e envolvem completamente. E então vem o versículo 18:

> Tiraste de mim os meus amigos e os meus companheiros;
> as trevas são a minha única companhia.

É isso. Fim do salmo. Ponto-final.

Alguma vez você já viu alguém usar *esse* versículo para encerrar um culto de adoração? Eu nunca vi, e é bastante provável que você também nunca tenha visto. Por que, então, Deus incluiu o salmo 88 em sua Palavra? O que ele está fazendo ali? Será que, nesta vida, nossa dor e dificuldade é tão pequena que precisamos ler sobre elas nas Escrituras?

Eu lhe disse na introdução deste livro que eu não lhe ofereceria um belo sistema de crenças que cura todas as feridas, faz o Sol brilhar ou inspira os anjos a cantarem "Aleluia". A verdade é que eu acredito que o salmo 88 foi incluído na nossa Bíblia porque ele diz a *verdade*. Ele reflete como nos sentimos às vezes — sim, até mesmo aqueles entre nós que ardem de amor por Cristo.

Você *sente* que tem sido alvo da ira de Deus, seja por alguma boa razão ou por razão nenhuma? O salmista sentiu o mesmo.

Você *sente* que os terrores de Deus estão destruindo você, cercando-o e o envolvendo completamente? O salmista sentiu o mesmo.

Você *sente* que todos os seus entes queridos e companheiros foram afastados de você? O salmista sentiu o mesmo.

Você *sente* como se a escuridão fosse sua amiga mais íntima? O salmista certamente sentiu o mesmo.

No capítulo 6, discutiremos algumas maneiras de lidar com sentimentos sombrios como esses, mas, por ora, eu só quero que você reconheça que Deus sabe que tais sentimentos existem e que *ele decidiu honrá-los ao incluir um registro deles em sua Palavra sagrada*. Por quê? Porque são palavras que, algum dia, podem vir do nosso próprio coração, se é que já não aconteceu. Além disso, "ele sabe do que somos formados; lembra-se de que somos pó" (Salmos 103:14). Não cometa o erro comum de tentar negar seus sentimentos, ou de fingir que não importam, ou de se sentir culpado, ou de condenar-se por tê-los. Mesmo que eu não o aconselhe a mergulhar neles, tampouco sugiro que se esconda ou fuja deles.

Ouça uma das minhas citações favoritas do conto profundamente trágico de Shakespeare, *Rei Lear*:

> *Devemos obedecer ao peso deste tempo triste*
> *Dizer o que sentimos, não o que deveríamos dizer.*

Lembre-se disto: Deus vê como seus braços se agitam e sabe muito bem que você não está acenando; você está afundando pela terceira vez. Como Salva-vidas supremo, ele viu muitos braços se agitando nas ondas selvagens da vida:

- MOISÉS — "Se é assim que vais me tratar, mata-me agora mesmo; se te agradas de mim, não me deixes ver a minha própria ruína" (Números 11:15).
- JÓ — "Então, por que me fizeste sair do ventre? Eu preferia ter morrido antes que alguém pudesse ver-me" (Jó 10:18).
- DAVI — "Se eu morrer, se eu descer à cova, que vantagem haverá?" (Salmos 30:9).
- JONAS — "Agora, SENHOR, tira a minha vida, eu imploro, porque para mim é melhor morrer do que viver" (Jonas 4:3).
- ELIAS — "Já tive o bastante, SENHOR. Tira a minha vida; não sou melhor do que os meus antepassados" (1Reis 19:4).
- DISCÍPULOS — "Mestre, não te importas que morramos?" (Marcos 4:38).
- PAULO — "Irmãos, não queremos que vocês desconheçam as tribulações que sofremos na província da Ásia, as quais foram muito além da nossa capacidade de suportar, a ponto de perdermos a esperança da própria vida. De fato, já tínhamos sobre nós a sentença de morte" (2Coríntios 1:8-9).
- JESUS — "Meu Deus! Meu Deus! Por que me abandonaste?" (Mateus 27:46).

De fato, estavam afundando.

Pedaços quebrados

De manhã cedo, gosto de me sentar na varanda com uma xícara de café forte e ver o Sol nascer. O fundo da nossa casa dá para um lago, e a linda paisagem muda com as estações. No entanto, a despeito de toda a cor e beleza dessa cena, meu olhar sempre acaba se fixando em determinada pedra... É uma pedra de mosaico no limite da nossa grama. Com suas cores gritantes e formas irregulares, você pode até achar que ela não se insere bem nessa paisagem, mas eu a considero um tesouro impagável.

Lembro-me da manhã em que Christian, meu filho, com sete anos na época, me deu aquela pedra. Eu me lembro nitidamente por duas razões.

Em primeiro lugar, esse lindo presente feito à mão veio do coração do meu menininho; em segundo lugar, ele quase esmagou meu peito quando o entregou para mim!

Quando meu aniversário estava se aproximando, Christian disse ao seu pai que ele queria fazer algo especial para mim. Após contemplarem várias ideias, finalmente escolheram um projeto que Christian tinha visto numa revista — um conjunto de pedras de mosaico. A revista mostrava a imagem de uma linda pedra terminada, e acredito que Christian imaginava que era isso que ele estava comprando quando fez o pedido. Então, quando a encomenda veio e ele a abriu, ficou muito decepcionado.

— Olha, pai, é uma caixa cheia de coisas quebradas. Não posso dar *isso* pra mamãe!

Barry explicou que Christian usaria as peças para criar sua própria pedra única. Quando entendeu o plano, Christian adorou a ideia. Ao longo dos dias seguintes, os garotos me baniram do quarto de hóspedes, onde espalharam todos os materiais numa grande toalha, para completarem sua obra-prima. Barry disse ao nosso filho que ele deveria escolher bem as peças que queria usar, mas Christian tinha decidido que usaria cada uma das peças que tinha recebido. Sua criação foi feita em concreto, assim, o produto terminado chegou a pesar uma tonelada.

Na manhã do meu aniversário, Christian entrou tropeçando em nosso quarto, carregando seu presente numa caixa. Ele pediu que eu fechasse os olhos e estendesse meus braços. Fechei os olhos e me preparei para estender os braços, mas, quando o presente ficou pesado demais, ele o largou em cima do meu peito. Quase me esmagou! Naquela mesma manhã, levamos a pedra para o jardim e a colocamos no limite da grama junto à varanda, e ainda hoje ela é a primeira coisa que você vê quando sai da casa.

Eu amo essa pedra. Amo como Christian arranjou todas as peças, destacando as roxas, a minha cor favorita. O que amo ainda mais é que, no concreto, ele escreveu com seu dedinho: "Eu te amo, mamãe".

Certo dia, quando eu estava sentada na varanda olhando para a pedra que cintilava na luz da manhã, Christian veio e se sentou ao meu lado. Do nada, ele me perguntou:

— Mamãe, você acha que alguém quebrou as peças de propósito ou você acha que eles simplesmente recolheram coisas quebradas e as usaram?

Respondi que imaginava que eles recolheram coisas quebradas, mas sua pergunta me acompanhou por muito tempo. Na verdade, ainda reflito sobre ela.

Penso em todas as peças quebradas da minha vida e na vida daqueles que amo, dos homens e mulheres que encontrei em meu ministério. E já perguntei a Deus: "Pai, és tu que orquestras o quebrantamento da nossa vida, ou tu apenas nos convidas a trazer todos os pedaços para ti?".

A reflexão sobre minha pergunta me levou a outra: Isso importa? Nosso relacionamento com Deus seria diferente dependendo de sua resposta?

Uma coisa é amar a Deus quando o imaginamos como aquele que remenda nossos pedaços quebrados. Mas e se ele for aquele que permite e até participa da quebra?

Onde está Deus?

Eu estava sentada na varanda esta manhã, olhando para a minha pedra e orando por alguns amigos que estão passando por dificuldades, dor e quebrantamento. Dois deles estão emaranhados num divórcio amargurado; um cônjuge quer o divórcio; o outro, não. Vejo tanta mágoa e raiva ali. Eu me importo profundamente com os dois, mas não posso fazer nada para ajudar. Eu ouço, choro e oro, mas não tenho como consertar seus problemas. Não posso restaurar seu casamento, desfazer os erros que eles cometeram ao longo do caminho nem curar seus corações.

No passar dos anos, conversei com muitos cujo casamento estava desmoronando. Muitas vezes, eles me perguntam: "Por que Deus não muda o coração do meu cônjuge?".

"Se Deus odeia tanto o divórcio, por que não me ajuda a reconstruir meu relacionamento?"

"Não quero que meu filho se transforme em estatística, como mais um que vem de uma família rompida. Sinto-me tão impotente!"

Mãos ao alto. Braços gesticulando.

Não acenando.

Afundando.

Outro amigo querido enfrenta um câncer cerebral. Ele tem uma família maravilhosa, cada um dos membros está firme na fé. Mas seus três filhos novos questionam o que está acontecendo e fazem algumas perguntas legítimas:

"Deus ouve nossas orações?"

"Por que ele não cura nosso pai?"

"Meu pai vai morrer?"

Não estão acenando. Estão se afogando.

Minhas amigas que lutam com infertilidade fazem outro conjunto de perguntas. O mesmo acontece com aqueles que enfrentam desemprego, ruína financeira ou falência. Outros, já adultos, continuam tentando superar as feridas de abuso, negligência ou abandono na infância. Qualquer que seja a dor, no fim das contas, as perguntas são similares:

"Deus, onde estás?" (ou "Onde estavas?")

"Tu não vês minha dor?"

"Tu dizes que me amas. Como então podes permitir que eu fique assim? Como podes dar as costas para mim?"

"Por que não fazes algo?"

Com uma voz alterada e assustada, continuamos a repetir a pergunta estridente dos discípulos num barco cheio de água, enquanto seu Messias continuava a dormir: "Mestre, não te importas se nos afogarmos?".

Será que você também está fazendo essa pergunta neste momento?

Ele atenderá a ligação?

Anos atrás, um homem frenético dirigiu com sua esposa doente centenas de quilômetros para visitar o *The 700 Club* (um programa religioso diário do *Christian Broadcasting Network*), esperando que as orações dos santos televisivos conseguiriam fazer mais por sua amada do que suas próprias petições. Aparentemente, ele acreditava — como muitos outros — que os famosos têm conexões melhores com o céu do que as pessoas aparentemente anônimas. Várias mulheres já me disseram algo como: "Sheila, é mais provável que Deus atenda ao telefone se você ligar em meu lugar". Essas mulheres realmente acreditam: *Deus tem uma conexão com você, mas não comigo.*

Certa vez, uma mulher angustiada me atacou durante vários minutos por causa do meu "filho perfeito" (palavras dela). Ela me disse de forma muito clara que estava cansada de me ouvir falando sobre os sucessos dele e não aguentava ouvir mais nada sobre seu maravilhoso crescimento espiritual. Ela detestava essas histórias e odiava cada detalhe triunfante. Então, desmoronou e chorou. Seu próprio filho tinha morrido de forma inesperada e ela simplesmente não suportava a ideia de que Deus poupasse o coração de outra mãe, mas esmagasse o seu próprio. Sua decepção amarga com Deus por causa da perda de seu filho transbordava e inundava cada parte de sua vida.

Essa era uma mulher quebrada, uma mulher por quem Cristo morreu e que Deus amou tanto, que enviou seu próprio Filho ao Calvário, para que preparasse a pomada que cura corações partidos. Isso soa bem, não soa? Soa como a verdade. Gostamos da ideia de uma poção feita pelo Salvador que é poderosa o bastante para curar nosso coração esmagado e quebrado. Mas odiamos o quebrantamento em si.

Ah, todos nós recitamos os versículos famosos sobre "todos pecaram" e "como ovelhas, nós nos perdemos" —, mas, normalmente, preferimos não pensar no tipo de quebrantamento desesperado que o pecado nos impôs, que dirá lidar com ele.

Mas qual é a alternativa? Amargura, como a da mulher com o filho morto? Culpa, como o marido da esposa falecida? Profunda insegurança, como as mulheres que acreditam que sua linha de telefone não funciona? Ou um apego mortal agonizado às promessas do Senhor, como o Filho de Deus crucificado e quebrantado?

Talvez você saiba que, quando Jesus exclamou na cruz: "Meu Deus, meu Deus, por que me abandonaste?", estava ecoando Salmos 22:1, uma profecia de Davi sobre a crucificação do Senhor, feita mais de mil anos antes da morte de Cristo. Isso já é notável por si só, mas lembre-se de que Jesus não citou essas palavras na cruz apenas para cumprir uma profecia. Não! Essas palavras vinham do âmago de sua alma — torturada, triste, perturbada, atormentada. O céu escureceu diante do horror daquilo que estava acontecendo.

Não sabemos exatamente que transação divina misteriosa foi realizada naquelas horas escuras, e é provável que jamais saibamos. De alguma forma, quando Cristo tomou sobre si todos os pecados do mundo, o Pai olhou para o outro lado — e, assim, o Salvador gritou em abandono ao ser lançado numa escuridão que jamais conheceremos.

Mas então aquele momento passou, assim como passam todos os momentos.

Enquanto os pregos romanos ainda furavam suas mãos e pés e seu sangue banhava a madeira da cruz e o pó da terra, a agonia verdadeira — a agonia espiritual e emocional — se acalmou. Em seus últimos momentos, Jesus perdoou um ladrão e fez arranjos para o cuidado de sua mãe. Ele exclamou: "Está consumado!". Tinha bebido a última gota do cálice da ira de Deus e entregou seu espírito aos cuidados de seu Pai celestial.

O que lhe deu a força para se recuperar dessa forma? Eu não posso provar, mas acredito que, em sua hora mais escura (numa hora que foi muito, *muito* mais escura do que a noite mais escura que já vivenciamos ou vivenciaremos), ele não só citou a primeira linha do salmo 22. Acredito que, mentalmente, ele pensou sobre o salmo inteiro.

Quando lemos o salmo 22, muitos de nós nos concentramos nas profecias surpreendentes que se cumpriram de forma tão literal na crucificação: o grito de desespero e abandono de Jesus (v. 1), as zombarias de seus oponentes cruéis (vs. 6-7), a descrição daquilo que acontece fisicamente com um homem crucificado (vs. 14-15), a perfuração dos pés e das mãos de Cristo (v. 16), a sorte lançada por sua roupa (v. 18). Soltamos um suspiro de admiração e, então, viramos a página.

Mas fazemos isso rápido demais.

Acredito que, quando Jesus estava pendurado na cruz, continuou recitando o restante desse salmo, cujos versículos sugerem sua ressurreição (v. 22), o nascimento da igreja global (v. 27) e seu reino sobre toda a terra (v. 30-31). O que permitiu que o Senhor aguentasse até o fim? Como ele passou de sentimentos de abandono para uma confiança total no abraço caloroso, acolhedor e amoroso do seu Pai?

Assim como havia feito durante toda a sua vida, ele reclamou para si as promessas e a verdade da Palavra de Deus.

Quero que você saiba que, no restante deste livro, eu falarei muito sobre histórias e incidentes da minha vida e da vida de outras pessoas, para *lhe mostrar* — e, com a ajuda de Deus, *convencer-lhe da* — a esperança que temos em Cristo Jesus, por mais quebrantados que estejamos. Mas lembre-se: nenhuma dessas histórias pode fazer por você o que a Palavra de Deus faz, e é por isso que pretendo fundamentar nas Escrituras tudo que digo.

Amo o que o autor e pastor John Piper escreveu no início de *Desiring God*. Ele diz que, se não conseguisse mostrar que seu ensinamento vem da Bíblia, "não posso esperar que alguém se interesse por ele, muito menos se convença". Eu *realmente* gosto disso! E também concordo com sua declaração seguinte: "Há milhares de filosofias feitas por homens na vida. Se esta for mais uma, deixe-a de lado. Há apenas uma rocha: a Palavra de Deus".*

Ao percorrermos juntos o resto desta jornada, quero que você concentre seus olhos em duas coisas cruciais: uma antiga, uma nova. O profeta Jeremias nos deu a parte antiga desse par maravilhoso:

> Assim diz o SENHOR:
> "Ponham-se nas encruzilhadas e olhem;
> perguntem pelos caminhos antigos,
> perguntem pelo bom caminho.
> Sigam-no e acharão descanso".
> (Jeremias 6:16)

Esse "caminho antigo" e "bom caminho" nada mais é do que a Palavra de Deus, a Bíblia. Ao longo deste livro, você e eu retornaremos constantemente para sua sabedoria para nos apoiar em seu conselho, pois, se quisermos descanso para a nossa alma, é nela que o encontraremos. (No final deste livro, há um estudo bíblico para que, juntos, possamos nos aprofundar na Palavra salvadora de Deus.)

Você se lembra de Stevie Smith, a poetisa que escreveu "Não estou acenando, estou afundando"? Pelo que sei, durante sua vida ela nunca encontrou o descanso que tanto buscou para sua alma. Ela acenou, e acenou, e então se afogou. Clive James disse sobre ela: "Seus poemas, se eram para

---

* John Piper, *Desiring God: tenth anniversary expanded edition* (Sisters: Multnomah Press, 1996), p. 23 [No Brasil: *Em busca de Deus: a plenitude da alegria cristã* (São Paulo: Shedd, 2008)].

ser pílulas para expurgar a melancolia, não funcionaram para ela".* Palavras, por mais potentes que sejam, não têm poder espiritual para dar descanso à nossa alma. Para isso, poesia, filosofia ou sabedoria humana não bastam; precisamos da Palavra viva de Deus.

Isaías nos deu o segundo gancho para pendurarmos nosso casaco. Nós descansamos não só na rocha sólida da Palavra de Deus, mas também somos chamados para abrir nossos olhos e ver o que Deus está fazendo em nós e o que ele está preparando para nós neste momento! Deus fala através do profeta para nos dizer:

> Vejam, estou fazendo uma coisa nova!
> Ela já está surgindo! Vocês não a reconhecem?
> Até no deserto vou abrir um caminho
> e riachos no ermo.
> (Isaías 43:19)

Muitas vezes, quando sentimos que estamos prestes a nos afogar, permitimos que nossa visão se concentre no espelho retrovisor da vida. Vemos com muita clareza nossos erros, nossos desvios óbvios, nossa perspectiva distorcida e as reviravoltas infelizes que marcam nossa história pessoal. É assim que as coisas parecem... no retrovisor.

Mas quem consegue dirigir olhando para o retrovisor? Aquele espelho foi instalado estrategicamente acima do para-brisa para que possamos dar uma olhada rápida nas coisas do passado antes de voltarmos nosso olhar para tudo que está à frente. Olhamos para a estrada atrás de nós, mas fixamos nossos olhos na estrada à nossa frente. Alguns de nós permitem que nosso passado doloroso nos absorva, nos consuma e nos segure lá. Seja fugindo ou vivendo no passado, ele continua a nos controlar.

Mas é impossível dirigir desse jeito... ou viver desse jeito.

Deus nos diz: "Chegou a hora de algo novo em sua vida. Eu abro novos caminhos para você. Quero encher o deserto de sua alma com água viva e saciar sua sede com os riachos refrescantes do céu. Não viva no passado; recuse-se a acampar nas tragédias da sua história ou de seu contexto familiar.

---

* Clive James, *As of this writing* (Nova York: W. W. Norton & Company, 2003), p. 127.

Deixe tudo para trás! E então venha comigo, pois eu tenho algo novo por completo em mente para você".

    Assim, com uma mão agarrada à Palavra de Deus e com a outra pronta para receber o futuro que Deus está preparando para nós, caminhemos juntos nessa jornada que nos levará para o melhor que Deus tem para nós. Pode ser difícil, mas valerá a pena.

Dois

Cordeiros rejeitados e ovelhas rebeldes
Um pastor que vai atrás de vítimas e vilões

De vez em quando, pedem que eu leia o manuscrito de outro autor para ver se eu gostaria de escrever uma recomendação. Eu gosto de fato do processo quando conheço o autor pessoalmente — fico entusiasmada por ser uma das primeiras a ver seu projeto mais recente —, e ler o livro é como ouvi-lo conversar enquanto tomamos um café. Mas, muitas vezes, recebo o manuscrito de alguém que nunca encontrei ou de quem nunca ouvi falar. Nesses casos, se consigo me envolver, isso acontece devido ao tema ou, possivelmente, a um título cativante. Foi o que aconteceu quando minha assistente me entregou um exemplar de *Heaven has blue carpet* [O céu tem tapete azul]. Eu gosto desse tipo de título. Nossa reação natural a ele é: "É sério? Existem tapetes no céu? E esse tapete é azul? Quem diria...".

Eu não conseguia imaginar a origem desse título, mas tinha certeza de que não era o livro de Apocalipse. Mergulhei na história de Sharon Niedzinski e me peguei o tempo todo rindo alto e parando para refletir sobre as observações mais profundas dessa dona de casa em sua jornada para se tornar uma pastora!

Sharon, seu marido e seus seis filhos abandonaram sua vida previsível e confortável, se mudaram para uma velha fazenda dilapidada e começaram o aprendizado de cuidar de ovelhas. Eu amei ler sobre suas aventuras e, com prazer, recomendei este livro tão bem-escrito. A perspectiva de Sharon sobre verdades espirituais e lições que podemos aprender da vida dos pastores e de suas ovelhas me deixou fascinada.

Em seu livro, ela fala de uma ovelha que pariu trigêmeos, mas aceitou apenas dois dos cordeiros. Quando o terceiro cordeiro tentava se aproximar de sua mãe para mamar, ela o empurrava para longe. Sharon e sua família fizeram de tudo para que a ovelha aceitasse o terceiro cordeiro, mas ela se recusava, batendo as patas e chutando o recém-nascido. Nada consegue mudar a mente teimosa de uma ovelha!

Em determinado momento, Sharon viu que o pequeno cordeiro estava cabisbaixo e pensou que ele tinha machucado o pescoço. Mas um exame revelou nenhum ferimento físico. Era o espírito do cordeiro que tinha sido quebrado.

Sharon descobriu que o que tinha acontecido com esse cordeiro costumava ocorrer com frequência. Às vezes, a ovelha-mãe morre, deixando o cordeiro órfão; ou uma mãe de primeira viagem decide ignorar seu bebê em vez de aceitar o desafio de cuidar dele. Ou, como no caso da ovelha na fazenda de Sharon, uma ovelha não consegue produzir leite para todos os filhotes e decide alimentar alguns e rejeitar outros. Esses cordeiros abandonados são chamados de "cordeiros rejeitados".

Muitas vezes, esses cordeiros necessitados, vulneráveis e preciosos simplesmente morrem. Seus pequenos espíritos quebram e eles perdem a vontade de viver. Os únicos que sobrevivem — aqueles que encontram a força para superar a rejeição de sua mãe — são os acolhidos e criados pelo pastor.

Sharon e sua família acolheram "Joey", seu cordeiro rejeitado, em seu lar. Joey, o cordeiro rejeitado, se transformou em Joey, o cordeiro abençoado, cercado de pessoas que o nutriam, alimentavam, vigiavam e protegiam. Ele aprendeu a andar no tapete azul da sala do lar de Sharon — um céu para esse pequeno cordeiro rejeitado.

Mais tarde, quando Joey já era forte o bastante para voltar para o pasto, teve dificuldades no início. Que coisa verde estranha era essa? Isso estava errado! Joey se sentia mais à vontade no tapete azul macio da sala.

Sharon fez uma observação poderosa a partir dessa experiência singular: os cordeiros rejeitados são, de fato, os mais abençoados de todas as ovelhas no pasto, porque são aqueles que recebem o cuidado mais pessoal e íntimo do pastor. Eles desenvolvem um tipo de relacionamento com seu pastor com o qual as outras ovelhas não são capazes de sonhar. Eles experimentam um amor que ultrapassa em muito qualquer coisa que um pasto possa oferecer. Quando o pastor chama o rebanho, adivinha quem vem correndo primeiro? Os cordeiros rejeitados! Por quê? Porque são aqueles que conhecem melhor a sua voz e foram segurados junto ao seu coração. Não é que o pastor os ame mais; é que eles foram quebrantados o suficiente para permitir que esse amor entrasse no mais profundo de seus corações.

Os cordeiros rejeitados de Deus

Num sentido espiritual, todos nós somos "cordeiros rejeitados" — perdidos em pecado, de espírito quebrado, com feridas no coração, na mente e, às vezes, no corpo. Muitos de nós se sentiram como cordeiros rejeitados em nossa família de origem ou até mesmo (e é triste ter que dizer isso) na família de Deus. Sabemos o que significa sentir-se não desejado e não amado, abandonado, rejeitado, abusado ou negligenciado.

Felizmente, as Escrituras chamam Deus de "pastor" com frequência, sendo nós as suas ovelhas. Assim, o salmista diz: "Ele me deu total libertação; livrou-me porque me quer bem" (Salmos 18:19). A boa notícia é: não importa o que tenhamos sofrido no passado, não importa quão escuro seja o vale em que nos encontramos hoje, não importa se nosso quebrantamento é resultado de algo que outros fizeram conosco ou que fizemos com nós mesmos, temos um Pastor celestial que se importa profundamente conosco e nos ama de forma feroz. O profeta Isaías diz que "como pastor ele cuida de seu rebanho, com o braço ajunta os cordeiros e os carrega no colo; conduz com cuidado as ovelhas que amamentam suas crias" (Isaías 40:11).

Se você se sente como um cordeiro rejeitado, entenda que, quando Isaías diz que o Senhor o "carrega no colo", ele usa um termo hebraico que, na maioria das vezes, refere-se a reunir pessoas num mesmo lugar. Fala de um ato soberano e intencional. Ele procurou *você* e, quando o encontrou, pegou-lhe em seus braços e o colocou seguramente em seu próprio rebanho. Você não foi um pensamento posterior. Você não estava simplesmente no lugar certo na hora certa para chamar a atenção dele. Não. Em seu amor e sua majestade, ele procurou você, escolheu você e o segurou firmemente em seus braços.

Mas ele não parou por aí!

Observe que Isaías diz que ele carrega você "no colo". Edward Young, um estudioso de Isaías, escreveu sobre esse versículo:

> O versículo 10 já tinha mencionado seu braço como governando por ele. Esse *braço* é o símbolo de seu poder e é forte o bastante para levantar as ovelhas, para protegê-las e cuidar delas. Quando estão no braço do Pastor, nada pode afetá-las ou nem mesmo tentar separá-las dele. Aqueles que ele reúne são descritos como cordeiros, isto é, os cordeiros recém-nascidos. São os membros mais fracos do rebanho, que não podem defender a si mesmos de ataques e que precisam da proteção constante do Pastor. Com seus braços, ele os acolhe, e em seu colo ele os carrega para que se reclinem em seu braço. Assim, não terão que andar sozinhos, ou tropeçar, ou se perder.*

Esse Pastor divino vasculha as colinas à nossa procura, dia e noite. Ele nos levanta e nos carrega em seus braços até estarmos fortes o bastante para andar. Ele até nos adota como membros de sua família!

Como é tenro o modo como ele opera!

Como é suave a maneira como trata os feridos e quebrantados!

Isaías disse sobre ele: "Não quebrará o caniço rachado, e não apagará o pavio fumegante" (Isaías 42:3). Você se sente como um caniço rachado — ferido, dobrado, prestes a se partir em dois à mais leve brisa? Seu Pastor vê sua situação precária e jamais quebrará você. Ao contrário, ele quer curar suas feridas.

Talvez você se sinta mais como um pavio fumegante — gasto, queimado, sendo que tudo que resta é um fio de fumaça que se dissolve no ar? Seu Pastor promete que nunca apagará você. Suas mãos curadoras tratarão seus ferimentos e manterão sua chama acesa por mais fraca que seja.

É claro, isso não significa que ele garantirá que sua vida seja livre de dor. Ele *nunca* prometeu isso! Quando o Senhor nos disse que enviou Jesus "para cuidar dos que estão com o coração quebrantado" (Isaías 61:1), usou a palavra hebraica *chavash*, que significa "enfaixar, embrulhar; enfaixar como uma ferida, atar, cobrir, envolver". Um coração quebrantado sangra, e a única maneira de estancar o sangramento é fazendo uma compressa. Deus aplica pressão exatamente no local ferido — não para causar dor, mas para

---

* Edward J. Young, *The book of Isaiah*, vol. 3 (Grand Rapids: William B. Eerdmans Publishing Company, 1972), p. 41.

estancar o fluxo de sangue. Beth Moore escreveu: "Que imagem maravilhosa de Cristo! Vem uma dor esmagadora, e a mão empática e cicatrizada de Cristo pressiona a ferida; e, por um momento, a dor parece aumentar... mas finalmente o sangramento para".*

Jesus estava pensando em passagens como essas de Isaías ou em outras, como Salmos 147:3 — "ele cura os de coração quebrantado e cuida das suas feridas" —, quando se revelou como o Bom Pastor (João 10). E o que o Bom Pastor faz? Ele chama suas ovelhas pelo nome e elas vêm até ele. Ele as guia para encontrar comida e água. Ele vai à frente delas para sondar o território, para garantir que permanecerão seguras e bem-alimentadas. Ele reúne todas as ovelhas que lhe pertencem. E ele lhes dá vida, vida abundante — na verdade, ele entrega sua *própria* vida para que elas possam ter parte na plenitude da vida dele.

E para que tipo de ovelhas Jesus faz tudo isso? Para as campeãs? Para as melhores ovelhas e os carneiros orgulhosos? Para as ovelhas com a melhor lã, os olhos mais brilhantes e os membros mais fortes?

Não. Ele faz tudo isso para as ovelhas fracas que tropeçam e se perdem. Ele faz tudo isso para as ovelhas rejeitadas, como você e eu. E ele tem coisas maravilhosas reservadas para o seu rebanho: "Quando se manifestar o Supremo Pastor, vocês receberão a imperecível coroa da glória" (1Pedro 5:4). E, mesmo então, no fim dos tempos, esse Bom Pastor, esse Pastor Supremo, não deixará de cuidar de suas ovelhas rejeitadas com ternura e meticulosidade. João nos conta que diversas de suas ovelhas terão que suportar muito nesta vida e nesta terra caída, mas no fim...

> Por isso, eles estão diante do trono de Deus
> e o servem dia e noite em seu santuário;
> e aquele que está assentado no trono estenderá
> sobre eles o seu tabernáculo.
> Nunca mais terão fome,
> nunca mais terão sede. Não cairá sobre eles sol,
> e nenhum calor abrasador, pois o Cordeiro que
> está no centro do trono será o seu Pastor;

---

* Beth Moore, *Breaking free* (Nashville: Broadman & Holman, 2000), p. 113.

ele os guiará às fontes de água viva.

E Deus enxugará dos seus olhos toda lágrima.

(Apocalipse 7:15-17)

Ovelhas rebeldes

Talvez você diga: "Sheila, isso é lindo. É maravilhoso. Mas você não entende. Eu não sou um cordeiro rejeitado, sou uma ovelha rebelde. Perdi a conta de quantas vezes já me afastei do Bom Pastor. Eu recusei seus braços e, em vez disso, corri para os braços daqueles que só queriam me usar e abusar de mim. Estou acabado. Nada me resta. O que você diz soa maravilhoso, mas simplesmente não se aplica a mim".

Peço perdão, mas tenho certeza de que você está errado.

Veja bem. A Bíblia não faz distinção entre ovelhas. Na verdade, para Deus todas as ovelhas têm a mesma característica: elas são escarlates — um vermelho escuro, quase púrpura. Mas você não precisa acreditar na minha palavra, ouça o que o próprio Deus diz:

> "Venham, vamos refletir juntos",
> diz o Senhor.
> "Embora os seus pecados sejam vermelhos como escarlate,
> eles se tornarão brancos como a neve;
> embora sejam rubros como púrpura,
> como a lã se tornarão".
>
> (Isaías 1:18)

Assim como todos nós podemos ser considerados cordeiros rejeitados em algum sentido, todos nós também nos qualificamos em todos os sentidos como ovelhas rebeldes. Mas seu pecado — por mais escura que seja a mancha que você acredita que ele tenha causado — jamais poderá mantê-lo separado de Deus. Apenas sua vontade teimosa pode fazer isso. Ele diz a você: "Venha". Sim, ele diz isso para *você*. Você de patas que gosta de se afastar. E, quando você vem, ele sabe como transformar a lã de qualquer cor em uma lã limpa, brilhante e branca como a neve.

Até mesmo a sua.

Enquanto escrevo estas palavras, uma forte confiança cresce dentro de mim. Em muitos sentidos, essa tem sido a mensagem da minha vida, mas agora ela arde mais forte do que nunca.

Do jeito que você é neste momento, com todas as escolhas que você fez, boas e ruins, em seus piores e melhores dias, com todos os segredos mais profundos e sombrios do seu coração, que você já confessou ao seu Pai, e todos aqueles que ainda tenta esconder — *você é amado por Deus com um amor ardente que jamais falhará*. Você consegue aceitar essa verdade, mesmo que se sinta como uma ovelha rebelde? Você consegue aceitá-la, mesmo que se sinta uma vergonha e desgraça? Você consegue aceitá-la, mesmo que tenha falhado miseravelmente e decepcionado todos à sua volta com o seu comportamento?

Se achar difícil dizer "sim", então me deixe lembrá-lo de uma parábola que Jesus contou certa vez. Ele falou de um homem que tinha cem ovelhas. Quando uma delas se perdeu, ele deixou as 99 nos pastos para procurar a ovelha perdida — você sabe, aquela que abandonou todas as outras ovelhas para vagar por aí. Você se lembra do que esse homem fez quando encontrou sua ovelha perdida? Jesus diz que ele se regozijou dela *mais do que das 99 que não tinham se perdido* (cf. Mateus 18:12-13).

Se você estudar os relatos dos Evangelhos, encontrará essa história também em Lucas, com uma diferença interessante. Na versão de Mateus, a ovelha perdida representa um fiel. No relato de Lucas, a ovelha perdida representa uma pessoa que vem à fé pela primeira vez. E Jesus diz: "Eu digo que, da mesma forma, haverá mais alegria no céu por um pecador que se arrepende do que por noventa e nove justos que não precisam arrepender-se" (Lucas 15:7). Ambas as versões da história nos ensinam que o Bom Pastor ama *todas* as suas ovelhas, tenham elas acabado de encontrar a fé ou tenham elas retornado para ele após um longo período de ausência.

Jesus está no negócio de procurar, encontrar e resgatar ovelhas perdidas, independentemente de como essas ovelhas se perderam. Ovelhas vagantes? Sim. Ovelhas ignorantes? Também. Ovelhas que nem têm razão o suficiente para saberem que estão perdidas, ou não entendem que estão quebrantadas? Sim, obrigada por me lembrar de minha própria história. O tipo de ovelha perdida que você é simplesmente não interessa.

Você se afastou? Você se distraiu? Foi desobediente? Você escolheu seu próprio caminho, mesmo sabendo que daria errado? Nada disso importa, contanto que você decida voltar. Em seu amor e em sua misericórdia, o Bom Pastor procura e encontra você e o traz de volta para o lado dele. E você não precisa perder tempo tentando se "limpar" e arrumar primeiro.

Sugiro que aprenda com um pequeno cachorro chamado Mason:

Em 27 de abril de 2011, uma tempestade devastadora passou pelo Alabama, reduzindo a cidade de Tuscaloosa a escombros. Os meteorologistas estimam que o furacão tinha um diâmetro de um quilômetro e meio — o segundo furacão mais mortal na história dos Estados Unidos, matando mais de trezentas pessoas. Testemunhas gravaram imagens aterrorizadoras em seus celulares e as publicaram no YouTube e no Facebook. A tempestade levantava casas como se fossem copos descartáveis; carros voavam pelo ar como brinquedos infantis.

Do centro da tragédia e devastação, vinham também relatos de alguns resgates incríveis e até milagrosos — histórias que encorajaram aqueles que ainda procuravam amigos e familiares desaparecidos.

Uma história comoveu as pessoas de forma especial: a de uma garotinha que se recusava a parar de procurar seu cachorro Mason, um terrier de dois anos. No dia do furacão, Mason foi sugado para fora da garagem da família e desapareceu no turbilhão. O furacão destruiu a casa da família, mas parte da varanda permaneceu de pé. Dia após dia, os membros da família retornavam para a casa devastada, na esperança de que, de alguma forma, o cachorrinho tivesse sobrevivido à tempestade e conseguido voltar para casa.

Você consegue imaginar sua surpresa e alegria quando, *três semanas* depois da tempestade, eles encontraram Mason sentado naquilo que restava da varanda? Ninguém sabe a distância pela qual ele teve de se arrastar, com duas patas quebradas. Seus ossos fraturados estavam prestes a perfurar sua pele. Mason estava severamente desidratado e tinha perdido metade do seu peso. Mas estava vivo! E ele tinha decidido que voltaria para a casa das pessoas que o amavam. Quando ele finalmente viu sua família, esse pequeno cachorro pobre naquele estado terrível e miserável abanou o rabo de alegria.[*]

---

[*] "Dog finds his way home after Alabama tornado". Disponível em: http://abcnews.go.com/US/hero-dogcrawls-home-broken-legs-tornado-rubble/story?id=13703041.

Parece-me que podemos aprender uma ou duas coisas com esse animal precioso. Ele não se importava com sua aparência. Ele não sentiu vergonha de sua condição. Ele não tentou fugir, ou se esconder, ou se limpar para ficar mais apresentável.

Ele sabia que estava perdido.

Ele sabia que seu pequeno mundo havia sido virado de ponta-cabeça.

Ele sabia que precisava de ajuda. E, assim, ele se arrastou até seu lar, diretamente para os braços daqueles que o amavam.

Por que tantas vezes, quando estamos machucados e feridos, quando estamos uma bagunça, nós corremos para *longe* daquele que nos ama? Envergonhados, olhamos para o chão e esperamos que ninguém perceba a nossa presença. Tentamos "consertar" as coisas sozinhos. Talvez seja porque odiamos nosso estado quebrantado. Temos vergonha e nojo dele — e acreditamos que Deus sente o mesmo. Não entendemos como ele pode nos amar do jeito que ama. Não conseguimos acreditar que é verdade.

De alguma maneira, precisamos chegar a um lugar em que sabemos, no fundo da nossa alma, que, independentemente daquilo que aconteceu conosco, das nossas falhas, das nossas escolhas erradas e do tamanho da nossa queda, Deus estende seus braços para nos acolher com alegria sem limites. Ele deseja nos acolher na segurança do seu lar!

Algumas pessoas que pregam sobre a passagem da "ovelha perdida" quase fazem piada sobre o pastor ser louco a ponto de deixar 99 ovelhas em perigo para procurar apenas uma. Mas isso não é uma piada. É a essência da história.

Deus ama você com *extravagância*, e fará de tudo para lhe trazer de volta ao conforto de seus braços e à segurança de seu rebanho. (Claro, diferentemente de um pastor terreno, ele é onipresente e todo-poderoso. Ele pode procurar seu cordeiro perdido e, ao mesmo tempo, ficar com os outros 99!)

Quando seu Pastor encontra você, não o repreende ou pergunta por que se afastou. Ele não exige nada em troca. Ele não diz: "Ouça bem, ovelha, é sua última chance. Se sumir do radar mais uma vez, você pode me esquecer!". Não. Ele carrega você para casa em seus ombros e faz uma festa *porque você está em casa*! Esses são o amor e a graça que Deus oferece a *cada* cordeiro perdido.

Isso lhe parece injusto? Espero que sim, porque é. Graça nada tem a ver com "justiça", mas tem tudo a ver com o amor radical e ultrajante de Deus. E a realidade é que — quer vejamos isso ou não — cada um de nós é ou era essa ovelha perdida.

Ovelha branca.

Ovelha rebelde.

Ovelha escarlate.

Não importa.

Não somos gratos por ele ter nos procurado? Por ter se regozijado *por nós*, da mesma forma? Por que, então, dificultamos às vezes o retorno de outras ovelhas perdidas?

Que ovelha levada!

Eu me pergunto se as 99 ovelhas deixadas para trás ficaram dando tapinhas nas costas umas das outras por serem ovelhas tão boas e comportadas. Consigo até ouvir o tipo de coisas que devem ter dito sobre a ovelha perdida:

— Lá vai ela de novo, vagando por aí. Que ovelhinha levada! Nem sei por que ele perde tempo com ela!

— Concordo, Marge. Pedi que ela me ajudasse a espalhar os grãos para a nossa reunião de quarta-feira na semana passada, mas ela nunca apareceu.

— E, francamente, Trudy, cá entre nós, acho que a lã dela é um pouco curta para uma ovelha da idade dela!

— Você tirou as palavras da minha boca!

Certa vez, uma mulher rotulada de "pecadora conhecida" se infiltrou numa festa particular para expressar sua gratidão a Jesus por se importar com ela. Imagine viver numa pequena cidade com essa reputação! Não sabemos como ela conheceu Cristo ou quando ela ouviu sua mensagem, acreditou nele e recebeu seu amor. Talvez, ela fazia parte das "multidões" que o ouviram pregar nos campos ou nas ruas da cidade. Sabemos que aquilo que Cristo fez por ela a comoveu de forma tão profunda, que tudo que ela queria fazer era agradecer-lhe pessoalmente de maneira significativa.

Ela assumiu um risco enorme ao aparecer na casa de Simão, o fariseu — mas que escolha ela tinha? Era onde Jesus estava (cf. Lucas 7). Essa mulher, que não era convidada (e certamente não era bem-vinda), ajoelhou-se aos pés de Jesus, chorando lágrimas espontâneas de gratidão, uma fonte aparentemente inesgotável, e enxugando-os com seu cabelo. Todos na sala começaram a sussurrar e a apontar para ela. Que constrangimento! Simão, o anfitrião, estava indignado. Mas Jesus se voltou para ele e lhe devolveu sua hipocrisia numa bandeja:

> "Vê esta mulher? Entrei em sua casa, mas você não me deu água para lavar os pés; ela, porém, molhou os meus pés com as suas lágrimas e os enxugou com os seus cabelos. Você não me saudou com um beijo, mas esta mulher, desde que entrei aqui, não parou de beijar os meus pés. Você não ungiu a minha cabeça com óleo, mas ela derramou perfume nos meus pés. Portanto, eu digo, os muitos pecados dela lhe foram perdoados, pelo que ela amou muito. Mas aquele a quem pouco foi perdoado, pouco ama" (Lucas 7:44-47).

Jesus não quis dizer que Simão não havia pecado tanto quanto aquela mulher, mas apenas que Simão não se via assim. Às vezes, nossa presunção distorce nossa visão! E Deus, em sua misericórdia, fará de tudo para abrir nossos olhos. Ele permite que nos afastemos o bastante para perceber o quão perdidos realmente estamos — e sempre estamos.

Acho notável que essa "pecadora" encarou os insultos, olhares, comentários e a rejeição que certamente sabia que receberia. Diferentemente dela, a maioria de nós não teria a coragem. Por que arriscar? Melhor ficar calado, colocar uma armadura, construir alguns muros. Melhor não deixar ninguém se aproximar. Melhor evitar qualquer possibilidade de conexão humana... mesmo que isso signifique morrer por dentro.

Conheço algumas mulheres que sofreram abuso severo e que foram feridas tão profundamente, que me disseram: "Jamais quero ser vulnerável de novo". O que querem dizer é: "Jamais deixarei uma pessoa chegar tão perto de mim de modo que possa me machucar". E assim elas deslizam sobre a superfície da vida, talvez trocando olhares furtivos com outros homens e mulheres de vez em quando, mas nunca parando tempo suficiente para se conectar de verdade. Evidentemente, C. S. Lewis tinha conhecido indivíduos desse tipo, pois certa vez escreveu: "Amar significa ser vulnerável. Ame qualquer coisa, e seu coração certamente será espremido e possivelmente partido. Se você quiser garantir que ele permaneça ileso, não deve dar seu coração a ninguém, nem mesmo a um animal [...] tranque-o de forma segura no caixão ou ataúde do seu do seu egoísmo. No caixão — seguro, escuro, inerte, sem ar — ele mudará. Não será mais quebrado; se tornará inquebrável, impenetrável, irredimível".[*] Beth Moore disse quase a mesma coisa de outra forma:

> A maneira da vida de reagir a um coração partido é envolvê-lo com tendões fortes e levar-nos a prometer que jamais permitiremos ser feridos de novo. Essa não é a maneira de Deus. Lembre-se: fortalezas feitas com as próprias mãos não impedem apenas que o amor escape; elas impedem que o amor entre. Corremos o risco de nos tornar presos em nossas próprias fortalezas. Apenas Deus pode juntar as peças do nosso coração partido, fechar todas as feridas e enfaixá-las com um curativo poroso que as protege de infecções [...], mas que permite que o coração inale e exale amor.[**]

Eu já disse isso antes e direi novamente: quebrantamento é um presente. Apenas ovelhas que sabem que estão quebrantadas — mas amadas — podem aprender a confiar não em si mesmas, mas na sabedoria, força, misericórdia e graça do Bom Pastor.

---

[*] C. S. Lewis, *The four loves* (New York: Harcourt Brace, 1991), p. 121 [No Brasil: *Os quatro amores* (Rio de Janeiro: Thomas Nelson Brasil, 2017)].
[**] Moore, *Breaking free*, p. 113-4.

Três

Feridas antigas têm boa memória
Encontrando uma saída da escuridão

*E*m pleno dia, o céu ficou escuro como a noite. Não apenas preto, como a noite. Lembro-me de tons de um verde militar escuro que pareciam *falsos*. A cor estranha do céu fez com que carros parrassem no acostamento e os motoristas se perguntassem o que deveriam fazer. Lembro-me do incidente como se tivesse acontecido ontem. Antes de a chuva cair e de os relâmpagos mandarem todo mundo sair correndo à procura de um abrigo, uma paz assustadora permeava toda a cena aterrorizante. Até os pássaros pareciam parar, agachados em seus galhos, como que esperando por algo.

Eu estacionei atrás de dois outros carros embaixo de uma ponte e desliguei o motor. O motorista do carro à minha frente veio correndo até meu carro e bateu contra o vidro. Eu abri a janela.

— Acho que devemos dar o fora daqui — ele disse. — Isso parece ser um furacão!

— Não importa — respondi, sem olhar para ele.

Não pude ver como reagiu às minhas palavras, mas observei como ele correu de volta para o seu carro, pegou sua pasta e desapareceu da minha vista.

Fiquei sentada ali, com lágrimas escorrendo pelo meu rosto. Eu não conseguia parar de repetir: "Sinto muito. Sinto muito, de verdade!"

Por mais louco que pareça, eu acreditava no fundo do meu coração que aquela tempestade era culpa *minha*, que todos os céus tinham se reunido numa fúria contra mim. Grande parte dessa crença provinha de uma falta desesperadora de entendimento sobre a natureza verdadeira de Deus e de seu amor ardente por mim.

Vendo, mas não entendendo

Quando estava sentada no carro naquele dia, certa de que minhas ações tinham provocado a ira de Deus, eu me senti perdida e solitária — uma vagante religiosa iníqua que não tinha para onde correr e sem um lugar que pudesse chamar de "lar". Estar sob uma ponte na escuridão parecia lógico.

Momentos assim são chocantes. Eu nunca quis estar perdida e sozinha num lugar escuro. Eu sempre quis ser forte. Sempre quis ser aquela que acolhia os perdidos e os ajudava a se levantar novamente. Eu via meu próprio quebrantamento como fraqueza, e a fraqueza me aterrorizava. Ser fraco significa ser vulnerável. Agora, é claro, eu sei que aqueles medos foram gravados na minha alma quando era uma garotinha. Feridas antigas têm uma memória repugnantemente boa, mas habilidades interpretativas abismais. Ao mesmo tempo que a dor mantém a lembrança fresca e viva (pelo menos do jeito que um morto-vivo pode ser chamado de "vivo"), ela também obscurece a verdade e impede que você entenda corretamente o que de fato aconteceu. A analogia mais próxima que consigo encontrar é a maneira como crianças tendem a ver e ouvir tudo à sua volta, mas sem conseguir entender muito daquilo que está acontecendo.

Eu ficava maravilhada em ver como Christian, meu filho, podia sentar-se no banco de trás do nosso carro, aparentemente concentrado num jogo, e, momentos após eu dizer algo em voz muito baixa para o Barry, uma pequena voz dizia: "Não acho que foi bem assim, mãe".

"Como ele conseguiu ouvir isso?", eu me perguntava.

Crianças parecem ver e ouvir tudo — mas, muitas vezes, interpretam aquela informação de modo incorreto. Tiram as conclusões erradas. Quando o casamento de seus pais termina, por exemplo, é inevitável que internalizem e personalizem o que aconteceu.

"Papai teria ficado se eu tivesse arrumado mais o meu quarto?"

"Mamãe nos deixou porque eu não ajudei com as tarefas na casa?"

"O que eu poderia ter feito? O que foi que eu fiz?"

"A culpa deve ter sido minha."

Meu pai morreu quando eu tinha cinco anos. Eu sempre tinha sido a "garotinha do papai", mas, quando ele sofreu uma hemorragia cerebral em 1961, ficou parcialmente paralisado e, eventualmente, tornou-se incapaz de falar. Eu me agarrei a ele como a sua intérprete — mas logo sua personalidade começou a mudar: ficou escura e violenta.

Certo dia meu cachorro me alertou rosnando e, por pouco, consegui desviar de um golpe da bengala do meu pai contra minha cabeça. Ele jogou minha mãe contra uma parede, e quatro homens tiveram que o segurar e levar para um hospital psiquiátrico. Algum tempo depois, ele escapou, e encontraram seu corpo no rio. Ele tinha apenas 35 anos.

Para mim, a violência do meu pai, apesar de ter sido causada por um dano cerebral, indicava que ele via algo tão ruim em mim, que o fazia querer acabar com a minha vida. Da última vez que ele olhou em meus olhos, eu não vi nada além de ódio. Eu amava meu pai e, em minha mente jovem, ele não podia estar errado — o que significava que algo terrível *tinha* que estar dentro de mim. Depois de sua morte, decidi que nunca mais alguém se aproximaria de mim o suficiente para ver o que meu pai viu.

Essa estratégia mortal afetou também meu relacionamento com Deus. Decidi que seria a mulher cristã perfeita, para que Deus jamais visse qualquer coisa dentro de mim que, repugnado, o levasse a virar as costas ou a parar de me amar.

Como eu suportaria ver "aquele olhar" nos olhos *dele*?

Uma trilha escura? Sim. Mas é uma trilha que muitos seguem até hoje.

O que há de errado comigo?

Recebo centenas de cartas todos os anos de mulheres do mundo inteiro que lutam com uma autoimagem semelhantemente distorcida, em geral por causa de coisas que aconteceram no passado. Certos temas se repetem de forma infinita:

- "Meu pai não abandonou apenas minha mãe; ele abandonou também a mim. O que fiz de errado?"
- "Meu pai não tinha tempo para mim quando eu era criança. Agora, eu simplesmente tento não chamar atenção."
- "Minha mãe me disse que sou estúpida. Ela estava certa. Eu estrago tudo."

- "Meu marido é abusivo, mas eu mereço."
- "Quando olho no espelho, tudo que vejo é uma mulher gorda que não merece ser amada."
- "Sempre serei solteira. Quem iria querer se casar comigo?"
- "Não posso ter filhos. Acredito que Deus esteja me punindo por coisas que fiz no passado."

A lista nunca para de crescer, mas o tema é sempre o mesmo: "O que há de *errado* comigo?". Sem dúvida alguma, feridas antigas têm memória boa! Às vezes, essas velhas imagens são tão fortes, que nos transformam fisicamente naquela coisa que somos em nossa mente. Lembro-me de uma mulher para a qual trabalhei durante um verão na minha adolescência. Eu a conhecia um pouco como alguém que frequentava nossa igreja, mas, antes de ela se tornar minha chefe durante aqueles meses, eu tinha mantido certa distância dela. Sempre parecia rígida e crítica. Seu rosto já gritava um "Não!" retumbante antes mesmo de você fazer uma pergunta.

Fiquei assustada quando percebi que teria que me apresentar a ela todas as manhãs. Mas, quando os dias se transformaram em semanas e meses, meus sentimentos por essa mulher mudaram, e eu passei a procurar maneiras de servir a ela. Eu observava suas mãos, distorcidas pela artrite, quando tentavam pegar uma caneta ou segurar uma xícara. Eu ouvia quando ela falava sobre sua vida amarga e decepcionante. Quando ela permitiu que histórias de uma rejeição após a outra, de anos passados com pais ingratos, viessem à tona, pareceu-me que o exterior de seu corpo espelhava o interior de seu espírito. Parecia que ela nunca havia conseguido dar com alegria, que tudo sempre havia sido tirado ou roubado dela, o que a deixou amargurada e distorcida por dentro e por fora. Ela vestia essa vida desgraçada como um pesado manto de vergonha.

Culpa e vergonha

Em seu maravilhoso livro *Shame and grace* [Vergonha e graça], Lewis Smedes escreve: "A diferença entre culpa e vergonha é muito clara — em teoria. Sentimo-nos culpados por aquilo que fazemos. Sentimos vergonha por aquilo que somos".* Jamais me esquecerei do momento em que li essa afirmação pela primeira vez. Eu queria gritar: "É isso! Isso é *exatamente* o que tenho sentido, mas não conseguia expressar". Entender essa ideia foi muito importante para mim: foi como encontrar a chave para um porão escuro no qual eu temia entrar por causa daquilo que poderia encontrar.

Veja isso da seguinte maneira: se você *fez* algo errado, pode tentar consertar seu erro. Pode pedir perdão e fazer restituição. Mas, se no fundo da sua alma acreditar que você é algo errado, o que você pode fazer com isso?

Nenhum serafim por aqui

Antes de continuarmos, preciso fazer uma distinção importante. Na maioria das vezes, quando as pessoas falam sobre vergonha hoje em dia, falam dela como algo universalmente ruim, como algo que deve ser banido e evitado. A impressão que passam é a de que, se conseguíssemos acabar com a vergonha, seria muito melhor para todos. Como alguém que, ao longo dos anos, tem sofrido muito com a vergonha, devo admitir que meu coração adora a ideia de mandá-la para bem longe — ou de mandá-la para o espaço. Mas então leio a Bíblia, e ela parece me dizer: "Não tão rápido, Sheila".

A Bíblia usa muitas palavras, tanto em hebraico como em grego, para descrever vários aspectos daquilo que nós chamamos de "vergonha". Em geral, a Bíblia vê a vergonha como "uma condição de desgraça humilhante".** Em muitas passagens, pessoas como o rei Davi dizem a Deus: "Não deixes que eu seja humilhado" (Salmos 25:2), ou, ao contrário: "que os ímpios sejam humilhados" (Salmos 31:17). Ninguém *gosta* de sentir vergonha, ninguém *quer* ser humilhado e desgraçado. Eu não quero, e acredito que você também não quer. E a promessa gloriosa do evangelho é que aqueles que depositam sua fé em Cristo serão libertos para sempre da vergonha e de sua sombra.

Várias vezes, o Novo Testamento, aceitando essa dica do Antigo Testamento, declara que aquele que depositar sua fé em Deus "jamais será

---

* Lewis Smedes, *Shame and grace* (Nova York: HarperOne, 1994), p. 28.
** "Shame", in: *The international standard Bible encyclopedia*, vol. 4 (Grand Rapids: William B. Eerdmans Publishing Company, 1988), p. 447.

envergonhado" (Romanos 9:33; cf. tb. Romanos 10:11; 1Pedro 2:6; Salmos 25:3). Quando estivermos diante de Deus, vestidos com a justiça brilhante de Cristo, nunca mais sentiremos vergonha. Aleluia!

Tudo bem, mas dê uma rápida olhada à sua volta. Vê algum serafim? E portões de pérolas? Não, eu também não os vejo, e existe uma explicação simples para isso.

Ainda não estamos em casa.

Neste planeta caído, *alguma* vergonha ainda tem um trabalho a fazer — e, a não ser que eu esteja muito errada, trata-se de um trabalho que lhe foi divinamente designado. Podemos agradecer a Adão e Eva por isso.

Antes de Adão e Eva desobedecerem a Deus no jardim do Éden, não existia espaço para vergonha em seu coração. Assim, a Bíblia diz que o "homem e sua mulher viviam nus, e não sentiam vergonha" (Gênesis 2:25). E por que sentiriam? Eles desfrutavam de relacionamentos perfeitos, livres e imaculados com Deus e um com o outro. Não havia segredos ou inveja. Nada que precisasse ser escondido do outro. Nenhum arrependimento. Antes de o pecado entrar no Éden, a vergonha não podia crescer mais do que uma bananeira no lado escuro da Lua.

Evidentemente, o pecado mudou tudo. Quando Adão e Eva desobedeceram a Deus, a vergonha encontrou as condições ideais para crescer dentro de seu coração recém-caído, como ervas daninhas que brotam numa estufa abandonada. Temos tentado erradicar essas ervas daninhas desde então. Nós nos curvamos sob o peso da vergonha. Ela não existia no coração humano antes da Queda. Deus a baniu do céu para sempre. Então vergonha é uma coisa ruim, certo?

Bem, talvez não totalmente.

Veja bem, eu continuo me deparando com versículos como Salmos 83:16, em que Asafe faz um pedido surpreendente a Deus referente a pessoas que ele considerava seus inimigos. "Cobre-lhes de vergonha o rosto", ele escreve, algo que eu teria esperado, mas então continua: *"até que busquem o teu nome,* SENHOR" (grifo meu). Por essa eu não esperava.

Parece que, num mundo mortalmente ferido pela desobediência e fatalmente infectado pela doença do pecado, a vergonha tem um papel a exercer nos propósitos redentores de Deus. Ele pretende usar *até mesmo a vergonha* para levar-nos até ele, onde poderemos viver livres de vergonha para sempre.

Caso você tenha esperado que isso fosse uma estratégia apenas no Antigo Testamento, permita que eu chame sua atenção para quatro versículos de um livro no Novo Testamento. Todos eles foram muito esclarecedores para mim, mesmo que um tanto surpreendentes.

O apóstolo Paulo, muitas vezes chamado "o apóstolo da graça", estava tendo dificuldades com uma das igrejas que ele ajudara a fundar. A congregação de Corinto sempre parecia sair dos trilhos, fosse em seu comportamento, fosse em termos de doutrina. Assim, Paulo escreveu 1Coríntios com a esperança de conseguir colocá-los de volta no caminho certo. No primeiro capítulo de sua carta, ele escreveu: "Mas Deus escolheu o que para o mundo é loucura para envergonhar os sábios e escolheu o que para o mundo é fraqueza para envergonhar o que é forte" (1:27). A palavra grega traduzida como "envergonhar" significa "lançar em vergonha, ser humilhado".

Ah, e observe quem envergonha aqui.

É o próprio Deus.

Nosso Senhor gracioso — que nos ama a ponto de ter enviado seu único Filho ao mundo para que morresse por nossos pecados, a fim de que nós pudéssemos viver para sempre com ele — usa, às vezes, a vergonha para levar as pessoas até ele.

É claro, Deus não usa a vergonha sempre, nem mesmo frequentemente, e é certo que não o faz de modo arbitrário. Tampouco o fazem seus servos. Paulo, um pouco mais adiante em sua carta, disse: "Não estou tentando envergonhá-los ao escrever estas coisas, mas procuro adverti-los, como a meus filhos amados" (4:14). A palavra grega traduzida aqui como "envergonhar" diverge do termo encontrado em 1Coríntios 1:27, mas não muito. Significa "fazer com que alguém sinta vergonha". A essa altura em sua carta, Paulo não quis usar "vergonha" para motivar uma mudança santa em seus amigos; ele esperava que um simples alerta desse conta do recado.

No entanto, dois capítulos mais tarde, o apóstolo muda seu tom. Ele não queria acreditar que alguns membros de sua igreja haviam levado outros membros à corte por causa de brigas que envolviam dinheiro. Quase podemos ouvi-lo dizer: "Estão brincando comigo? Sério? Vocês fariam isso? Vocês arrastariam irmãos cristãos até um juiz pagão? Não acredito! O que estão pensando?". "Pelo amor de Deus", ele se perguntou, "por que não conseguiam encontrar mediadores em sua própria igreja?": "Acaso não há entre vocês alguém suficientemente sábio para julgar uma causa entre irmãos?" (6:5).

O que está acontecendo aqui? Isso não se parece com o Paulo bondoso e gentil de alguns capítulos atrás. Ele até escreveu: "Digo isso para envergonhá-los" (6:5), usando o mesmo termo usado em 1Coríntios 4:14 (em que disse que *não* queria envergonhá-los). Aqui está Paulo, o grande apóstolo, escrevendo sob a inspiração do Espírito Santo e usando a vergonha deliberadamente para despertar alguns cristãos que não estavam raciocinando claramente. Mas ele ainda não tinha terminado.

No final de sua carta, após denunciar todos os tipos de pecados e condutas tolas dessa igreja, ele faz sua última jogada:

> Como justos, recuperem o bom senso e parem de pecar; pois alguns há que não têm conhecimento de Deus; digo isso para vergonha de vocês. (15:34)

A palavra traduzida como "vergonha" nesse versículo é a mesma que o apóstolo Paulo usou nos dois casos anteriores. Paulo considerava ser vergonhoso — e queria que os coríntios *sentissem* essa vergonha — a igreja ter se tornado tão negligente, que aceitava como membros alguns indivíduos que nem acreditavam na ressurreição de Cristo dentre os mortos. Paulo descreveu essas pessoas como não tendo conhecimento de Deus.

Mas não ignore seu comentário mordaz em 15:34: *"Digo isso para vergonha de vocês"*.

Ele pretendia usar isso como uma tática para fazer com que seus amigos — cristãos verdadeiros, não incrédulos — caíssem em si.

Não gosto da vergonha. Nenhuma parte dela. Não gosto dos sentimentos que ela desperta em mim. Mas, aparentemente, às vezes — às vezes — a vergonha pode ser um instrumento nas mãos do Espírito Santo para trazer-nos de volta para a comunhão com ele, seja pela primeira vez ou até mesmo quando já o conhecemos por algum tempo.

Vergonha como colesterol

Acredito que a vergonha tenha muito em comum com o colesterol, um "esteroide de gordura" produzido em nosso fígado ou intestino, que o corpo usa para produzir vitamina D, determinados hormônios e outras substâncias químicas necessárias para construir membranas celulares saudáveis. Não conseguimos sobreviver sem ele, e nosso sangue o transporta pelo corpo.

No entanto, os médicos nos dizem que existe um colesterol "bom" e outro "ruim". O colesterol bom — HDL, a lipoproteína de alta densidade — nos mantém saudáveis, protegendo nosso sistema cardiovascular. O colesterol ruim — LDL, a lipoproteína de baixa densidade — tende a fazer coisas ruins, como entupir nossas artérias, abrindo o caminho para ataques cardíacos. Infelizmente, a maior parte do colesterol hoje em nosso corpo tende a pertencer ao tipo LDL, porque ingerimos comida gordurosa em excesso.

Por que, então, eu acredito que colesterol e vergonha têm muito em comum? Por duas razões: em primeiro lugar, porque ambos ocorrem em nossa vida em duas formas, uma boa e outra ruim. Em segundo lugar, porque a ruim tende a superar e ofuscar a boa.

Muitas mulheres com quem converso no país inteiro me procuram com o peso da vergonha que esmaga seu corpo exausto. Elas vivem com vergonha (se é que você pode chamar isso de viver) que as reduz a algo inferior a minhocas. Na maioria dos casos, essas mulheres estão vivendo com uma vergonha do tipo LDL (*lying demoniac language*, ou linguagem demoníaca ludibriante). Em algum momento em seu passado, um amigo de confiança, um membro da família ou alguma figura de autoridade apontou um lança-chamas para a sua autoestima — "Você não presta e nunca prestará", "Por que você não consegue fazer nada certo?", "Você é tão estúpida, que falhará em tudo que tentar" —, e elas ficam repetindo infinitamente essas mentiras em sua mente.

Enquanto elas permitirem que a LDL acumule em seu sistema, o risco de sofrerem um ataque cardíaco espiritual (ou até mesmo físico) aumentará cada vez mais. Como me explicou meu amigo, o dr. Henry Cloud, quando nos demoramos nessas LDLs, os três "P"s começam a se manifestar: pessoal, pervasivo e permanente.

Pessoal: acreditamos que tudo que dá errado em nossa vida é culpa nossa.

Pervasivo: acreditamos que o problema está não só dentro de nós, mas também ao redor de nós.

Permanente: acreditamos que nossa vida nunca mudará; que sempre será assim.

Algumas pessoas têm conversado comigo sobre algum pecado persistente em sua vida, mas elas querem saber como se livrar da vergonha, não do pecado. Nelas, sinto que está operando uma vergonha do tipo HDL (*holy discipline language*, ou linguagem de disciplina santa). Deus está tentando usar essa vergonha "boa" para chamar sua atenção, para fazer com que reflitam e sigam uma nova direção. Ele nunca usa muito dela, mas apenas o suficiente para melhorar a saúde espiritual.

Um amigo me contou que, muitos anos atrás, ouviu um sermão do bispo George McKinney, da St. Stephen's Cathedral Church of God in Christ, sobre a vida cristã. De acordo com a lembrança do meu amigo, o bispo McKinney esbravejou: "Hoje em dia, as pessoas não querem saber como viver com santidade. Hoje em dia, as pessoas querem saber como fornicar com segurança".

Visto que todos sofremos com o tipo de desejos desviados que o bispo McKinney lamentou de maneira tão eloquente, Deus, em sua misericórdia, criou a vergonha do tipo HDL. Sem ela, podemos acabar no lado errado de alguns versículos assustadores: "Ficarão eles envergonhados da sua conduta detestável? Não, eles não sentem vergonha alguma, nem mesmo sabem corar" (Jeremias 6:15; cf. tb. Jeremias 3:3; 8:12).

Embora eu não goste do sentimento que a vergonha produz, hoje posso agradecer a Deus por ter criado a variedade HDL. Sei, porém, que a maior parte da vergonha que encontro nas mulheres de hoje é a versão ruim... o tipo demoníaco e mentiroso que entope as artérias e destrói o coração.

A pergunta que surge então é: "Como eu me livro da vergonha do tipo LDL? Como paro de dar ouvidos às mentiras satânicas e começo a viver segundo a verdade que promove a saúde?" Neste livro, não poderei lhe dar um plano completo para mudar seu pensamento — muitos livros foram escritos sobre o tema (recomendo, por exemplo, a obra *Fale a verdade consigo mesmo*, de William Backus) —, mas acredito que posso apontar a direção certa.

Chegou a hora de agir

Um dos grandes desafios do nosso quebrantamento é treinar nosso coração para ouvir o amor de Deus em meio ao barulho da nossa vergonha do tipo LDL. A única maneira que conheço para fazer isso é mudando nosso pensamento, um processo que, normalmente, leva muito tempo e exige inúmeras batalhas contra o inimigo da nossa alma, que quer nos manter em dor e escuridão.

No entanto, você *pode* vencer essa guerra. Eu sei que pode, porque conheci inúmeros homens e mulheres que estão fazendo exatamente isso, e eu mesma estou aprendendo a fazê-lo. Para ajudar você a dar os primeiros passos no caminho certo, quero oferecer-lhe três passos de ação. Talvez isso não baste para derrotar o inimigo e declarar a vitória, mas é suficiente para começar a mudar o rumo da guerra, o que já é, por si só, maravilhoso.

Falando nisso, é uma guerra. Espero que, em meio a todo o "cotidianismo" da vida, você nunca se esqueça disso! Você está numa batalha espiritual que durará pelo resto de sua vida. Seu inimigo, o diabo, vagueia pela terra como um leão faminto, à procura de qualquer um que ele possa devorar. É possível até que ele esteja mastigando partes de *você*. Se for o caso, está na hora de tirar os dentes dele de você, enfiando seus próprios dentes na Palavra de Deus.

Anteriormente, eu disse que feridas antigas têm memória boa, mas isso é apenas metade da história. É também fato que a verdade de Deus desbanca até a mais forte dessas lembranças. Se quiser mudar seu pensamento, você precisa renovar a sua mente — e isso exige trabalho. Eu o encorajo a iniciar esse processo concentrando-se nas seguintes três estratégias essenciais.

1. *Falar consigo mesmo é normal. Apenas se assegure de que está dizendo as coisas certas*

    Essa primeira estratégia não vem da psicologia popular, mas das próprias Escrituras. Ouça o salmista:

    > Por que você está assim tão triste, ó minha alma?
    > Por que está assim tão perturbada dentro de mim?
    > Ponha a sua esperança em Deus!

Pois ainda o louvarei;
ele é o meu Salvador e o meu Deus. (Salmos 42:5-6)

Todos nós falamos com nós mesmos. Fazemos isso de mil maneiras diferentes e, muitas vezes, sem perceber. O importante é que falemos a verdade a nós mesmos em vez de simplesmente repetir as mentiras falsas e dolorosas do nosso inimigo. O primeiro passo para renovar a sua mente consiste em reconhecer que você está falando com sua própria alma. Então, tome a decisão de apenas falar palavras verdadeiras!

2. *Preencha sua mente com a verdade da Palavra de Deus*
Eu sugiro fortemente que você monte um arsenal de versículos bíblicos e o guarde em sua mente, pronto para ser usado a qualquer momento. Se nunca decorou versículos bíblicos, concentre-se em duas coisas ao começar: a primeira é refletir sobre *quem Deus diz que é (e quem ele é para você)*. É necessário construir um arsenal especificamente para você e seus desafios e necessidades. Mesmo assim, quero lhe dar algumas passagens que têm sido especialmente importantes para mim:

- "O SENHOR é a minha luz e a minha salvação; de quem terei temor? O SENHOR é o meu forte refúgio; de quem terei medo?" (Salmos 27:1).
- "Faze-me ouvir do teu amor leal pela manhã, pois em ti confio. Mostra-me o caminho que devo seguir, pois a ti elevo a minha alma" (Salmos 143:8).
- "Pois estou convencido de que nem morte nem vida, nem anjos nem demônios, nem o presente nem o futuro, nem quaisquer poderes, nem altura nem profundidade, nem qualquer outra coisa na criação será capaz de nos separar do amor de Deus que está em Cristo Jesus, nosso Senhor" (Romanos 8:38-39).
- "Aquele que habita no abrigo do Altíssimo e descansa à sombra do Todo-poderoso pode dizer ao SENHOR: 'Tu és o meu refúgio e a minha fortaleza, o meu Deus, em quem confio'" (Salmos 91:1-2).

Em segundo lugar, analise bem *quem Deus diz que você é (e o que você é para ele)*. Uma vez que você tenha uma compreensão mais clara da verdadeira natureza de Deus, precisa se fortificar com uma compreensão mais clara de sua própria natureza em Cristo. Novamente, os versículos que você escolhe devem apelar de modo forte à sua própria alma. Mas, caso você queira alguns exemplos potentes, veja esta lista de textos que já me ajudaram muito:

- "Tudo posso naquele que me fortalece" (Filipenses 4:13).
- "Portanto, agora já não há condenação para os que estão em Cristo Jesus" (Romanos 8:1).
- "Vocês não me escolheram, mas eu os escolhi para irem e darem fruto, fruto que permaneça, a fim de que o Pai lhes conceda o que pedirem em meu nome" (João 15:16).
- "Mas ele me disse: 'Minha graça é suficiente para você, pois o meu poder se aperfeiçoa na fraqueza'. Portanto, eu me gloriarei ainda mais alegremente em minhas fraquezas, para que o poder de Cristo repouse em mim" (2Coríntios 12:9).

O evangelista Luis Palau tem ajudado centenas de milhares de pessoas a encontrarem a fé em Cristo no mundo inteiro, e um texto que ele usa com frequência se encontra no livro de Hebreus. Tantas pessoas sofridas o procuram, tomadas de culpa e destruídas pela vergonha. Elas ouvem o evangelho, mas simplesmente não acreditam que ele se aplica a *elas*. Uma mulher chamada Sue ligou para o Luis certa noite num programa de TV ao vivo que ele costuma apresentar em meio às suas campanhas evangelísticas. Ela soluçava enquanto contava como tinha dormido com um colega casado, um amigo da família de longa data.

— Sei que violei uma das leis de Deus — ela chorou. — Sei que Deus jamais me perdoará por isso.

— Quero contradizê-la — Luis respondeu —, Deus *perdoará* você.

Mas Sue não conseguia acreditar. A culpa e vergonha que ela sentia por ter traído seu marido simplesmente eram forte demais.

— Eu decepcionei Deus — ela continuou repetindo. — Eu simplesmente não sei o que fazer. Estou devastada.

Finalmente, Luis citou para Sue a promessa de Hebreus 9:14, que diz: "Quanto mais o sangue de Cristo, que pelo Espírito eterno se ofereceu de forma imaculada a Deus, purificará a nossa consciência de atos que levam à morte, de modo que sirvamos ao Deus vivo!"

— Tudo bem — Sue respondeu —, mas eu não me sinto purificada.

Luis explicou que Deus permanece fiel mesmo quando nós não somos fiéis, e então perguntou:

— Sue, você quer ser perdoada ou você quer se revirar em miséria pelo resto de sua vida?

— Não — ela respondeu —, eu quero ser perdoada!

Então Luis chegou ao âmago da questão — para Sue e para todos nós, independentemente do pecado que tenhamos cometido:

> Como você corrige um adultério? Você confessa seu pecado. Você aceita o perdão de Deus. Não me venha com essa conversa fiada de "Não consigo perdoar a mim mesmo". Não, você não pode perdoar a si mesmo. Ninguém pode. Deus nos perdoa, e nós aceitamos seu perdão e somos perdoados. A Palavra de Deus lhe dirá: "Mulher, eu perdoo você porque eu morri em seu lugar por causa desse pequeno pecado imundo". A partir de então você está livre, como se nunca tivesse cometido o pecado.
>
> O Senhor a perdoará e purificará, e você poderá andar em liberdade. Você estará livre em Cristo para andar com Deus.

Luis conta: "Sue finalmente entendeu, e no fim da nossa conversa ela encontrou a libertação da culpa que a esmagava".[*]

Se você se sente esmagado pelo peso de culpa e vergonha, a mesma verdade se aplica a você, da mesma forma. Acredite naquilo que Deus diz sobre você — que, quando confessar e renunciar ao seu pecado, e pedir que Deus o purifique, ele fará exatamente isso — e comece a viver em liberdade.

3. *Cerque-se de pessoas amorosas e santas que lembrem você da verdade*

Deus não quer que a vida cristã seja vivida em isolamento. Na verdade, o que ele quer é o oposto. Ficar sentado de pernas cruzadas num

---

[*] Luis Palau, *Where is God when bad things happen?* (Nova York: Doubleday, 1999), p. 183-4.

manto preto no fundo de alguma caverna no Oriente Médio pode parecer saudável e santo para alguns, mas esse tipo de vida não é a vida encorajada pelas Escrituras.

Fato é que você precisa dos outros, e os outros precisam de você. Você precisa ouvir suas palavras de bênção, afeto e encorajamento, e eles precisam ouvir as suas. Jamais subestime o poder das palavras que os outros dizem sobre sua vida, seja para o bem ou para o mal! Provérbios 18:21 declara: "A língua tem poder sobre a vida e sobre a morte". Palavras positivas e verdadeiras podem, literalmente, mudar o rumo de uma vida.

Howard cresceu num lar quebrantado. Seus pais se divorciaram logo após seu nascimento — ele sempre acreditou que havia causado a separação — e sua avó o criou. Howard passou a maior parte de seus anos de escola fundamental como um autodesignado encrenqueiro num bairro pobre da Filadélfia. Certa vez, sua professora do quinto ano, a senhora Simon, o amarrou à cadeira com uma corda e tapou sua boca com uma fita adesiva. Ela predisse que cinco garotos em sua turma acabariam na prisão, e Howard era um deles. Ela estava certa sobre três deles. Howard não tem lembranças boas do quinto ano.

No ano seguinte, quando Howard se apresentou à senhora Noe, sua professora do sexto ano, ela disse algo que mudaria sua vida para sempre. "Eu ouvi muito sobre você", disse, levando Howard a pensar: "E lá vamos nós de novo". Mas ela continuou com um sorriso bondoso e encorajador: "Mas eu não acredito numa única palavra daquilo tudo".

A partir daquele momento, a senhora Noe levou Howard a perceber, *pela primeira vez em sua vida*, que alguém se importava. "As pessoas estão sempre à procura de alguém que diga: 'Ei, eu acredito em você'", Howard diz hoje.[*]

Falando nisso, o segundo nome de Howard é Hendricks. Ele é um professor celebrado no *Dallas Seminary* há mais de meio século e tem ensinado, inspirado e discipulado muitos dos professores bíblicos mais talentosos dos Estados Unidos, incluindo Chuck Swindoll, David Jeremiah, Tony Evans, Bruce Wilkinson e muitos outros.

Cerque-se de pessoas que dirão a verdade, em amor, à sua alma, e permita que essa verdade transforme sua mente e renove sua vida.

---

[*] Adaptado do site do Dallas Theological Seminary.

Da impotência à esperança

Quando jovem, o avô do meu marido foi vítima de um assalto violento. Ladrões arrombaram a mercearia em que ele trabalhava, o espancaram e o prenderam num grande barril de uísque, largando-no ali. No dia seguinte, seus colegas o encontraram vivo, mas profundamente transformado.

Pelo resto de sua vida, esse homem viveu com medo, atormentado pelas vozes dos ladrões em sua cabeça e pela escuridão úmida do barril que deveria ter sido seu caixão. Seu medo era palpável e pessoal, mas também pervasivo, e ele conseguiu se infiltrar no coração de seu filho William, o pai de Barry, meu marido.

A primeira lembrança de Barry é de como aquele medo que o afetou ocorreu quando ele estava assistindo ao noticiário com seu pai, quando Barry tinha cinco anos. Um garoto da região tinha se afogado num acidente de barco, e William disse a Barry: "Você *jamais* entrará num barco. É isso que vai acontecer se você se aventurar na água". Barry lembra de como o medo se apoderou de seu coração quando imaginou como seria lutar por ar, impotente, sem qualquer esperança. Quando cresceu, ele aprendeu a esconder seu medo; mas, de vez em quando, ele vinha à tona.

Quando Barry e eu nos casamos, deixei cair uma decoração natalina que dizia: "Nosso primeiro Natal 1994". Ele se voltou para mim com um olhar espantado e disse:

— O que você acha que isso significa?

— Acho que significa que... você se casou com uma desastrada! — disse.

— Não — ele continuou —, quero dizer: você acha que isso é um sinal?

— Sim — respondi. — Um sinal de que você é louco!

Ele sorriu, mas vi algo mais profundo em seus olhos. Quando o Natal de 1996 se aproximou, Barry e eu estávamos nos preparando para receber nosso filho neste mundo. "Quero que isso pare aqui e agora", Barry me disse certa noite. "Quero que a herança de mentiras, medo e impotência termine comigo. Eu não passarei isso para o nosso filho."

Eu tenho observado como Barry substituiu intencionalmente as mentiras que tinham sido sua herança pelas palavras doadoras de vida das Escrituras. Ele decorou muitas passagens bíblicas, e todas as noites fazia uma oração poderosa retirada do livro *Prayer*, de Richard Foster:

Pela autoridade de Deus todo-poderoso, derrubo as fortalezas de Satanás em minha vida, na vida daqueles que eu amo e na sociedade em que vivo. Tomo para mim as armas da verdade, da justiça, da salvação, da palavra de Deus e da oração. Ordeno que cada influência má saia daqui; você não tem nenhum direito aqui e eu não lhe permito nenhum ponto de entrada. Peço por um aumento em fé, esperança e amor, para que, pelo poder de Deus, eu possa ser uma luz no topo de uma montanha, fazendo com que a verdade e a justiça floresçam. Peço essas coisas em nome daquele que me amou e entregou sua vida por mim. Amém.*

Agora, observo Barry pescando num barco com nosso filho e acredito que, embora feridas antigas tenham uma boa memória, nenhum pesadelo consegue resistir ao amor redentor do nosso Salvador. Quando refletir sobre sua vida e os pontos em que a vergonha te envolve, você estaria disposto a trazer as mentiras, o medo e a escuridão até Cristo? A vergonha nos diz que nosso quebrantamento é eterno. A cruz de Jesus Cristo nos diz que ele tomou sobre si o nosso quebrantamento para sempre, para que nós pudéssemos viver em liberdade *para sempre*.

---

* Richard Foster, *Prayer: finding the heart's true home* (Nova York: Harper Collins, 1992), p. 242 [No Brasil: *Oração: o refúgio da alma* (São Paulo: Vida, 2008)].

Quatro
Perguntas persistentes
A paz e a presença de Deus nas noites mais escuras e batalhas mais longas

Antes mesmo de dizer uma única palavra, ela estendeu a mão. Eu vi a pulseira vermelha de borracha que ela estava me oferecendo na esperança de que eu a aceitasse e usasse. Naquele momento, ainda não conhecia a história por trás daquela pulseira. Eu só sabia que havia uma história. Numa caixa lá em casa, tenho 15 dessas pulseiras, cada uma com o nome de uma criança inscrito nela. A maioria cita algum versículo bíblico. As mais tristes vêm com uma data.

Essas simples pulseiras, feitas de borracha endurecida, se tornaram comuns em nossa cultura. Acho que a primeira que chamou minha atenção pertencia a Lance Armstrong. Sua pulseira amarela da Nike — "Just do it!" — chamava atenção para sua luta contra o terrível monstro do câncer. Mas, no fundo, as pulseiras não tratam de celebridades ou pessoas famosas com causas famosas. Meu filho encomendou trinta pulseiras pretas, e cada uma ostentava seu versículo favorito: "Minha graça é suficiente para você, pois o meu poder se aperfeiçoa na fraqueza" (2Coríntios 12:9). Ele deu uma para cada um de seus amigos na escola... um lembrete muito necessário no ensino médio. Certa vez, recebi uma pulseira de uma mulher perturbadoramente entusiasmada. A pulseira diz: "Perca peso agora; pergunte-me como!". Eu dei a essa pulseira um enterro cristão decente na lixeira.

Eu uso duas dessas pulseiras todos os dias. Uma me lembra de orar pela Igreja Sofredora no mundo inteiro, por aqueles que compartilham minha fé, mas não a minha liberdade. Ela diz simplesmente: "Um com eles". A outra, eu uso em apoio à "campanha A21", que luta contra a escravidão sexual. Mas cada uma das 15 pulseiras que tenho em minha caixa aqui em casa conta uma história muito especial e muito individual.

Peguei a pulseira de borracha vermelha que a mulher me oferecia e a coloquei em meu pulso. "É para lembrar do meu filho", explicou. "Ele morreu quando tinha a idade de seu filho". Eu lhe agradeci por esse presente sagrado e, quando ela se jogou em meus braços por um momento, era como se carregasse todo o peso do mundo em seus ombros frágeis. Mas, como tantas outras mulheres que conheci e que atravessaram a dor insuportável da perda de um filho, ela tem lutado para encontrar a força para continuar, para o bem de todos que ainda precisam dela. Finalmente, ela se ergueu e foi embora. Quando desapareceu de vista, eu orei por esperança, consolo e graça, pedindo que Deus a envolvesse com seus braços e a acolhesse naquelas noites que certamente viriam, noites em que sua força acaba e a única coisa que resta são perguntas.

Perguntas, perguntas e a pergunta

Nem todas das minhas 15 pulseiras de borracha trazem a finalidade de datas como esta. Algumas informam o nome de uma criança numa batalha muito atual contra o câncer, mas cada uma delas me lembra das perguntas persistentes que permanecem sem resposta para tantos.

Uma pulseira só tem duas palavras nela: o nome de uma filha e a pergunta: "Por quê?".

Desde que caminhamos neste planeta como filhos de Adão e filhas de Eva, temos feito essa pergunta: *por quê?* Um dos primeiros casos na Bíblia ocorreu com Rebeca, esposa de Isaque, que foi indagar ao Senhor sobre os dois bebês que estavam lutando um com o outro em seu ventre. Algo parecia não estar certo; aquilo a preocupava, por isso ela perguntou ao Senhor: "Por que está me acontecendo isso?" (Gênesis 25:22).

Nesse caso, o Senhor deu uma resposta detalhada não só sobre as circunstâncias atuais, mas também sobre como aquilo se desdobraria ao longo dos próximos anos. Mas, normalmente, ele não faz isso.

Muitas vezes, Deus se recusa a responder à nossa pergunta e sussurra em vez disso: "Confie em mim". Nem sempre, porém, isso nos satisfaz. Quando as respostas pelas quais ansiamos não vêm, nós perguntamos, e perguntamos, e perguntamos, porque tudo dentro de nós grita que a vida nunca deveria ter sido assim.

Por que, Deus?
Por que estou aqui?
Minha vida tem algum propósito?
Tu ouves minha oração?
Por que me pedes para orar se já sabes o que vais fazer?
Por que o filho dela foi curado e o meu morreu?
Foi culpa minha?
Eu deveria ter tido uma fé maior?
Por que tu não salvaste meu casamento?
O que mais eu poderia ter feito?
Por que tu não me impediste de fazer papel de idiota?
Estás com raiva de mim?"
Estás decepcionado comigo?
Tu me amas?

Mas existe uma pergunta que ouço mais do que todas as outras, e eu a ouço sempre: "Por que crianças sofrem?". Essa pergunta é o golpe mais duro, pois deixa sem ar números incontáveis de pessoas que se sentem condenadas a assistir e suportar, incapazes de fazer a dor desaparecer.

Imagine que você é um pastor e que sua linda garotinha enfrenta rodada após rodada de quimioterapia numa luta sangrenta para matar o tumor cancerígeno em seu cérebro. Como, semana após semana, você sobe ao púlpito e fala sobre um Deus que é poderoso e amoroso? Foi isso que Aaron McRae encarou desde a segunda-feira de 29 de junho de 2009. Ele recebeu a notícia em um breve telefonema com sua esposa Holly.

Doce Kate... e assim tudo começa

Holly explicou o início de sua experiência penosa num bilhete curto cheio de dor:

> A segunda-feira de 29 de junho de 2009 deveria ter sido um dia repleto de diversão. As crianças e eu pretendíamos ir para o parque aquático, a fim de celebrar o verão. Mas eu percebi que o leve tremor na mão direita de Kate, que tinha aparecido alguns dias atrás, tinha piorado

bastante. Decidimos levá-la ao pediatra, só para garantir. Ele pediu uma tomografia da cabeça da Kate. Às cinco e meia da tarde, eu, Holly, mãe de Kate, fui chamada para uma sala e informada de que ela tinha um tumor enorme no lobo temporal esquerdo de seu cérebro. Naquele dia, o mundo parou para nós. Liguei para o pai dela e, aos soluços, pedi que ele viesse para o hospital o mais rápido possível.

Nenhum tipo de alarme ou cartaz neon prepara você para esse tipo de evento terrível. Num momento, parque aquático; no momento seguinte, palavras que nunca deveriam ser ditas: "Sua filha de cinco anos tem um tumor enorme no cérebro". Eu soube dessa família pela primeira vez por meio do Twitter, uma das redes sociais mais populares nos dias de hoje. Mas, nos meses e anos que se seguiram, nós nos tornamos bons amigos. Eu visitei Kate no hospital em Phoenix (falo sobre essa visita mais adiante) e passei algum tempo com Holly, Kate e sua irmã Olivia aqui no Texas. Aaron e seu filho Will vieram ouvir uma palestra minha em Phoenix. Bem, Aaron me ouviu, Will ficou jogando *Angry Birds* no meu iPad.

Dias sem fim

A primeira cirurgia deixou claro que Kate tem uma forma de câncer muito agressiva. Para aumentar suas chances de sobrevivência e minimizar os efeitos colaterais de longo prazo, Kate foi inserida num estudo. O caminho não tem sido fácil.

O estudo envolve a cirurgia cerebral inicial, cinco rodadas de quimioterapia intensa com a possibilidade de uma cirurgia cerebral subsequente e, então, outra rodada de quimio, com um transplante de células-tronco.

Enquanto escrevo estas palavras, Kate e sua família estão no meio disso tudo. Kate fará outra ressonância magnética para medir a efetividade do tratamento até agora. Os dias têm sido sem fim:

2 anos, 4 meses e 17 dias
124 semanas
869 dias

Eu tenho me juntado ao bando de guerreiros de oração que gritam o nome de Kate diante do trono da misericórdia como parte do nosso dia a dia. Mas para Aaron e Holly, essa é a vida deles. Eles não podem simplesmente sair de sua situação e esquecê-la por um tempo. Hora após hora, eles vigiam a saúde de Kate e tentam continuar sendo a mãe e o pai de que Olivia e Will também necessitam.

Como mãe, eu me identifico profundamente com a dor terrível de Holly. Mas sei que Aaron também sofre. Veja esta postagem que ele fez recentemente:

> Uma das minhas histórias bíblicas favoritas trata do capitão romano que procurou Jesus em nome de seu servo doente, em Mateus 8. Amo o fato de que Jesus parece estar disposto e até mesmo ansioso para curar esse servo, dizendo: "Irei para curá-lo". Eu acredito que Jesus é Deus, ele é Senhor, e ele é o Curador. Isso era absolutamente verdadeiro alguns milhares de anos atrás e continua verdadeiro hoje.
>
> Para mim, a história fica ainda mais fascinante quando Jesus, surpreso e admirado, declara que ele nunca encontrou tamanha fé em nenhuma outra pessoa. Esse soldado romano odiado surpreendeu Jesus. Isso é incrível para mim.
>
> Refletir sobre essa história me leva a fazer milhares de perguntas: perguntas como... Jesus ainda cura quando pedimos a ele? Jesus deseja curar nossa querida Kate? Eu tenho o tipo de fé que deixa Jesus "admirado"? Não? Por que não? Já é muito difícil assistir ao sofrimento de seu filho, mas acrescentar a isso o fardo de "Minha fé é incrível o bastante? Não? Por que não?" parece demais para aguentar. Deus espera que pais — quebrantados e esmagados por dias ruins e noites sem sono — produzam algo "incrível"?

Aaron está certo. A fé daquele centurião romano deixou Jesus admirado. A Bíblia descreve Jesus como "admirado" apenas duas vezes — uma vez diante da fé desse homem e a outra vez diante da incredulidade dos judeus:

> Jesus lhes disse: "Só em sua própria terra, entre seus parentes e em sua própria casa, é que um profeta não tem honra". E não pôde fazer

ali nenhum milagre, exceto impor as mãos sobre alguns doentes e curá-los. E ficou admirado com a incredulidade deles. Então Jesus passou a percorrer os povoados, ensinando.
(Marcos 6:4-6)

Mas é engraçado. Não encontramos nenhum consolo no fato de que a maioria das pessoas não acreditou e não entendeu. Nós simplesmente nos atormentamos com *aquele um homem* que entendeu. E nos perguntamos:

Como ele conseguiu ter esse tipo de fé?
O que ele sabia que eu não sei?
Como posso deixar Deus admirado?

Tenho encontrado esse tipo de autoavaliação atormentadora em muitos lugares. Recebi uma carta de uma mulher jovem em fase terminal de sua doença, por exemplo, que me viu orar de joelhos certa manhã na televisão e chegou à conclusão de que *essa* era a chave que estava lhe faltando. Era por *isso* que Deus não estava respondendo às suas orações; tudo depende da postura. Então ela caiu em seus joelhos fracos e frágeis... e deslocou seu quadril.
Eu chorei quando li sua carta.
Para ser honesta, fiz mais do que chorar. Joguei minha Bíblia contra a parede do meu escritório. Eu não estava com raiva de Deus — eu estava com raiva daquilo *em que o transformamos.* Minha raiva e minha frustração se concentram em algumas das mentiras perpetuadas em seu nome. Estou pensando naquele lixo de "prosperidade" proclamado nas décadas de 1980 e 1990 e que causaram tanto mal a pessoas quebrantadas. Esse lixo zomba daqueles que amam a Deus, mas para os quais a fórmula "Se você tiver bastante fé, basta pedir, que você receberá" simplesmente não funciona.
A verdade é que uma doutrina tão pervertida não funciona para *ninguém*, não importa o que as pessoas lhe digam.
Deus não é uma *jukebox* cósmica no céu que, contanto que você tenha a moeda certa, lhe permite escolher a trilha sonora de sua vida. Aqueles que pregam uma mensagem de saúde e riqueza feriram milhares que lutam com uma única conclusão: *A razão pela qual meu filho morreu, ou pela qual meu casamento falhou, ou pela qual perdemos nossa casa... foi minha falta de fé.*

Isso é mais do que cruel, é blasfêmia.

Cristo nunca prometeu um caminho fácil. Ele nunca disse que haveria rosas sem espinhos, ou estações sem inverno, ou caminhos sem obstáculos. Na verdade, ele disse o oposto. Antes de ser preso e submetido a um processo encenado, Jesus disse aos mais próximos: "Neste mundo vocês terão aflições; contudo, tenham ânimo! Eu venci o mundo" (João 16:33). Aí está, uma promessa que os pregadores de prosperidade nunca exibem na tela da TV:

"VOCÊS TERÃO AFLIÇÕES!"
— JESUS CRISTO

Não, ele nunca nos prometeu uma estrada fácil.

O que Cristo *promete*, porém, são sua presença e sua paz nas noites mais escuras e nas batalhas mais longas.

Quando me abaixei para pegar minha Bíblia — uma fonte de vida e força para milhões ao longo das eras e, também, para mim —, reconheci mais uma vez que minha raiva e frustração se concentravam no abismo que parece existir entre um Deus amoroso e um mundo danificado.

As coisas nunca deveriam ter sido assim.

A fúria de Cristo

Minha secretária enfiou a cabeça em meu escritório. Ela tinha ouvido o barulho quando minha Bíblia acertou a parede.

— Tudo bem, chefe? — ela perguntou com um sorriso.

— Estou bem — respondi —, e a parede também está. É que meu coração se parte quando vejo tanta dor. Como Deus consegue não intervir? — Ela sorriu com empatia e fechou a porta do escritório atrás dela.

Naquela noite, folheei o Novo Testamento à procura de algo que eu tinha lido alguns dias atrás, sem prestar muita atenção. Aparentemente, porém, aquilo ficou gravado em algum lugar dentro de mim, e eu precisava ter certeza de que me lembrava corretamente.

Você pode encontrar a história em João 11. Com exceção da ressurreição de Cristo, essa é uma das histórias que mais me comovem nos Evangelhos.

Um homem chamado Lázaro, morto há quatro dias, é trazido de volta à vida. Essa história é especialmente preciosa para mim, porque esse homem e suas irmãs Marta e Maria tinham se tornado uns dos amigos mais próximos de Jesus. Ele tinha passado tempo em sua casa, onde conversaram, riram, oraram e comeram a comida preparada por Marta. Quando as mulheres perceberam que seu irmão Lázaro tinha adoecido gravemente, mandaram avisar Jesus e pediram que ele viesse rapidamente.

Mas ele não veio.

Não no primeiro dia, nem no segundo.

A mensagem havia sido enviada e recebida. Mas Jesus ficou onde estava. O texto deixa claro que ele não veio a tempo, *intencionalmente*. E Lázaro morreu. Foi apenas quando seu amigo já tinha morrido — quando era "tarde demais" — que Jesus chegou. Àquela altura, Lázaro já estava sepultado, e as flores do funeral já tinham murchado.

O texto torna a dor das irmãs palpável. Marta e Maria estão unidas com todos os outros homens, mulheres ou crianças que, ao longo dos anos, viram alguma pessoa amada sofrer e imploraram a Deus para que ele aparecesse a tempo... e ele não apareceu.

Assim, quando Jesus finalmente chegou, "Maria prostrou-se aos seus pés e disse: 'Senhor, se estivesses aqui meu irmão não teria morrido'" (João 11:32). Você consegue ouvir a dor em sua voz? "Por quê? Por que tu não vieste quando precisávamos de ti aqui? Por quê, Senhor? Por quê? Tu poderias ter salvado nosso irmão! Por quê?"

Marta fez as mesmas perguntas, de forma quase idêntica. Assim sabemos que as irmãs tinham conversado sobre sua confusão e dor mútua. "Onde estavas, Senhor? Por quê?" Mas não são as perguntas delas que me deixam admirada. Elas *tinham* que perguntar! Todos nós queremos saber: "Se és grande o bastante para impedi-lo, Senhor, por que não o fazes? Onde estavas quando precisávamos de ti?" Não, eu não voltei para o texto à procura daquilo que Maria e Marta tinham *perguntado*.

Eu queria me lembrar daquilo que Jesus *sentiu*:

> Ao ver chorando Maria e os judeus que a acompanhavam, Jesus *agitou*-se no espírito e perturbou-se (João 11:33, grifo meu).

A tradução não faz jus ao peso daquilo que Cristo sentiu. O termo grego traduzido como "agitou-se" é *embrimaomai*. É uma palavra forte, que denota raiva, força ou a bufada de um cavalo. Em outras palavras, quando Cristo viu o luto de suas amigas, sentiu uma raiva, uma fúria diante daquilo que o pecado havia feito com este mundo.

"Agitou-se"?

Não... isso nem chega perto.

Eu fico "agitada" ou "comovida" quando meu filho diz que me ama ou quando o cachorro deita a cabeça em meu colo. Mas o que Jesus experimentou foi muito além de alguma emoção sentimental! Esse era o Filho de Deus enfurecido diante da dor que Maria e Marta, que Aaron e Holly, que você e eu já enfrentamos ou estamos enfrentando neste momento.

Adoro isso! Para mim, é um consolo imenso o fato de que, em vez de minimizar nossa dor e apontar para a promessa do céu, Cristo se enfurece. João também diz que Cristo chorou.

Tudo isso confirma que não seguimos um Senhor imune ao nosso sofrimento. Cristo sente profundamente a nossa dor.

Mas vejo uma pergunta *enorme* escondida diretamente sob a coberta desse consolo. Se Cristo odeia tanto isso, por que simplesmente não impede nosso sofrimento?

Escolha um!

Para uma mulher com quem passei algum tempo no passado, essa era a pergunta por trás de todas as outras. Ela já tinha enterrado dois filhos. Simplesmente não conseguia enxergar como Deus podia ser amoroso e poderoso. Em sua mente, Deus ou é poderoso, mas não amoroso, visto que seus filhos tinham morrido, ou é um Deus amoroso que deseja o nosso bem, mas não é poderoso.

"É um dos dois. Você precisa escolher!", ela insistia. A dor nos seus olhos era um grito silencioso.

Muitos de nós sentem uma dor tão profunda, que não temos palavras para expressá-la. Ela vem quando gritamos em agonia existencial... e o céu permanece em silêncio mortal. Eu me sentei ao lado de uma amiga após ela enterrar seu filho e, durante horas, nenhuma de nós disse uma única palavra. Eu tinha a sensação de que qualquer palavra desvalorizaria o que ela carregava na alma dela. Ela tinha esperado anos por esse filho e, dentro de um instante, o céu o acolhera.

Para aqueles de vocês que provaram a profundidade desse tipo de luto e perda, saibam que apenas Cristo entende a estrada solitária e abandonada que vocês estão trilhando. Mas vocês *não* estão sozinhos! Ele também já passou por isso. Por favor, ouça o que estou dizendo — não digo essas coisas levianamente. Ele percorreu cada passo dessa estrada danificada, e ele foi onde nós não poderíamos ir. Cristo provou de um copo ainda mais amargo do que o seu. Deus virou as costas para o seu próprio Filho e o obrigou a beber cada gota do cálice da ira no dia mais escuro que este mundo já viu.

> "Naquele dia", declara o SENHOR, o Soberano: "Farei o sol se pôr ao meio-dia e em plena luz do dia escurecerei a terra" (Amós 8:9).

O grito do órfão Emanuel

Na crucificação de Jesus Cristo, Mateus nos conta que "houve trevas sobre toda a terra, do meio-dia às três horas da tarde. Por volta das três horas da tarde, Jesus bradou em alta voz: 'Eloí, Eloí, lamá sabactâni?', que significa: 'Meu Deus! Meu Deus! Por que me abandonaste'" (27:45-46).

Não consigo nem começar a imaginar o que Cristo enfrentou durante aquelas três horas de escuridão enquanto lutava por ar. Antes de sua execução, ele havia sido despido e zombado, espancado até sangrar; sua barba havia sido arrancada pela raiz, transformando seu rosto em uma massa desfigurada — mas nada, *nada* que tinha enfrentado podia se comparar àquelas três horas de escuridão. Durante aqueles 180 minutos, numa transação que apenas a Trindade conhece e entende, Cristo, o Cordeiro imaculado de Deus tomou sobre si o pecado do mundo:

cada pensamento imundo de cada imaginação pervertida
cada palavra pejorativa já dita
cada traição fria já cometida

cada ato impiedoso e abjeto já praticado
cada ato aleatório de crueldade já concebido por corações malignos
cada atrocidade indescritível já cometida

Ele tomou *tudo* sobre si. Ele tomou tudo isso sobre si por aqueles que sabem que estão quebrantados e por aqueles que fingem não estar. Ele o fez por cada um de nós:

- O motorista embriagado que mata uma criança
- A mulher desesperada que tira a vida de seu bebê não nascido
- O criminoso e o criminosamente insano
- Aquele que entra numa escola e atira em alunos
- A vítima de estupro
- Os abusados
- Os espancados
- Os abandonados

Cristo suportou a força total do quebrantamento deste mundo e, por amor a você e a mim, ele se tornou o abandonado. Elizabeth Barrett Browning descreveu o que ocorreu na cruz quando Emanuel soltou seu grito de órfão:

> Abandonado! Deus preferiu se separar de sua própria essência;
> E os pecados de Adão foram arrebatados entre o Filho justo e o Pai:
> Sim, uma vez o grito de órfão de Emanuel abalou seu universo —
> Ele subiu, sem eco: "Meu Deus, fui abandonado!"*

Na cruz — abandonado e sozinho —, Jesus perguntou *por quê?* por todos nós. Você se lembra das palavras assustadoras? "Por que me abandonaste?" O que deu errado? Por que isso aconteceu?

A reposta pode parecer fria e insensível, mas certamente não é uma coisa nem a outra.

Alguém teve de pagar.

---

* W. Macdonald; A. Farstad, *Believer's Bible commentary: Old and New Testaments* (Mt 27:46) (Nashville: Thomas Nelson, 1997).

Alguém teve de pagar o preço de resgate pelo nosso pecado e pela nossa rebelião, caso contrário, permaneceríamos afundados em nossa própria miséria maligna para sempre. Apenas um podia pagar o preço — somente Cristo, o Cordeiro imaculado de Deus. Somente ele tinha uma vida sem pecado. Somente Ele podia combinar com seu Pai, antes do início dos tempos, que sacrificaria sua própria vida cristalina para salvar as nossas vidas imundas. Jamais saberemos o que significou para Cristo seu próprio Pai o lançar naquele caldeirão da mais profunda maldade. Sabemos que isso abalou tanto os fundamentos do universo, que até mesmo o Sol se recusou a brilhar quando Deus, o Pai, virou as costas para o seu Filho. Quando Jesus suportou o pecado do mundo, suportou um abandono indescritível. O inocente derramou seu sangue pelos culpados.

Simplesmente não havia outro caminho.

Milênios antes, quando Adão e Eva desobedeceram a Deus e comeram da Árvore do Conhecimento do Bem e do Mal, seu pecado abriu um abismo entre um Deus santo e pessoas quebrantadas. Eles sentiram isso ainda no jardim: abandonados, sozinhos, envergonhados. Desde então, cada um de nós tem sentido isso, e, assim, exclamamos: "Por quê?".

Quando Cristo caiu na escuridão daquela maldade, pagou por cada pecado cometido, desde o primeiro até o último que escurecerá este mundo. Ele não só pagou o preço inteiro; ele redimiu cada pedaço quebrado.

Assim como Adão e Eva tomaram e comeram — mas nesse ato todos nós sentimos o abandono, o grito órfão —, Cristo disse na noite em que seu amigo o traiu: "Isto é o meu corpo dado em favor de vocês; tomem e comam" (cf. o capítulo 13). E assim ele permitiu que todos nós voltássemos para casa através da fé nele e em sua obra consumada na cruz.

Na cruz, Jesus fez a pergunta que tantos de nós têm feito a Deus em nossas próprias noites mais escuras: "Por que me abandonaste?". A pergunta pairou no ar, como que sustentada ali por uma agonia pura, cruel e incompreensível. Mas essa não foi a última coisa que nosso Senhor disse. "Está consumado!", ele gritou pouco depois (João 19:30). Então, finalmente: "Pai, nas tuas mãos entrego o meu espírito" (Lucas 23:46).

Ele passou de abandonado para abraçado! E assim será conosco — mas ainda não.

A estrada para casa

Alguns meses atrás, eu estava na República Dominicana, a caminho de um projeto de desenvolvimento da World Vision — uma clínica de gravidez para mães e seus bebês que ensinaria às jovens mulheres como cuidar de seus filhos. A aldeia que abriga a clínica fica na fronteira entre a República Dominicana e o Haiti. O terremoto catastrófico que atingiu o Haiti em 2010 causou um dano terrível em muitas estradas que levam para dentro e para fora do país, e esses países pobres simplesmente não têm dinheiro e mão de obra para consertar todas.

Mesmo assim, estávamos indo muito bem... até vermos uma placa indicando um desvio que nos tirou da estrada principal e levou para uma estrada de terra. Eu nunca fui tão chacoalhada num veículo em toda a minha vida! Cada buraco parecia maior do que o anterior, e eu bati minha cabeça várias vezes no teto do caminhão. Eventualmente, chegamos à aldeia, mas num estado bastante machucado. É assim que imagino a estrada em que você e eu nos encontramos.

Pode ser uma estrada muito, *muito* difícil. Mas esse tipo de viagem nunca foi o plano original. Deus preparou para nós uma estrada lisa e linda, mas o desvio que nos tirou do jardim do Éden — levando-nos por desertos ardentes e montanhas traiçoeiras, por rios violentos até uma cruz no topo de uma colina — não é liso nem lindo. Mas é o caminho que nos leva para casa. Disso tenho certeza absoluta.

À maior pergunta teológica (e desesperadamente humana) de todas — "Por que Deus não acaba com o sofrimento *agora*?" — eu não tenho uma resposta convincente. R. C. Sproul chama o sofrimento de "o calcanhar de Aquiles da fé cristã". C. S. Lewis dedicou um livro inteiro a essa pergunta, *The problem of pain*[*] (que ele escreveu durante um período emocionalmente agradável. Leia *A grief observed*[**] para ver como sua abordagem mudou quando teve de fazer sua própria viagem nessa estrada rochosa e acidentada). Muitas obras eruditas maravilhosas tratam desse problema difícil.

---

[*] No Brasil: *O problema da dor* (Rio de Janeiro: Thomas Nelson, 2021).
[**] No Brasil: *A anatomia de um luto* (Rio de Janeiro: Thomas Nelson, 2021).

Mas não cabe a mim tratar desse problema aqui. Meu coração deseja estar com você, exatamente aí onde você está, e compartilhar com você o que eu creio. Hoje, como uma mulher de 55 anos, tenho certeza de muito menos coisas do que eu tinha quando era uma mulher jovem de 25 anos! Mas eu apostaria minha vida nas poucas coisas que sei.

Eu acredito de todo coração que Deus é amoroso e soberano.

Acredito que o Senhor nos criou com livre-arbítrio para que pudéssemos escolher entre amá-lo ou abandoná-lo.

Acredito que, quando Adão e Eva decidiram desobedecer, nós perdemos nosso lugar perfeito no Éden.

Acredito que o amor ardente de Deus por nós é tão incrível, que ele permitiu que seu próprio filho percorresse a milha mais difícil de todas, com pés humanos, para pagar por nosso pecado.

Acredito que Cristo decidiu suportar a agonia e a morte mais devastadoras que qualquer homem ou mulher jamais terá que enfrentar, para que você e eu pudéssemos receber perdão.

Acredito que, quando choramos, Deus enxuga cada lágrima.

Acredito que nenhuma dor é desperdiçada e que Deus transformará em bem até mesmo as maiores tragédias.

Acredito que você nunca viveu um único momento sem amor em sua vida.

Acredito que ele também passou por isso.

Você não está sozinho! Você não estava sozinho no passado, você não está sozinho agora, e ele nunca, *nunca* abandonará você.

Desvios tendem a levantar muita poeira. Às vezes, conseguimos ver para onde estamos indo; outras vezes, porém, a estrada parece desaparecer — mas Cristo sempre permanece no controle.

A realidade de um espelho turvo

Quando o apóstolo Paulo descreveu nossa condição quebrantada, ele a comparou com um vidro defeituoso e turvo: "Agora, pois, vemos apenas um reflexo obscuro, como em espelho; mas, então, veremos face a face" (1Coríntios 13:12).

A falecida Corrie Ten Boom, uma evangelista holandesa e sobrevivente do holocausto, escreveu sobre a vida como a vemos do nosso ponto de vista, cheia de nós e fios emaranhados, como uma peça de roupa com bordados malfeitos. Apenas Deus consegue ver a imagem real do outro lado, uma peça de beleza rara e excepcional, uma coroa de justiça. Eu amo isso!

Uma das lições mais importantes que aprendi é que Deus está muito mais interessado em quem estamos nos transformando do que naquilo que estamos fazendo. É um conceito maravilhoso, mas, em meio a uma tempestade, é difícil agarrar-se a pensamentos assim, quando só conseguimos ver lampejos de seu rosto em meio a relâmpagos.

Quando estudo a vida daqueles que têm feito as perguntas do tipo "Por quê?" mais fortes das Escrituras, vejo um fio de esperança que passa por cada uma.

Jó, um homem justo dizimado por uma tragédia após a outra, confrontou Deus com pergunta após pergunta. Ouvimos isto:

> Meus ouvidos já tinham ouvido a teu respeito, mas agora os meus olhos te viram. Por isso menosprezo a mim mesmo e me arrependo no pó e na cinza (Jó 42:5-6).

Davi, mesmo sabendo que Deus o tinha escolhido para governar como rei de Israel, foi caçado e obrigado a viver numa caverna como um fugitivo:

> Bendiga o SENHOR a minha alma! Não esqueça de nenhuma de suas bênçãos! É ele que perdoa todos os seus pecados e cura todas as suas doenças, que resgata a sua vida da sepultura e o coroa de bondade e compaixão (Salmos 103:2-4).

Paulo, espancado e náufrago, apedrejado e à beira da morte, disse:

> Pois estou convencido de que nem morte nem vida, nem anjos nem demônios, nem o presente nem o futuro, nem quaisquer poderes, nem altura nem profundidade, nem qualquer outra coisa na criação será capaz de nos separar do amor de Deus que está em Cristo Jesus, nosso Senhor (Romanos 8:38-39).

Minha mente e meu coração humanos não conseguem entender os caminhos de Deus, mas confio em seu coração. Eu tive que travar uma guerra dura e sangrenta para chegar a esse lugar de descanso.

Deus nunca respondeu às perguntas de Jó, assim como talvez nunca tenha respondido às suas deste lado da eternidade. Mas a cada *por quê?* que tem partido seu coração em dois, lembre-se de que Deus nos deu a manhã de Páscoa!

Naquela manhã da primeira Páscoa tanto tempo atrás, Deus introduziu um novo *porquê* em nossa jornada. É o *porquê* mais glorioso de todos: "Por que vocês estão procurando entre os mortos aquele que vive? Ele não está aqui! Ressuscitou! (Lucas 24:5-6)".

E minha alma exclama: "Sim, ele ressuscitou!".

Cinco

Esconde-esconde, fazer de conta e outras fugas fracassadas

Como evitar uma velha estratégia que nunca funciona

Em retrospectiva, acredito que o organizador do show achava que seria fofo (e barato). Aconteceu nos meus dias de "estrela do rock", na década de 1980.

Se você não está familiarizado com minha biografia, é bom saber que nem sempre fui a mulher mansa e comportada que você já deve ter visto em capas de livros. Na verdade, meu currículo inclui um período como artista cristã *new wave*, com cabelo preto e roupa de couro. Certa vez, meu filho viu minha foto na capa de um disco e, após analisá-la por um bom tempo, fez uma única pergunta:

— Mãe, você se vestia assim *de propósito*?

— Sim — respondi —, eu era uma artista *new wave*.

— Uau...

Naquela noite específica, eu estava fazendo uma turnê pelos Estados Unidos, com minha banda britânica. Nós tínhamos acabado de fazer um show em Orlando, na Flórida, e os rapazes da minha banda estavam com fome. (Mas, devo acrescentar, eles *sempre* estavam com fome e já tinham comido duas vezes naquela noite, antes do show.) O organizador disse que conhecia um local ótimo, o lugar perfeito onde os rapazes poderiam comer o quanto quisessem sem ter que hipotecar sua casa.

Ele nos levou para uma pizzaria chamada Chuck E. Cheese, "onde uma criança pode ser criança". Perfeita para a banda!

Chegamos pouco antes de o restaurante fechar e, por isso, o local estava bastante calmo. Os rapazes entraram na fila e pediram sua pizza, enquanto eu peguei um pedaço de pizza com queijo e uma Coca Light. Estava voltando para minha mesa quando alguém tocou meu ombro.

Quando me virei para ver a pessoa, eu me vi diante de um rato de quase dois metros de altura.

Soltei um grito e joguei minha bandeja nele. O restaurante inteiro caiu em silêncio mortal. Aparentemente, eu tinha encharcado Chuck E. com um refrigerante e lhe dado uma cobertura de queijo — em sua própria loja! Em vez de divertir e animar, a máscara e a fantasia tinham alarmado e assustado.

Que entrem os palhaços

Você se lembra do episódio de *Seinfeld* em que Kramer é confrontado por um palhaço?

— Você ainda tem medo de palhaços? — pergunta o palhaço.

— Sim — Kramer responde choramingando.

É uma cena muito engraçada, mas, para mim, aquilo era muito mais profundo. Eu sempre tive muito medo de pessoas que usam máscaras. Não me importo com fantasias, contanto que o rosto esteja visível, mas um rosto escondido me deixa em pânico. Foi apenas em anos recentes que comecei a entender o porquê.

Identifico as raízes do meu pânico no aneurisma cerebral do meu pai, que descrevi um pouco no capítulo 3. Quando olhei em seus olhos pela última vez antes que fosse levado pelas autoridades, vi uma pessoa completamente estranha. Não consegui ver meu pai. Para mim, aos cinco anos, ele poderia ter usado uma máscara de Halloween aterrorizante e não teria feito diferença. Meu pai tinha me abandonado, deixando um monstro em seu lugar.

Mas sabe o que é irônico? Mesmo que máscaras me assustem, eu mesma usei uma durante anos.

As máscaras que usamos

Como adolescente, e ainda depois de completar vinte anos, eu não gostava daquilo que via quando olhava no espelho. Eu tentava esconder minha pele ruim com todos os cremes possíveis. Lembro-me de uma marca chamada Clearasil, que vinha em duas versões — transparente ou tom de pele... para todas as mulheres que tiveram o azar de nascer com pele cor de laranja! Eu gastei horrores no meu cartão de crédito na faculdade: me sentia tão mal naquela pele, que comprava muitas roupas novas para disfarçar meu exterior. Nunca funcionava, mas eu continuava tentando.

Eu não gostava do meu peso, mas, em vez de simplesmente reduzir a quantidade de comida que comia, ficava procurando a dieta "mágica" ou o comprido que me "consertaria". Nós não tínhamos uma balança no banheiro, então eu ia até o nosso açougueiro e perguntava se ele podia me pesar. Pensei que, já que ele conseguia pesar uma vaca inteira, certamente daria conta de mim. Tentei cada dieta neste planeta — pelo menos cinco vezes. Todas elas funcionavam. Mas *eu* não. Quando o problema se encontra no fundo do porão de sua alma, nenhum disfarce pode ajudar.

Acredito que todos nós usamos uma máscara de uma forma ou de outra. É a nossa maneira de tentar nos encaixar, de fazer parte. Quanto mais quebrantados nos sentimos por dentro, mais nos sentimos obrigados a esconder nossos defeitos dos outros, para que eles não riam de nós ou nos rejeitem. Ao longo dos últimos 16 anos, tenho subido ao palco do *Women of Faith* e falado na frente de mais de 4 milhões de mulheres. Ouço sempre as mesmas coisas:

"Não gosto da minha aparência";
"Não gosto de como me sinto";
"Odeio o que vejo no espelho";
"Se as pessoas realmente me conhecessem, ninguém iria querer me conhecer";
"Como Deus pode me amar depois de tudo que fiz?";
"Como Deus pode me perdoar se eu não consigo perdoar a mim mesma?".

Meu coração se parte ao pensar que, mesmo que Cristo tenha morrido para nos trazer liberdade, tantos dos seguidores de Cristo parecem ser as pessoas menos livres de todas. Tudo começa com um sentimento de ser julgado pelos padrões da nossa cultura (que nunca satisfazemos). Acrescente a isso o julgamento da comunidade cristã — da igreja — e o peso bastaria até para afundar a *Queen Elizabeth 2**. "Impiedoso" nem começa a descrevê-lo.

Você se lembra da passagem no livro de João em que os fariseus e mestres da lei arrastam uma mulher pega no ato de adultério para diante de Jesus? Eles a jogam no chão como um saco de lixo e formam um círculo de condenação à sua volta. Lembro-me de ter visto a mesma coisa acontecer com uma amiga minha. Seu casamento tinha acabado e, em sua luta para encontrar ajuda e esperança, ela se viu jogada num círculo de acusadores. Eles não queriam ouvir; só queriam lhe dizer o que ela devia fazer.

Por que nos sentimos tão confortáveis quando fazemos parte desse círculo?

É o fato de não termos deixado nenhuma saída?

É o fato de podermos olhar por cima da cabeça da pessoa quebrantada para aqueles que pensam exatamente igual a nós?

O que quer que seja, o próprio Cristo entrou no círculo naquele dia — e o destruiu. Como ele fez isso? Simplesmente convidou a jogarem a primeira pedra aqueles que nunca tinham pecado. Isso ofendeu a multidão, pois dava a entender que o pecado daquele que a tinha jogado no chão era tão grave quanto o pecado da mulher na poeira! Tenho certeza de que ninguém gostou daquilo, mas, um após o outro, eles soltaram as pedras que tinham escolhido com cuidado para apedrejá-la e saíram de fininho.

Acho triste que ninguém veio para se sentar ao lado dela.

Ninguém "captou" a verdade radical que Cristo proclamava, a de que todos nós estamos profundamente quebrantados, cada um do seu jeito. E, também, não entenderam outra coisa: a verdade de que Deus tem toda a experiência no mundo para lidar com pessoas quebrantadas e que ele as ama profundamente.

Alguma vez você já foi vítima do tipo de julgamento descrito em João 8? Se sua resposta for positiva, tenho certeza de que isso o tentou a ficar escondido no porão porque seus acusadores deixaram perfeitamente claro que esse era o lugar em que deveria estar. (E se você ousasse sair dali, eles estariam esperando você com pedras afiadas.)

---

* Também chamado de QE2, é um navio britânico de passageiros que operou entre 1969 e 2008. (N. do E.)

Se você estiver nessa situação agora, permita que eu faça uma sugestão. Abra a porta do porão ao menos o bastante para admitir esta verdade: do jeito que você é *neste momento*, com todas as suas lutas, seus segredos e suas máscaras, Deus ama você com toda a paixão. Ele conhece sua "bagunça". Ele vê sua dor. Ele chama você do jeito que é — exatamente do jeito que você é neste exato momento sofrido. Sim, você precisará de um pouco de coragem. Algumas pessoas à sua volta podem não gostar disso. Talvez você até se sinta "errado" porque, sejamos sinceros, você tem se escondido nesse porão úmido por muito, muito tempo.

A corrida para o esconderijo

Nós nos escondemos naturalmente — ou melhor, normalmente, mesmo que muito *não* naturalmente:

> Ouvindo o homem e sua mulher os passos do SENHOR Deus que andava pelo jardim quando soprava a brisa do dia, esconderam-se da presença do SENHOR Deus entre as árvores do jardim (Gênesis 3:8).

Naquele momento, Adão e Eva se pegaram fazendo algo que, até então, nenhum ser humano havia feito. *Eles estavam se escondendo.* Eles nunca haviam ouvido a palavra *esconder*. Ela não existia em seu vocabulário. Esconder significava enganar — fingir não estar onde você realmente estava. Mas eles também não conheciam as palavras *enganar* ou *fingir*. Tudo que conheciam — toda a experiência de sua existência — era a alegria de estarem vivos, de serem amados e prezados. Prezados por seu Criador e Amigo, e prezados um pelo outro.

Você consegue imaginar como deve ter sido passear com Deus no fim da tarde, dia após dia (talvez ano após ano, nós não sabemos). Eu tentei imaginar, mas não consegui. Sentir a brisa refrescante em meio ao aroma delicioso de flores selvagens e pomares carregados de frutas — desfrutar da beleza inigualável banhada pela luz dourada do fim da tarde... conversar casualmente com o Criador do universo, compartilhando os pequenos (e engraçados) momentos do dia.

Mas então, como um soco na barriga, sua primavera perfeita terminou, o inverno caiu com toda sua dureza, e tudo acabou. O paraíso fechou suas portas para Adão e Eva. No momento em que nossos primeiros pais provaram da fruta proibida, tudo mudou. A serpente lhes tinha prometido que, se a comessem, ela "abriria seus olhos", e essa promessa se cumpriu de forma cruel e cínica. "Deus sabe que, no dia em que dele comerem, seus olhos se abrirão, e vocês, como Deus, serão conhecedores do bem e do mal" (Gênesis 3:5).

Bem, nem tudo era mentira (muitas falsidades contêm um grão de verdade distorcida). A primeira parte da afirmação do tentador era verdade. Seus olhos realmente se *abriram* — mas o que eles viram?

Viram sua nudez.

Viram sua culpa.

Viram seu ego miserável e quebrantado.

Como escreveu Derek Kidner em seu comentário sobre Gênesis: "Que anticlímax grotesco ao sonho de iluminação"*VER*. Agora, eles conheciam sua nudez e se sentiam profundamente envergonhados. E havia também outra emoção nova! A vergonha nunca os tinha afligido... até agora.

Tudo isso me lembra daquilo que eu considero o aspecto mais insidioso do pecado: mesmo quando admitimos nosso erro, mesmo quando abandonamos nosso pecado, não podemos desaprender o que aprendemos. Não podemos desfazer o que fizemos. Não podemos desconhecer o que conhecemos.

Para Adão e Eva, cada momento trazia um novo lembrete do desastre que tinham causado em sua vida. Antes, eles tinham andado à luz do sol; agora, andavam nas sombras — cantos escuros de dúvida, preocupação e medo. E perguntas, tantas perguntas. Como devem ter se sentido mal por dentro. E, então, ouviram Deus caminhando pelo jardim. Pouco antes, esse teria sido o barulho mais bem-vindo de suas vidas. Agora, estavam com medo. Eles não conheciam o nome desse medo, mas sentiram suas garras frias e cruéis.

Você também conhece essa sensação. Ela pode ser provocada por uma ligação do consultório do seu médico, por uma carta, por uma conversa com

---

* Derek Kidner, *Genesis*. Tyndale Old Testament Commentaries (IVP, 1967), p. 74 [No Brasil: *Gênesis: introdução e comentário*. Série Cultura Bíblica (São Paulo: Vida Nova, 2006)].

um amigo que diz: "Preciso lhe dizer algo". Medo e pavor inundam você, e você se sente impotente. Mas esse medo tomou conta de Adão e Eva como uma experiência totalmente nova e avassaladora. Como eles reagiriam?

Seu primeiro instinto nos parece muito familiar.

Eles não correram para Deus, não se jogaram aos seus pés e não derramaram seu coração diante dele, explicando tudo que aconteceu. Em vez disso, correram para longe. Eles se esconderam.

Esse é o triste e feio legado do quebrantamento.

O pecado faz com que queiramos nos esconder do único que pode nos ajudar — do único que pode nos salvar. É claro, era isso que a serpente queria desde o início: romper o laço especial que existia entre Deus e sua criação amada.

Eu digo muitas coisas ao meu filho Christian, mas uma das coisas mais importantes que lhe conto e repito sem parar é: "Quanto maior o problema, mais rápido você nos procura". De forma trágica, a confiança traída no Éden torna isso *demasiadamente* difícil.

Reflita. Quando você acha que estragou tudo, que você caiu e decepcionou Deus de alguma forma, como costuma reagir? A maioria de nós quer se esconder. Queremos fugir e tentar consertar as coisas um pouco. *Depois*, dizemos a nós mesmos, vamos até Deus e explicamos tudo.

Isso não funcionou no jardim e também não funciona hoje.

Adão e Eva tentaram cobrir sua nudez fazendo roupas com folhas de figueira, o maior item que conseguiam encontrar. Talvez tenham conseguido esconder sua nudez um do outro, mas não conseguiram cobrir seu pecado e vergonha. Não conseguiram esconder de Deus sua condição quebrantada. Eles tinham participado de uma interação diabólica que transformou beleza em cinzas. Deus tinha feito árvores para o deleite de seus olhos e de seu paladar (cf. Gênesis 2:9), mas agora essas mesmas árvores haviam se tornado seu porão... seu esconderijo escuro. E quanto a você? Todos nós temos nossos esconderijos favoritos.

Alguns se escondem em comida. Você já fez isso? Talvez você tenha construído um muro de carne em torno de seu coração quebrantado, para manter as pessoas a distância. Você pode acreditar que foi usado ou abusado por causa de sua aparência, e fez tudo que estava em seu poder para se esconder em algum lugar. Comida pode ser a única coisa sobre a qual você acredita ter algum controle. Ela se tornou sua arma secreta — então você decide usá-la, desaparecendo um pouco mais a cada dia.

Alguns se escondem em "coisas". Já tentou isso alguma vez? Você pensa: "Só mais um par de sapatos, só mais uma bolsa, mais um vestido, e eu me sentirei melhor". Pode ser maquiagem, um vestido novo ou um colar elegante — nunca ficamos satisfeitas; precisamos tentar apenas "mais uma coisa". Mas "coisas" nunca nos deixarão felizes, não importa quão boa seja a campanha publicitária.

Como mencionei anteriormente, um dos meus amigos mais queridos é o dr. Henry Cloud, psicólogo clínico e um aluno apaixonado da Palavra de Deus. Recentemente, ele me falou de um estudo que o diretor da Associação Psiquiátrica Americana encomendou vários anos atrás para investigar o que deixa as pessoas felizes. O resultado final pode ser chocante... a não ser que você estude a Palavra de Deus. Tornou-se perfeitamente claro que apenas 10% das coisas que deixam as pessoas verdadeiramente felizes vêm de fora. E mesmo essas só nos dão uma felicidade temporária; depois, voltamos para o nosso ponto de partida. Assim, o carro novo, a casa, o vestido ou o anel — qualquer que seja a coisa sobre a qual pensamos "Se eu tivesse isso, eu seria tão mais feliz" — não conseguem fazer o que esperávamos que fariam.

Alguns se escondem em relacionamentos. É onde você está agora? Talvez você passe rapidamente de um relacionamento para o próximo, sempre encontrando alguma falha na outra pessoa, convencido de que, qualquer que seja o problema que surja, a culpa é dela. Ela não faz você se sentir do jeito que deseja se sentir, então, você parte para a próxima. Mas o problema é: você leva a si mesmo onde quer que vá.

Alguns se escondem na religião. Essa parece ser boa... vista de fora. Tudo gira em torno de aparências, tudo gira em torno de estar no lugar certo e na hora certa, tudo gira em torno da aprovação dos outros. Tudo gira em torno de ser *visto* como bom, mas sem saber absolutamente nada sobre a liberdade ou alegria que um relacionamento verdadeiro e vital com Cristo pode trazer.

Alguns se escondem no ministério. Esse era meu esconderijo preferido. Eu parecia "estar presente" para todos os outros, mas eu não deixava ninguém ver meu eu verdadeiro. Eu acreditava que, se eu ajudasse você, orasse com você, compartilhasse o amor de Deus com você, eu deveria estar bem. Mas nunca permiti que você se aproximasse de mim, para que não visse que, na verdade, eu estava muito longe de estar bem.

Nós nos escondemos de muitas maneiras diferentes, é claro. Eu só mencionei algumas. Talvez você tenha escolhido um lugar diferente, um método diferente, um porão diferente para se esconder. Talvez seus esconderijos sejam tão úmidos e escuros que você nem consegue identificá-los. Mesmo assim, Deus faz, a cada um de nós enquanto tentamos nos esconder, a mesma pergunta que fez a Adão e Eva.

A pergunta

Pouco após Adão pecar, Deus o chamou e perguntou: "Onde está você?" (Gênesis 3:9). A Bíblia não nos informa o tom de voz que o Senhor usou ao chamar Adão. Mas não acredito que tenha sido um tom de acusação, como em: "Onde, diabos, você está?".

Acho que a voz era triste.

Também acredito que a pergunta era cheia de graça. O Senhor não perguntou: "Por que você está se escondendo?", mas: "Onde está você?".

Consegue ouvir a diferença? Se Deus tivesse perguntado *por quê?*, isso teria empurrado Adão e Eva ainda mais para dentro da floresta e da vergonha. Então ele perguntou *onde*? Essa pergunta tende a fazer com que saiamos do esconderijo. Esse era o coração de Deus em relação a Adão e Eva, e esse é o coração dele em relação a cada um de nós hoje. É revelador que Adão respondeu à pergunta que Deus *não* fez. Ele respondeu como se Deus tivesse perguntado *por que* ele se escondeu: "Ouvi teus passos no jardim e fiquei com medo, porque estava nu; por isso me escondi". Isso não é incrível? A vergonha causada por pecado e quebrantamento pode ter uma voz mais convincente do que a voz do próprio Deus.

Sei que isso vale para a minha própria vida. Tantas vezes Deus me pergunta *onde*? e eu respondo *porque*... Portanto, não fique surpreso quando você se castiga ao perceber que não cumpriu aquilo que Deus quer de você e para sua vida! Foi exatamente isso que aconteceu com os dois únicos seres humanos (com exceção de Cristo) que já tiveram um relacionamento perfeito com nosso Pai. Parte do desafio do nosso quebrantamento é treinar nosso coração para que ele consiga ouvir o amor de Deus em meio ao barulho da nossa vergonha.

Adão e Eva não conseguiram disfarçar sua tentativa fútil de se esconder; seu quebrantamento estava estampado no rosto. (Quem eram essas pessoas — agachadas entre os arbustos, com o pulso a mil por hora e rostos distorcidos de medo?) Mas o quebrantamento usa muitos disfarces, e ao longo dos anos nós aprendemos a fazer com que ele pareça ser algo diferente.

A compulsão por fingir

Uma amiga pediu que eu a substituísse de última hora como palestrante num almoço muito chique em Palm Springs, na Califórnia. Mas eu não tinha nem a vontade nem a capacidade de fazê-lo; àquela altura, nunca tinha falado em público, a despeito de minha experiência no mundo da música e da televisão.

Mas aí ela disse:

— Ai, Sheila... Eu realmente preciso de você.

— Marlene — respondi —, você conhece pessoalmente metade das palestrantes da América do Norte. Pergunte a uma delas.

Na sequência, ela respondeu; e cito palavra por palavra aqui:

— Eu já perguntei a todas. Você é a última na minha lista.

Uau. *Isso* era encorajador!

A caminho do evento, eu tive uma conversa bem íntima com o Senhor.

"Eu quero pedir perdão desde já, Senhor. Meu testemunho de ti não vai ser algo muito bonito de ver!"

A experiência me surpreendeu mais do que eu tinha imaginado. Estava sentada à mesa principal e olhei para a cena surreal à minha volta. Umas mil mulheres tinham vindo, todas elas vestidas perfeitamente, mas com rostos que não se mexiam (humor de cirurgia plástica). Eu não conseguia parar de olhar para a mulher à minha esquerda — alta, magra, loura e simplesmente linda. O tipo de mulher que a leva a pensar: "É sério, Senhor? Distribui seu amor um pouco melhor!".

Então falei. Eu não sabia bem sobre o que deveria falar, então decidi contar o que aconteceu quando meu pequeno mundo todo arrumadinho ruiu e eu acabei na ala psiquiátrica de um hospital. A sala caiu em silêncio total.

Eu não fazia ideia do que elas estavam pensando ou sentindo, mas, quando terminei de falar, a primeira mulher a se aproximar de mim foi aquela loura linda à minha esquerda. Ela tirou as duas pulseiras de ouro com diamantes que estava usando e me mostrou onde tinha cortado seus pulsos numa tentativa de suicídio. Eu não fazia ideia de que era possível embrulhar dor com tanta beleza. Mas, enquanto lágrimas escorriam pelo rosto dela, eu percebi que é impossível aplicar botox em dor. É impossível aplicar botox em quebrantamento.

Aquele dia abriu meus olhos. Eu não fazia ideia. Na superfície, a vida dessa mulher parecia perfeita. Tenho certeza de que muitas mulheres naquela sala a invejavam — mas a dor dentro dela foi tão intensa que ela tentou pôr um fim à sua vida para parar esse fingimento. Imagino que sua riqueza lhe permitia perseguir tantos dos sonhos que, supostamente, nos deixariam felizes. Como era decepcionante descobrir que cada um deles era uma mentira total! Eu vi sua tentativa de suicídio como uma maneira de gritar: "Tudo isso é uma mentira!".

Lembrei-me de um conto de Hans Christian Anderson sobre o imperador que não se vestia tão bem quanto pensava. Você se lembra da história? Um imperador muito vaidoso caiu na mentira de dois trapaceiros espertos. Eles disseram que conseguiam tecer o tecido mais fino do país, mas apenas os sábios conseguiriam vê-lo; ele permaneceria invisível aos tolos. Durante dias, fingiram trabalhar no tear, sem fio algum. Todos no reino ficaram sabendo do suposto poder mágico do tecido e não aguentavam esperar para ver quais de seus vizinhos se revelariam como os maiores tolos.

O imperador queria ver o tecido, mas tinha medo de pedir para vê-lo, caso este fosse invisível para ele. Então, enviou um velho ministro. O ministro ficou horrorizado quando percebeu que não conseguia vê-lo, mas, em vez de admitir, declarou que era o tecido mais fino que já tinha visto em toda a sua vida. Finalmente, os tecelões declararam que a roupa estava pronta, e, apesar de não conseguir ver nada, ele fingiu entusiasmo diante da beleza do tecido. Quando descia pela rua principal da cidade numa grande procissão, uma pequena e inocente criança gritou: "Mas ele está nu!".

Fingir que algo funciona não faz com que funcione. Na verdade, pode levá-lo à loucura. E pode fazer com que a negação seja o único lugar que lhe resta para viver.

Sobre o que eu falaria?

Eleanor, minha sogra, era uma figura e tanto. Ela tinha cabelo ruivo fogoso, um temperamento à altura e um nível de conforto invejável ao compartilhar seus pensamentos com todo mundo. Minha mãe está no outro extremo e, às vezes, não se manifesta, mesmo quando isso seria saudável e útil.

Lembro-me da primeira vez em que Eleanor ficou a poucos centímetros do meu rosto e compartilhou sua opinião em voz muito alta. Fiquei surpresa, quase chocada. Havia vezes em que ela se recusava a falar comigo, o que incomodava Barry ainda mais.

Certa noite, quando William, Barry, Eleanor e eu estávamos voltando de um jantar bem animado, Barry sugeriu à sua mãe que falar com um conselheiro pode ser realmente uma ajuda, dizendo a ela que ele e eu tínhamos conversado com conselheiros juntos e individualmente, sobretudo quando não conseguíamos resolver algum problema. Jamais me esquecerei do rosto dela quando se virou, olhou para nós dois e disse: "E qual é o problema que eu poderia ter para precisar conversar com um conselheiro?".

William riu tanto ao volante que quase perdeu a direção do carro.

Uma combinação perfeita

A verdade é que todos nós somos quebrantados em algum nível. Alguns de nós sabem disso e não têm ideia do que fazer a respeito. Outros estão totalmente inconscientes desse fato, mesmo que, de vez em quando, sintam um trovejar distante em sua alma. A resposta de Deus para cada um de nós é Cristo.

Quando o nosso Pai amoroso viu a tentativa patética de Adão e Eva de se cobrirem, disse: "Isso não serve". As Escrituras dizem: "O SENHOR Deus fez roupas de pele e com elas vestiu Adão e sua mulher" (Gênesis 3:21). Eles deviam se cobrir, sim, mas algo precisava morrer para cumprir esse propósito. Um lindo prenúncio de Cristo, que derramaria seu sangue para cobrir todos nós!

Você não precisa se esconder mais. Você é amado do jeito que é. Você não precisa usar uma máscara; Deus vê você do jeito que é. Você não precisa fingir que está bem; Cristo é a nossa justiça e, finalmente, podemos ser humanos, autênticos, amados e livres. Você não precisa negar a verdade; o Senhor sabe tudo e lhe oferece Cristo.

Se ousar vestir essa roupa que Deus fez para você, logo começará a ver a verdade: ela combina perfeitamente contigo.

Seis

O que posso saber com certeza?
Três verdades sólidas para manter você de pé, aconteça o que acontecer

*E*nquanto escrevo estas palavras, o outono chega. Tivemos um verão tão seco e quente neste ano que, quando olho em volta, não vejo o tipo de mudança de cores que normalmente espero ver. Mas as temperaturas caíram e os dias têm ficado mais curtos. São arautos do inverno, que o anunciam de antemão. O inverno está chegando.

Como o calendário, a vida também tem suas estações.

Mas espera... Isso não é totalmente correto, é? Não é "como" o calendário. O calendário é previsível e sequencial. A terça-feira segue-se à segunda-feira, dezembro segue novembro, e o inverno segue o outono. Mas não é assim que a vida funciona. Na vida, as estações podem mudar dentro de uma hora ou num único instante. Estações podem mudar com um telefonema.

Você pode estar desfrutando uma estação gloriosa cheia de luz do sol, alegria e satisfação num momento e, de repente, uma nova estação invade, sem aviso, mudando *tudo*.

Neste momento, nós estamos passando por uma estação, como família, em que muitos de nossos amigos enfrentam situações de saúde drásticas. Duas crianças na escola de Christian receberam o diagnóstico de câncer; no nosso círculo de amigos íntimos, três jovens adultos têm tumores cancerígenos malignos.

Para ser honesta, nunca vivenciei um tempo como este. Notícias ruins parecem estar nos atacando como um enxame de abelhas.

Quando estações difíceis como essa vêm, muitas vezes não sabemos o que fazer. Na maioria das vezes, nem sabemos o que *pensar*. Ansiamos por um pouco de solidez e segurança, algum lugar firme em que possamos plantar nossos pés enquanto a terra treme e se revira.

Quando converso com quem está nesse tipo de estação de tumulto, normalmente essas pessoas acabam perguntando de uma forma ou de outra: "O que posso saber com certeza?" Quando todo o resto falha, a que essas pessoas podem se agarrar, sabendo sem dúvida alguma de que aquilo permanecerá seguro, sólido e verdadeiro? Nessas estações de mudança, perplexidade e estresse, acredito que realmente existem coisas que podemos saber com certeza. Posso citar pelo menos três.

Deus não é surpreendido por nada

Como seres humanos, não temos um sistema de alerta para problemas ou tragédias. Na maioria das vezes, ninguém nos alerta antes de o problema aparecer do nada. Para Deus, porém, não existem surpresas. Nenhuma. Zero. Ele sabe o que nos aguarda atrás de cada curva e atrás de cada horizonte. Nós não vemos o problema se aproximar, mas Ele vê e sabe exatamente o que fazer.

A família Trammel não viu a mudança de estações se aproximar em sua vida, mas, na maioria das vezes, nenhum de nós vê, não é? Numa manhã, ele era Brent Trammel como sempre tem sido: engraçado, tranquilo, trabalhador. Mas na manhã seguinte — na segunda-feira de 6 de dezembro de 2010 — tudo tinha mudado. Seus garotos perceberam quando ele estava se preparando para os levar à escola. Sua fala estava arrastada, e ele até trocou alguns nomes. Preocupada, sua esposa Jennalee o levou para a emergência. Depois de muitos exames, os médicos determinaram que ele tinha sofrido um AVC causado por um tumor no lobo esquerdo de seu cérebro.

Preciso voltar no tempo e contar-lhe um pouco sobre essa família maravilhosa. Brent e Jennalee Trammel têm três filhos: Chase, Cole e Tate. Até recentemente, éramos quase vizinhos: apenas quatro casas separavam as nossas. Christian e Chase são praticamente da mesma idade, então, sempre que Christian não estava em casa, estava na casa do Chase, e vice-versa. Jennalee e eu passamos muitas noites de verão sentadas na frente de uma das nossas casas, observando os garotos andando de bicicleta ou de skate e acumulando inúmeras feridas de guerra. Costumávamos brincar que os Trammel já haviam vivenciado todos os desastres que deveriam vivenciar numa vida inteira — incluindo ossos fraturados e o rompimento de um cano de água num banheiro no primeiro andar que destruiu o piso de madeira da sala no térreo.

Mas isso?

Como uma estação pode mudar tão rapidamente? Todos nós ficamos sem ar. Se você já passou por uma estação dessas, entenderá o que estou prestes a dizer. Deus faz coisas misteriosas em meio a estações inesperadas, possivelmente alterando toda a paisagem de sua vida. Eu vi e continuo vendo isso em Brent.

Quando os médicos confirmaram o diagnóstico do tumor, Brent disse à Jennalee: "Talvez eu tenha sido criado para este exato momento". Em sua página no site *CaringBridge* (um site criado para pessoas que enfrentam doenças graves, no qual podem publicar atualizações e amigos e familiares podem deixar mensagens de encorajamento), ele citou este texto: "Mas eu o mantive de pé exatamente com este propósito: mostrar-lhe o meu poder e fazer que o meu nome seja proclamado em toda a terra" (Êxodo 9:16).

Nesse texto, Brent declarou sua fé firme na soberania de Deus, mesmo nessa estação inesperada e indesejada de sua vida. E isso nos leva à primeira coisa que podemos saber com certeza quando a vida parece desabar.

1. *Nada que acontece surpreende Deus; então, confie nele em meio à sua dor*
A Bíblia apresenta Deus como soberano sobre toda a história, incluindo a *sua* história. Mesmo que isso não signifique necessariamente que ele "causou" suas circunstâncias difíceis — Deus raramente nos privilegia com esse tipo de informações —, isso significa que ele fortalecerá você para que o glorifique através de tudo que acontece. Ele sabia o que aconteceria. Ele sabe o que acontecerá em seguida. E ele pede que você confie nele no meio de tudo isso.

O profeta Isaías queria que seus conterrâneos entendessem essa lição. Ele até começou um de seus discursos sobre o tema, dizendo: "Lembrem-se disto, gravem-no na mente, acolham no íntimo" (Isaías 46:8). Quando um porta-voz do Senhor todo-poderoso diz algo assim para você, é melhor que pare de brincar com seu iPhone e preste muita atenção! Então ele continuou, falando em nome de Deus:

> Lembrem-se das coisas passadas, das coisas muito antigas!
> Eu sou Deus, e não há nenhum outro;
> eu sou Deus, e não há nenhum como eu.
> Desde o início faço conhecido o fim,
> desde tempos remotos, o que ainda virá.
> Digo: Meu propósito ficará de pé,
> e farei tudo o que me agrada.
> (v. 9-10)

Nada pega Deus de surpresa. Nada frustra seus propósitos. Deus sabe "o que ainda há de vir", e ele declara: "Meu propósito ficará de pé, e farei tudo o que me agrada". Quando lemos essa passagem pela primeira vez, pensamos primeiro em furacões, tsunamis ou eventos geopolíticos catastróficos. É verdade, Deus conhece essas coisas, e ele sabia de tudo antes mesmo de criar o mundo. Mas não ignore o seguinte: as palavras de Deus se aplicam a *você*.

Ele conhece sua vida, sua história e também seu futuro — até o menor detalhe. Deus sabe o que ainda está por vir em *sua* vida e declara que o propósito dele para você permanecerá de pé. Deus fará tudo que agrada a ele em *sua vida*.

Jesus me fornece uma imagem de como isso se manifesta na "vida real". Poucas horas antes de sua traição e prisão, ele disse aos seus discípulos (menos a Judas) que um dos Doze se voltaria contra ele em cumprimento à profecia de Salmos 41:9. E então disse: "Estou dizendo antes que aconteça, a fim de que, quando acontecer, vocês creiam que Eu Sou" (João 13:19).

A traição de Judas deve ter chocado profundamente os outros 11 discípulos. "Judas? Traindo o Senhor? Não! Como seria possível?" Mas Jesus não foi pego de surpresa; João escreve que Cristo sabia desde o início quem não acreditava nele e o trairia (João 6:64). Embora nenhum de seus homens tenha entendido o significado disso até o desdobramento de todos os eventos no Calvário, mesmo assim Jesus lhes disse o que aconteceria, para que, quando se recuperassem do choque e do luto, acreditassem que ele realmente era o Messias. Nenhum deles esperava ver um Messias preso, zombado, açoitado, crucificado e sepultado. Era impensável! Um cenário tão sombrio simplesmente nunca lhes passou pela mente. Mas Jesus queria que soubessem que ele sabia o que aconteceria, para que, assim que recuperassem seu equilíbrio, pudessem juntar as peças e cumprir a tarefa que ele lhes tinha dado em momentos mais felizes. Depois de predizer a traição de Judas, Jesus deixou seu pequeno bando de seguidores ainda mais perplexo quando anunciou que a hora de sua partida havia chegado.

Ele teria que os deixar, declarou, e, apesar de não entenderem o que ele dizia, o mero som de suas palavras os perturbou profundamente. Mais uma vez, ele acrescentou a razão por dizer-lhes tudo isso: "Isso eu digo agora, antes que aconteça, para que, quando acontecer, vocês creiam" (João 14:29). Jesus tinha conhecimento pleno do sofrimento e da dor que estavam prestes a vir, e queria assegurar aos seus seguidores amados que nada daquilo o pegaria de surpresa, que nada daquilo significava que Deus os havia abandonado, que nada daquilo significava que eles haviam acreditado em vão. Duas vezes, Jesus disse aos seus discípulos o que estava prestes a acontecer, para que o fogo que se aproximava deles não incinerasse sua fé.

Acredito que Brent Trammel entende bem essa lição, e é por isso que ele é capaz de entregar seu futuro desconhecido a um Deus conhecido.

Nossas conversas com o casal Trammel têm mudado ao longo dos últimos meses. Ainda conversamos sobre os garotos e como eles estão indo na escola e nas tarefas de casa, mas, inevitavelmente, nossa conversa acaba se voltando para a batalha de Brent e seu impacto sobre Jennalee e os três meninos. Quando esse tipo de desafio acomete uma família, seus efeitos vão muito além da pessoa que se sente jogada na água fria, como uma pedra encontrada na praia e jogada nas ondas. Tenho observado como os Trammel têm se apoiado em Deus para receber dele conforto e forças. Talvez, quando nos vemos como fortes, nós nos esquecemos de quão fracos realmente somos.

Quando Brent soube que faria uma cirurgia cerebral antes do Natal, publicou em sua página no *CaringBridge* uma passagem que afirmava sua confiança no governo soberano de Deus, e escreveu que havia decidido descansar nela:

> Não andem ansiosos por coisa alguma, mas em tudo, pela oração e súplicas, e com ação de graças, apresentem seus pedidos a Deus. E a paz de Deus, que excede todo o entendimento, guardará os seus corações e as suas mentes em Cristo Jesus (Filipenses 4:6-7).

Em 15 de dezembro, nós e muitos outros nos reunimos com Brent e Jennalee no escritório do nosso pastor, para orar por Brent, seus médicos e a cirurgia agendada para a manhã da sexta-feira seguinte. Amo Jack Graham, nosso pastor, um professor maravilhoso com o coração bondoso de um pastor. Jamais me esquecerei daquela noite em que muitos de nós nos ajoelhamos ao redor de Brent e Jennalee e, com lágrimas nos olhos, pedimos que Deus fizesse o que apenas Deus pode fazer. E lemos os versículos que Brent havia escolhido para ele para aquele dia:

> Por isso não desanimamos. Embora exteriormente estejamos a desgastar-nos, interiormente estamos sendo renovados dia após dia, pois os nossos sofrimentos leves e momentâneos estão produzindo para nós uma glória eterna que pesa mais do que todos eles (2Coríntios 4:16-17).

E juntos nos preparamos para a cirurgia de Brent. Restava apenas uma pergunta: *E agora?*

Nada pode separar você do amor de Deus

A tomografia mostrava claramente que Brent tinha uma massa em seu cérebro, mas os médicos só saberiam após a cirurgia que tipo de tumor era. Oramos para que fosse benigno. Às quatro da manhã de sua cirurgia, Brent escreveu uma carta para seus garotos pouco antes de sair de casa, e a publicou em sua página no *CaringBridge*. Segue um excerto:

> Chase, Cole e Tate,
> Ainda é muito cedo (quatro da manhã), e Deus está operando! Eu só queria usar esses momentos para lhes dizer o quanto amo cada um de vocês. Cada um de vocês me transformou no pai mais feliz deste mundo... Jamais fomos chamados para seguir uma vida sem fé e simples, mas uma vida cheia de abundância e graça que apenas Deus pode dar. Nesta manhã, seu papai partirá para o hospital sem qualquer medo do desconhecido. NÃO IMPORTA o resultado do

procedimento ou do diagnóstico, DEUS ESTÁ NO CONTROLE e ELE será louvado!

Este é um dos meus versículos favoritos: "Pois estou convencido de que nem morte nem vida, nem anjos nem demônios, nem o presente nem o futuro, nem quaisquer poderes, nem altura nem profundidade, nem qualquer outra coisa na criação será capaz de nos separar do amor de Deus que está em Cristo Jesus, nosso Senhor" (Romanos 8:38-39).

Não temam, Jesus nunca falha,
Papai

A verdade da soberania de Deus tem o poder de acalmar nossos medos e de nos dar esperança somente quando ela se une à verdade do amor eterno de Deus por nós. Como deveríamos ser gratos pelo fato de a Bíblia ensinar de modo consistente *ambas* as doutrinas, desde Gênesis até Apocalipse! E isso nos leva à segunda coisa que podemos saber com certeza, independentemente daquilo que acontece em nossa vida:

2. *Deus ama você, e nada pode lhe separar desse amor*

Dor, sofrimento, adversidade e tragédia têm a tendência de mentir para nós. Na escuridão, sussurram no ouvido de nossa alma torturada: "Onde está seu Deus agora?", ou "Fé nada mais é do que pensamento ilusório, e aqui está a prova", ou "Se Deus existe, como você ainda pode acreditar que ele ama você? Um Deus que ama você permitiria *isso*?". Quando essas dúvidas e mentiras se infiltram em sua mente, como você reage a elas?

Às vezes, eu temo que a maioria de nós cita Romanos 8:38-39 sem levar em conta todo o contexto da passagem. Na verdade, ele é bem diferente daquilo que esperaríamos. Paulo começa perguntando: "Que diremos, pois, diante dessas coisas? Se Deus é por nós, quem será contra nós?" (v. 31). Dito isso, *parece* que ele está sugerindo que ninguém e nada pode se opor a nós. E então, continua com a pergunta: "Quem nos separará do amor de Cristo? Será tribulação, ou angústia, ou perseguição, ou fome, ou nudez, ou perigo, ou espada?" (v. 35). E, de novo, a resposta *parece* ser: "Nada e ninguém!".

Mas vem a chicotada. De repente, a passagem intui se desviar do rumo. Na maneira como eu a leio, *parece* que o texto continuaria imediatamente falando sobre vitória, conquista, sucesso, alegria e arrebatamento. E como eu gostaria *disso*! Mas não é o ponto sobre o qual Paulo escreve em seguida. Em vez disso, as Escrituras dizem: "Como está escrito: 'Por amor de ti enfrentamos a morte todos os dias; somos considerados como ovelhas destinadas ao matadouro'" (v. 36).

Enfrentamos a morte? Ovelhas destinadas ao matadouro? É isso que pretende me encorajar? Isso soa como vitória, conquista, sucesso, alegria e arrebatamento para você? Isso soa como falta de oposição? Às vezes, eu me pergunto: "Se essa for uma imagem de sucesso, o que, então, constitui fracasso? Se isso não representa pessoas que são contra nós, espero que não represente pessoas que são por nós".

Esse versículo não parece interromper o fluxo da mensagem de Paulo?

Não parece ser um desvio?

Na verdade, não é nem uma interrupção nem um desvio. Pois então Paulo escreve: "Mas *em todas estas coisas*" — ou seja, em morte, fome, nudez, espada e todo o resto — "somos mais que vencedores, por meio daquele que nos amou" (v. 37, grifo meu). O que ele quer dizer é que, mesmo quando pessoas se opõem a nós, mesmo quando conseguem nos deixar famintos, quando conseguem nos despir, maltratar e matar, nós permanecemos mais que vencedores *por meio daquele que nos amou.*

Não "parece" ser assim, mas é a verdade. Em tempos de grande tristeza ou provação, não é produtivo negar ou ignorar nossos sentimentos. Mas também não lhes entregue a direção de sua vida! Em vez disso, lembre-se daquilo que Paulo diz aqui. Nenhum de nós é "vencedor" sozinho, muito menos "mais que" vencedor. O que significa ser "mais que" um vencedor? Bem, vencedores ganham batalhas e, às vezes, guerras. Tomam posse do território dos outros... por um tempo. E isso é o máximo que conseguem fazer.

Ser "mais que vencedores" significa que você ganha mais do que batalhas, guerras ou territórios temporários. Aquilo que ganha, você ganha para sempre; e, se você estiver conectado com Cristo, ganha *tudo*, literalmente tudo. Não só batalhas isoladas, ou guerras solitárias, ou partes de um território (por um tempinho), mas tudo, tudo, por toda a eternidade.

E sobre tudo isso está o amor de Cristo. O amor ardente, imutável e apaixonado de Jesus.

Paulo olha para o futuro nessa linda passagem, e nós devemos fazer o mesmo. Só assim isso faz sentido. E assim aguardamos seu cumprimento pleno e final.

Ele atravessa o fogo conosco

Enquanto esperávamos na UTI naquele dia depois da cirurgia de Brent, nos perguntávamos que tipo de diagnóstico sairia da sala de cirurgia. Wendy, a melhor amiga de Jennalee desde a escola, nunca saiu do lado dela. Eventualmente, recebemos a notícia de que Brent tinha passado bem pela cirurgia. Isso era bom, mas ainda não era o diagnóstico.

Nossa espera continuaria.

Três dias antes do Natal, recebemos a notícia. O médico de Brent confirmou que ele tinha um oligodendroglioma de segundo grau, um câncer bastante agressivo. Como foi difícil ouvir esse diagnóstico! Tudo que a família havia considerado como certo algumas semanas antes mudou em poucos momentos.

Embora a família de Brent tenha sofrido muito ao receber a notícia, ele mesmo demonstrou uma graça e paz especiais em meio a tudo. Quando esse tipo de fogo reduz sua agenda e sua lista de afazeres a cinzas, o "normal" desaparece de sua vida. Muitas coisas que costumavam ser tão importantes se tornam banais e até mesmo tolas. As coisas que costumavam nos preocupar deixam de aparecer no radar da nossa mente. O que resta é um foco silencioso naquilo que realmente importa.

Eu admiro Brent e Jennalee enquanto atravessam esses dias incertos. Entre outras coisas, eu os admiro pelo seu compromisso de dizer a verdade — eles irradiam uma confiança completa em Cristo, sem qualquer tentativa de minimizar o que está acontecendo. Jennalee, uma decoradora de interiores talentosa, criou um lar lindo; e, logo depois do Natal, eles decidiram vendê-lo para aliviar o estresse financeiro.

"O lar está onde nós cinco estamos", Jennalee escreveu no site da família. "A casa não importa".

Enquanto observo a batalha que Brent enfrenta, vejo a pureza de sua fé brilhar um pouco mais forte. É como se seu ouvido estivesse sintonizado com um Pai que nunca desvia o olhar dele e nunca para de dizer que o ama — ah! Como ele o ama! Não importa o que os exames digam! Brent sabe, no âmago de seu ser, que Deus estará com ele naquilo que vier em seguida. E isso me leva à terceira e última coisa que podemos saber com certeza quando enfrentamos dificuldades sérias dos tipos mais variados:

3. *Deus sempre estará com você. Não importa o que você enfrente, Deus enfrentará com você*

Duas passagens preciosas das Escrituras me vêm à mente de imediato. Tenho aprendido a confiar na promessa de Hebreus 13:5-6 e me agarro a ela com tudo que tenho. Ela me diz:

> Deus mesmo disse: "Nunca o deixarei, nunca o abandonarei". Podemos, pois, dizer com confiança: "O Senhor é o meu ajudador, não temerei. O que me podem fazer os homens?"

Temos visto esse tipo de lógica antes, na passagem sobre o amor de Deus em Romanos 8. O autor pergunta: "O que o homem pode fazer contra mim?". *Sério?* Que tipo de pergunta é essa? O homem pode fazer todo tipo de coisas contra mim. Ele pode me atormentar, me insultar, me ameaçar. Ele pode se divorciar de mim, abusar de mim, me abandonar, me ferir, me aleijar. Ele pode me levar à falência, me prender, me matar. Mas o que ele não pode fazer, o que ele nunca pode fazer, é com que Deus me abandone. Ninguém em todo o universo pode fazer isso.

Quando Deus promete: "Jamais deixarei você, jamais o abandonarei", você não precisa ter medo de ser deixado sozinho, nunca mais. Nunca, nem no tempo nem na eternidade, você estará sozinho. Quando Deus diz que ajudará você, ele quer dizer que sua presença constante ultrapassa em muito a presença de um mero observador; quer dizer que sua mão está presente para agarrar você, segurar você e dar a você toda a assistência de que precisa, até o momento em que ele usar aquela mão para levá-lo para o céu, onde você viverá com ele para sempre.

Brent Trammel aposta nessa promessa. Sua esposa também. E seus filhos também. E eles também se apoiam na garantia de Deus dada por intermédio do profeta Isaías:

> Não tema, pois eu o resgatei;
> eu o chamei pelo nome; você é meu.
> Quando você atravessar as águas,
> eu estarei com você;
> e, quando você atravessar os rios,
> eles não o encobrirão.
> Quando você andar através do fogo,
> você não se queimará;
> as chamas não o deixarão em brasas.
> Pois eu sou o SENHOR, o seu Deus,
> o Santo de Israel, o seu Salvador.
> (Isaías 43:1-3)

Alguns céticos podem dizer que essas palavras são apenas um truque mental — uma muleta emocional — para confortar pessoas de fé que não têm outra maneira de se consolar.

E assim eles zombam.

Que zombem.

Brent, Jennalee, Cole, Chase, Tate, Sheila Walsh e milhões de outros seguidores de Cristo ao longo dos séculos sabem que essas palavras são sólidas como rocha, garantias divinas de que o Senhor permanecerá conosco em todas as situações, sempre.

Em todas as situações.

Sempre.

Embora saibamos que ninguém se voluntariaria para uma experiência tão devastadora quanto aquela que os Trammel enfrentam agora, muitos daqueles que atravessaram fogo e enchentes contam como a presença de Deus se tornou muito mais preciosa para eles graças a essa experiência.

Talvez seja esse o significado de experiências "agridoces".

Uma oração para você

Interrompo meu trabalho para fazer uma oração por você, querido leitor. Não sei o que você está enfrentando neste momento. Talvez tudo que consegue fazer seja virar as folhas deste livro. Talvez se encontre numa estação em que se sente totalmente fragmentado. Tantas exigências em termos de tempo e energia, e, no momento em que você parece conseguir respirar um pouco, outro golpe duro o derruba. Ou talvez seja muito pior do que isso. Talvez você esteja vivendo as consequências de um desastre total. Em um momento, tudo em que você se apoiava explodiu em mil pedaços. Sua vida nunca mais será a mesma.

A *morte de um cônjuge*
A *morte de um casamento*
A *perda de um emprego*

Muitas coisas podem puxar o tapete sob nossos pés, sem aviso prévio. Talvez você usaria a palavra *consumada* para descrever sua vida neste momento. A crise pode ser de natureza financeira; talvez seja sua saúde, seus relacionamentos — o fogo destrói tudo por onde passa, sem misericórdia, e essa terra queimada é onde você está sentado neste momento, devastado, sozinho, chocado. Jamais pensaria em minimizar sua dor (muitas pessoas têm feito isso comigo ao longo dos anos). Mas, se você estiver fazendo a pergunta que tantos me fizeram — "O que posso saber com certeza?" —, então já conhece minha resposta.

Nada que acontece surpreende Deus, então, no meio da sua dor, confie nele. Deus ama você, e nada pode lhe separar desse amor. Deus estará com você sempre. Não importa o que você esteja enfrentando, ele o atravessará contigo.

Você acredita nessas coisas? Se acreditar, apoie-se nelas. Apoie-se na Rocha. Apoie-se quando seus joelhos cederem e as lágrimas caírem como chuva. Apoie-se quando todo o resto ruir. Eu sei que você pode fazer isso, porque Jesus continua do seu lado. Para sempre.

Sete

Um conto de duas Teresas

Sabedoria provada pelo tempo para lidar com dor persistente

*E*lizabeth — ou Betty, como seus amigos a chamam — vive numa pequena casa de pedras na Escócia. Ela acaba de completar 82 anos e, sozinha, criou três filhos desde que seu marido morreu aos 34 anos. Ela pode ter 82, mas, neste ano, tem três itens em sua lista de Natal: uma bicicleta, um cachorro e um piano. Cada um deles é tão a cara dela e tão improvável que não consigo esconder um sorriso. Ela é a minha mãe.

Não sei exatamente quando minha mãe deixou de ser simplesmente minha mãe e eu passei a vê-la separadamente como uma mulher que atravessou sua própria tragédia e dor. Quando era pequena, eu estava dolorosamente ciente de que eu não tinha um pai, mas nem sempre me passava pela cabeça que isso significava também que minha mãe não tinha marido. Muitas vezes, porém, éramos lembrados, de forma dolorosa, de que a nossa pequena família era diferente das outras.

Na véspera de Natal, por exemplo, um diácono da nossa igreja costumava nos visitar com uma caixa enorme. Dentro dela, havia um peru com todos os acompanhamentos e muitas surpresas para meu irmão, minha irmã e para mim, agrados que a igreja sabia que a nossa mãe não podia comprar. Às vezes, uma das amigas da mamãe nos dava algumas roupas usados. Um casal da nossa igreja pagou a autoescola para o meu irmão adolescente. A despeito de sua gratidão pela bondade dos nossos amigos, minha mãe enfrentou muitas adversidades e solidão como uma viúva que nunca se casou de novo.

Pouco antes de me sentar para escrever este capítulo, liguei para casa e conversei com ela. Eu a imaginei sentada em sua poltrona favorita junto à lareira. Durante nossa conversa, ela me perguntou: "Você sabe que já se passaram 50 anos desde a morte de seu pai?".

Cinquenta anos.

Isso é muito tempo para você ficar se revirando à noite e se lembrar de que está sozinha. É muito tempo para aceitar convites para jantares, sabendo que você será a única solteira. É muito tempo para sobreviver sem ser beijada ou ouvir, da boca de um homem que ama você, que você é linda. É muito tempo para criar três filhos sozinha, sem um parceiro como apoio quando as coisas ficam difíceis ou para celebrar quando as coisas vão bem.

Minha mãe está ficando mais velha, e eu fico preocupada com o fato de ela estar vivendo sozinha. Ela se lembrará de desligar tudo antes de ir para a cama? Ela se lembrará de trancar a porta à noite? Frances, minha irmã, ainda vive em nossa cidade e visita mamãe todos os dias. Sou grata por ela estar lá, já que eu vivo tão longe.

Pensei muito em mamãe na semana passada, quando perdi minha aliança. Não me pergunte por que, mas tendo a ser descuidada com joias e com a chave do carro, e nunca consigo me lembrar de onde guardei as coisas. Costumo dizer que as coloquei "no lugar errado" — não digo que estão "perdidas", pois, mais cedo ou mais tarde, elas reaparecem nos locais mais estranhos.

Mas não dessa vez.

Lembro-me de que coloquei minha aliança do lado da cafeteira. Lembro-me de que Barry a pegou e colocou do outro lado da cozinha, no topo de alguns documentos. E então... ela desapareceu. Acreditamos que acabou indo para o lixo. Fiquei muito chateada com aquilo. Como pude ser tão desleixada? E então me lembrei da minha mãe e percebi que isso jamais teria acontecido com ela. Ela nunca tirou sua aliança desde o dia em que meu pai a colocou em seu dedo. Vinte anos após a morte dele, uma enfermeira disse que ela teria que tirar a aliança antes da cirurgia em sua vesícula. Mamãe olhou para ela e disse: "Então terão que cortar meu dedo", pois não tinha nenhuma intenção de tirar a aliança. Acabaram cobrindo o anel com fita adesiva!

A vida da minha mãe me lembra de que algumas mágoas e adversidades podem perdurar muito, muito tempo, mas também que a fé e o amor podem sobreviver até mesmo na escuridão. A experiência dela é um eco da experiência de muitos ao longo dos séculos. Penso especialmente em duas Teresas famosas. Muitos as conhecem, mas, infelizmente, são ignoradas por aqueles cuja experiência se limita às igrejas protestantes tradicionais. Eu fui criada na Escócia, onde existe um grande abismo entre as igrejas protestantes e a Igreja Católica Romana. Essa desconfiança tem suas origens em nossa sombria história religiosa, e não nos permite enxergar o que Deus continua a fazer na vida daqueles que o amam, independentemente do rótulo que lhes damos. Eu encontrei essas duas mulheres pela primeira vez como aluna no seminário, e suas jornadas — especialmente as partes menos conhecidas — enriqueceram minha vida. Oro para que enriqueçam também a sua vida.

Madre Teresa: fé e dúvida

O mundo conhece Agnes Bojaxhiu como Madre Teresa, uma freira católica romana que fundou uma ordem chamada As Missionárias da Caridade, em Calcutá, na Índia. O mundo lembra dela como uma defensora altruísta dos pobres e vencedora do Prêmio Nobel da Paz de 1979. Normalmente, porém, só se lembram de parte da sua história.

Aos 12 anos, Teresa acreditava que Deus a tinha chamado para ser uma missionária e espalhar o amor de Cristo. Aos 18 anos, ela se uniu às Irmãs de Loreto e, entre 1931 e 1948, lecionou na St. Mary's High School, em Calcutá. Mas, em reação às condições deploráveis que viu nas favelas da cidade, largou seu cargo na escola e começou a ministrar aos mais pobres dentre os pobres. Ao longo dos anos, milhares de mulheres jovens se juntaram ao seu trabalho, e hoje a ordem tem projetos importantes não só na Índia, mas também na Ásia, na África e na América Latina, além de manter casas na América do Norte, na Europa e na Austrália, onde ministra a presos, dependentes químicos, desabrigados e pessoas vítimas da aids.

Em agosto de 2007 — mais ou menos dez anos após sua morte, em 5 de setembro de 1997 —, um livro intitulado *Mother Teresa: como be my light* [Madre Teresa: venha, seja minha luz] chegou às livrarias e causou uma sensação. O livro é uma coletânea da correspondência particular da Madre Teresa com seus "confessores" e superiores ao longo de 66 anos, e revela uma Teresa que quase ninguém conhecia. Ele criou tamanho rebuliço, que a revista *Time* publicou um longo artigo descrevendo o livro e a reação pública a ele. O título do artigo era: "A crise de fé de Madre Teresa".*

Teresa nunca quis que outros lessem suas cartas; ela pediu que fossem destruídas após sua morte. Mas sua igreja lhe negou esse pedido, e o livro revela uma mulher de fé que, durante quase cinquenta anos, lutou para sentir a presença — *qualquer* presença — de Deus. Sua correspondência se refere frequentemente à sua "seca", "escuridão", "solidão" e até mesmo "tortura". A um conselheiro espiritual, ela escreveu: "Eu falei como se meu coração estivesse apaixonado por Deus — cheio de um amor afetuoso e pessoal. Se você estivesse lá, teria dito: 'Que hipocrisia'". Um bilhete sem data, dirigido a Jesus e escrito a pedido de um confessor, dizia o seguinte:

> Senhor, meu Deus, quem sou eu para que tu me abandones? A Filha do teu Amor — que agora se tornou a mais odiada; aquela que jogaste fora como indesejada — não amada. Eu clamo, eu me agarro, eu quero, e não há Ninguém que responda, Ninguém a quem eu possa me agarrar. Não, Ninguém. Sozinha... Onde está minha fé? Nem mesmo lá no fundo não há nada além de vazio e escuridão. Meu Deus, como é dolorosa essa dor desconhecida. Não tenho fé; não ouso professar as palavras e os pensamentos que se apertam em meu coração e me fazem sofrer agonia indizível. Tantas perguntas não respondidas vivem dentro de mim, e temo desvelá-las — por causa da blasfêmia. Se Deus existe, perdoa-me, por favor. Quando tento elevar meus pensamentos para o céu, existe um vazio tão convincente, que aqueles pensamentos voltam como facas afiadas e ferem minha própria alma — me dizem que Deus me ama. No entanto, a realidade da escuridão, do frio e do vazio é tão grande que nada consegue tocar a minha alma.

Essas palavras desesperadas — e muitas, muitas outras como essas — chocaram um mundo que tinha se acostumado a ouvir Madre Teresa dizer coisas bem diferentes em público, como naquela vez em que o Natal se aproximava. Naquela ocasião, ela disse que o feriado deveria lembrar todos

---

* David Van Biema, "Mother Teresa's crisis of faith". *Time*, 23 de agosto de 2007. Todas as citações neste capítulo são do artigo de Van Biema.

de que "irradiar alegria é real" porque Cristo está por toda parte, "em nosso coração, Cristo é o pobre que encontramos, Cristo no sorriso que damos e no sorriso que recebemos".

A maioria das pessoas nunca imaginou que Teresa também escreveria em sua privacidade: "Um anseio tão profundo por Deus e... repugnada, vazia, sem fé, sem amor, sem zelo [...]. O céu significa nada. Por favor, ore por mim para que eu continue sorrindo para ele, a despeito de tudo".

Isso significa que Madre Teresa era hipócrita? Ela dizia uma coisa em público, mas acreditava em algo bem diferente no privado? Ou será que ela representa para nós (de forma extrema) as "noites escuras da alma", que muitos santos têm descrito ao longo dos séculos? Em 1951, Teresa escreveu sobre Jesus e sua paixão: "Quero [...] beber SOMENTE de seu cálice de dor", e, aparentemente, o Senhor respondeu sua oração de modo inesperado, dando-lhe, talvez, uma visão de um dos ditos mais misteriosos do apóstolo Paulo: "Agora me alegro em meus sofrimentos por vocês e completo no meu corpo o que resta das aflições de Cristo, em favor do seu corpo, que é a igreja" (Colossenses 1:24).

Um dos conselheiros espirituais de Teresa, o reverendo Joseph Neuner, deu à mulher atribulada um conselho que parece ter ajudado muito. Ele lhe disse três coisas. Em primeiro lugar, não existia remédio humano para sua condição, portanto ela não deveria se sentir culpada por seus sentimentos. Em segundo lugar, "sentir Jesus" não era a única prova de sua presença; o anseio dela por Deus era um "sinal certo" da "presença oculta" de Cristo na vida dela. E, em terceiro lugar, a percebida ausência de Jesus era, na verdade, uma parte importante do "lado espiritual" do trabalho dela.

Mais tarde, quando Teresa "percebeu que a noite de seu coração era a participação especial que ela tinha na paixão de Jesus", Neuner chamou isso de a "experiência redentora de sua vida". Teresa deve ter concordado, pois escreveu a Neuner: "Não consigo expressar com palavras — a gratidão que lhe devo por sua bondade comigo — pela primeira vez em [...] anos, vim a amar a escuridão".

Já no fim de seu artigo, o autor da revista *Time* expressou sua opinião de que, se Teresa "pôde continuar por meio século sem Deus em sua cabeça ou em seu coração, então pessoas que talvez não sejam tão santas possam lidar com versões menos extremas do mesmo problema". E o reverendo Brian Kolodiejchuk, organizador e editor de *Mother Teresa: come be my light*, esperava que o livro ajudasse a combater um problema que já mencionamos:

> A tendência em nossa vida espiritual, mas também em nossa atitude mais geral em relação ao amor, é que nossos sentimentos são tudo que está acontecendo. E assim, para nós, a totalidade do amor é aquilo que sentimos. Mas amar alguém de verdade exige compromisso, fidelidade e vulnerabilidade. Madre Teresa não 'sentia' o amor de Cristo, e ela poderia ter desistido. Mas ela acordava todos os dias às quatro e meia para Jesus e ainda escrevia: 'Tua felicidade é tudo que quero'.

Bem, já que você conseguiu chegar até aqui neste livro, suspeito de que saiba algo sobre o sofrimento de atravessar uma "noite escura da alma". Muitas vezes, essa noite pode durar muito mais do que as poucas horas em que o Sol desaparece todos os dias. Para alguns de nós, essa noite pode durar dias, semanas, meses e, em alguns casos (como para Teresa), décadas.

Oro para que sua "noite escura" não se estenda a tais extremos.

Oro para que o dia amanheça logo — um mero raio de luz no horizonte oriental que se expande e se transforma num lindo nascer do Sol em sua vida.

Mas, se a escuridão permanecer, oro também para que você reflita sobre outra afirmação menos celebrada do apóstolo Paulo: "A vocês foi dado o privilégio de não apenas crer em Cristo, mas também de sofrer por ele, já que estão passando pelo mesmo combate que me viram enfrentar e agora ouvem que ainda enfrento" (Filipenses 1:29-30).

Peço que você contemple os últimos dias de João Batista, quando o rei Herodes o prendeu e o mandou para o corredor da morte. Enquanto João estava sentado naquele buraco escuro e fedorento da prisão de Herodes, surgiram dúvidas para perturbá-lo. Tudo havia sido em vão? Jesus era realmente quem ele acreditava ser? Ele tinha se equivocado? Na escuridão de sua cela minúscula, João começou a duvidar de sua missão, de sua fé e de seu próprio juízo. Assim, enviou alguns de seus seguidores para que perguntassem a Jesus: "És tu aquele que haveria de vir ou devemos esperar algum outro?" (Mateus 11:3). Lembre-se, esse é o mesmo João que, antes, tinha exclamado sobre Jesus: "Vejam! É o Cordeiro de Deus, que tira o pecado do mundo!" (João 1:29).

O sofrimento prolongado havia deixado João disposto a duvidar. Talvez ele esperasse que o Messias o tirasse de sua cela e o arrebatasse para o reino tão aguardado. Mas, dia após dia, lá estava ele na escuridão e na sujeira, enquanto um rei maligno continuava a festejar.

Você se lembra de como Jesus respondeu? Ele não enviou alguém para repreender João: "Estou tão decepcionado com você, João! Pessoas de fé não falam assim. Que vergonha! Não me surpreende que ainda esteja na prisão. Se sua fé fosse um pouco maior, talvez eu pensaria em fazer algo para tirá-lo daí", mas também não enviou uma resposta direta à sua pergunta angustiada: "Sim, querido primo, eu realmente sou o Messias. Pode apostar nisso. Sou o Salvador de Israel!".

Em vez disso, ele disse aos homens de João: "Voltem e anunciem a João o que vocês estão ouvindo e vendo: os cegos veem, os aleijados andam, os leprosos são purificados, os surdos ouvem, os mortos são ressuscitados, e as boas-novas são pregadas aos pobres" (Mateus 11:4-5). Em outras palavras: "Gente, vocês viram os milagres e as obras que estou fazendo. João sabe muito bem que essas coisas são sinais que apontam Israel para o Messias verdadeiro. Vocês sabem que nenhum dos profetas conseguiu curar um cego —, mas muitos cegos receberam sua visão através de mim".

E, então, Jesus disse uma última coisa intrigante: "Feliz é aquele que não se escandaliza por minha causa" (Mateus 11:6). Essa frase era uma admoestação suave do Bom Pastor: "João, eu sei que você está desanimado. Sei que a vida não cumpriu suas expectativas. Sei que não fiz por você o que você esperava. Mas, mesmo nessa cela sombria, e até mesmo com a espada do carrasco sobre a sua cabeça, quero que você saiba que é um homem abençoado. Sei que você não se *sente* abençoado. Mas não desista de sua fé em mim, João. Não desista agora. Mais alguns passos e você saberá que tudo valeu a pena". E, talvez, a pergunta mais pungente de todas: "João, você está disposto a amar um Deus que você não entende?".

Uma vida de fé não significa uma vida sem dor.

Mas uma vida de fé cheia de dor também não significa uma vida sem a luz do Sol! Teresa de Ávila insiste nesse ponto igualmente válido.

Teresa de Ávila: dificuldade e deleite

Apesar de ter vivido uns quatro séculos e meio atrás, os escritos e feitos de Teresa de Ávila continuam a inspirar as pessoas ainda hoje. Quando penso em Teresa, sempre me lembro de uma de suas orações mais curtas e de um de seus comentários ainda mais sucintos. Falarei primeiro de seu comentário.

Essa mulher, que se tornou Santa Teresa, nasceu em 1515 como a filha de pais espanhóis ricos e proeminentes. Ela perdeu sua mãe quando ainda era pequena e, aos 16 anos, foi enviada para um internato. A saúde de Teresa era fraca durante o fim de sua adolescência, o que continuou quando veio a ser freira, em 1536, tornando-se membro do Convento da Encarnação como noviça e fazendo seus votos como carmelita alguns meses depois. No entanto, sua doença permaneceu e ela sofreu um período de paralisia. Em 1542, havia se recuperado fisicamente, mas sua saúde espiritual tinha deteriorado. Mais tarde, ela disse que havia se tornado espiritualmente morna, tinha desistido da prática da "oração mental" e admitiu: "Muitas vezes, ao longo de vários anos, eu estava mais ocupada desejando que minha hora de oração já tivesse passado e ouvindo o sino tocar do que pensando em coisas que eram boas. Repetidas vezes, eu preferia fazer alguma penitência severa" a me preparar para a oração.*

Quando os jesuítas foram para Ávila em 1555, Teresa confessou ao padre Juan de Padranos que tivera uma visão do Cristo ferido. "Esse foi o início da vida mística de Teresa", escreveu Clayton Berg, mas "representou também o início da oposição de seus confessores e outros amigos que a pronunciaram possuída". Mesmo após seu ensino e sua prática terem recebido a aprovação oficial da igreja, a Inquisição lhe causou sérios problemas; ainda assim, ela escreveu vários clássicos sobre oração e devoção e fundou 17 conventos ou fundações.

Dizem que, certo dia, quando Teresa tentou montar um jumento para uma viagem, caiu do animal numa poça de lama. Ela olhou para o céu e disse a Deus: "Se é assim que tratas teus amigos, não surpreende que tens tão poucos".

A oração que tenho em mente é de qualidade semelhante. Certa vez, ela orou: "Poupa-nos de devoções tolas e santos emburrados, ó Senhor".

Amém! Amo essa mulher!

Teresa usava imagens simples, mas potentes. A mais conhecida seja talvez aquela representada em sua obra clássica *Castelo interior*. Ela usou a

---

* Clayton L. Berg Jr, da introdução *A life of prayer by St. Teresa of Avila* (Portland: Multnomah Press, 1983), p. xix-xxxiv. As citações nesta seção são todas de Berg.

imagem de um castelo como retrato da integridade da alma. No castelo, a pessoa íntegra experimenta Deus através de sua presença que habita nela. Teresa via possibilidades quase infinitas para uma pessoa experimentar a majestade de Deus na vida interior solitária.

Ela não tinha muita educação formal; mesmo assim sua igreja a instruiu continuamente a escrever. Muitas vezes, ela não se sentia à altura da tarefa. Na introdução a *Castelo interior*, escrito após seu 60º aniversário, ela escreveu:

> Poucas tarefas que fui ordenada a executar em obediência têm sido tão difíceis como esta de escrever sobre questões relacionadas à oração, pois não sinto que o Senhor tenha me dado nem a espiritualidade nem o desejo para isso [...] Sua única desculpa [i.e., das freiras carmelitas] por me confiarem essa tarefa [ou seja, a capacidade de resolver problemas na oração] pode ser que elas tenham tão pouco entendimento quanto eu nesses assuntos.*

Essa humildade autêntica continuou até seu leito de morte, quando repetiu suas últimas palavras várias vezes. Essas palavras vêm de Salmos 51:17, que diz: "Os sacrifícios que agradam a Deus são um espírito quebrantado; um coração quebrantado e contrito, ó Deus, não desprezarás". Por isso, Clayton Berg pôde afirmar que "o núcleo da virilidade espiritual de Santa Teresa" se encontra nestas palavras de sua biografia: "Aconteça o que acontecer, a maior coisa que podemos fazer é abraçar a cruz".

Uma Teresa chamada Noemi

Como você reage a essas duas Teresas, separadas por séculos, mas unidas em sua devoção a Cristo, independentemente de suas adversidades, de seus desafios e de suas decepções? Nenhuma delas teve uma vida fácil, e ambas deixaram esse mundo concentradas na cruz de Cristo — um instrumento de tortura e morte que, mesmo assim, nos traz vida.

---

* Teresa de Ávila, *Interior castle*. Organizado por Allison Peers (Nova York: Doubleday Image Books, 1961).

Neste momento, em meio às suas próprias adversidades e decepções, o que você acha dessas duas mulheres? Elas encorajam você? Preocupam você? Inspiram você? Assustam você?

Para mim, elas não só apontam o caminho para encontrar esperança quando esta parece estar perdida, como também me lembram de outra mulher que viveu milhares de anos antes dessas duas, que enfrentou e, por fim, superou suas próprias circunstâncias terríveis. Juntas, essas mulheres — e minha mãe — me encorajam a insistir e continuar.

Estou falando de Noemi, a sogra de Rute (cujo livro homônimo no Antigo Testamento conta sua história). Uma fome obrigou Noemi, seu marido e seus dois filhos a partir para um país estranho; e lá, naquela terra pagã, Noemi perdeu seus três homens. Os homens em sua vida morreram todos, um após o outro, deixando-a sozinha, destituída e longe de casa. Isso era mais do que Noemi podia suportar. Seu coração se partiu e sua fé ruiu. Ouça a angústia em sua voz quando disse às suas noras viúvas: "Para mim é mais amargo do que para vocês, pois a mão do SENHOR voltou-se contra mim" (Rute 1:13). E ela lhes disse: "Não me chamem Noemi [agradável], melhor que me chamem de Mara [amarga], pois o Todo-poderoso tornou minha vida muito amarga! De mãos cheias eu parti; mas de mãos vazias o SENHOR me trouxe de volta. Por que me chamam Noemi? O SENHOR colocou-se contra mim! O Todo-poderoso me trouxe desgraça!" (Rute 1:20-21).

Se existia uma mulher quebrantada e decepcionada, essa mulher era Noemi. Tudo deixou de fazer sentido para ela. Tinha saído de sua casa em Belém, jovem e com um coração cheio de coragem, e agora estava voltando vazia e velha. Tudo em que ela havia acreditado ficou para trás, enterrado com seu marido e seus dois filhos num país estranho. Assim, ela decidiu retornar para Belém, para viver o resto de seus dias como uma mulher destruída e miserável.

Você se reconhece na história dela? Sim, as circunstâncias certamente são diferentes, entendo isso. Mas a desilusão devastadora é a mesma. Tudo que você acreditava e ao que você se agarrava durante toda a sua vida se reduziu a cinzas, e não resta nada que faça sentido. Lembro da conversa com uma mulher que havia enterrado três filhos. Em cada ruga em torno de seus olhos estava gravada a sua dor.

"Eu não oro mais", ela me disse. "Por que oraria? Minhas orações, minhas lágrimas, meus clamores não fizeram nenhuma diferença para Deus."
Era assim que Noemi se sentia, traída e abandonada por Deus.

É assim que você se sente? As circunstâncias mudaram tanto e tão repentinamente que você se pergunta se Deus ainda vê você? Você questiona por que Deus parece responder às orações de outras mulheres, mas, de alguma forma, é como se ele não conseguisse ouvir você — ou ele deu as costas para você? (Certa vez, Madre Teresa escreveu a um confidente espiritual: "Jesus tem um amor muito especial por você, mas, quanto a mim, o silêncio e o vazio são tão grandes, que olho e não vejo — presto atenção, mas não ouço —, a língua se mexe [em oração], mas não fala".) Você sente como se as circunstâncias da sua vida fossem uma expressão de como Deus reprova quem você é?

O que Noemi não podia saber era que, a despeito de todas as aparências externas, a despeito de suas circunstâncias devastadoras, a despeito de como ela se sentia a respeito das coisas, Deus não a tinha abandonado. Quando seus pés cansados pisaram em Belém, seu retorno não foi como ela havia imaginado. Desolação não seguiria à desolação, como seu coração lhe dizia. Em breve, ela receberia as dádivas de família, lar, crianças e amor duradouro que preencheriam o resto de seus dias com felicidade. Ela estava prestes a ser surpreendida pela alegria.

Mas Noemi não tinha como saber disso na longa viagem para casa. Não tinha como perceber que Deus esteve operando nos bastidores, orquestrando eventos que trariam paz, alegria e um coração transbordante. Ele *estava* respondendo suas orações, só não da forma que ela esperava, mesmo que ela não conseguisse ver, mesmo que não conseguisse acreditar.

Se você conhece a história dela, lembra-se de que ela tem o final feliz mais espetacular. Através de uma série de eventos milagrosos e coincidências divinas, Rute, a nora de Noemi, conhece Boaz, um parente de Noemi, e se apaixona por ele. Boaz se declara disposto a ser o "parente redentor" de Rute, dando continuidade ao nome da família e restaurando seus direitos de propriedade e seu lugar na sociedade ao casar-se com a viúva. Rute foi amada, e Noemi recebeu alguém que cuidou dela pelo resto de sua vida. Não é apenas uma das maiores histórias de amor de todos os tempos (se você não a leu ainda, por favor, faça isso agora!); é também uma linda imagem do amor de Cristo — nosso parente redentor — e de tudo que ele tem feito por nós, sua noiva. Na verdade, com o nascimento de seu filho Obede, Boaz e Rute se tornam parte da linhagem de Cristo — ancestrais em sua genealogia. Existem tantas coisas na história de Noemi que me comovem! Em primeiro lugar, Deus permaneceu fiel a Noemi, ela reconhecendo, sentindo e crendo nisso ou não. *A falta de fé dela não impediu Deus de demonstrar-lhe sua bondade e graça.* Isso não o impediu de cumprir seus planos para ela. Nosso Deus paciente teve compaixão dela. Ele não a puniu ou matou pelas acusações que ela levantou contra ele ou pelas coisas que disse. Como seu trineto, Davi escreveria mais tarde: ele "não nos trata conforme os nossos pecados nem nos retribui conforme as nossas iniquidades" (Salmos 103:10).

A amargura de Noemi tirou-lhe a percepção para o presente da constante presença de Deus, sua paz e seu conforto em meio às provações. Ela permitiu que sua miséria abafasse a voz bondosa e compassiva de Deus. Mesmo assim, no fim, ela recebeu alegria — e netos: "As mulheres disseram à Noemi: 'Louvado seja o SENHOR, que hoje não a deixou sem resgatador! Que o seu nome seja celebrado em Israel! O menino lhe dará nova vida e a sustentará na velhice, pois é filho da sua nora, que a ama e que é melhor do que sete filhos para você!' Noemi pôs o menino no colo, e passou a cuidar dele" (Rute 4:14-16).

Esse bebê se tornou pai de Jessé, que foi pai de Davi, o rei mais celebrado da história de Israel e o homem ao qual todas as pessoas se referiram séculos mais tarde quando chamavam Jesus de "o Filho de Davi".

O ponto de virada

Como você está reagindo ao quebrantamento em sua própria vida? Você se encontra numa encruzilhada, num ponto de virada? Talvez tenha chegado a hora de fazer uma escolha, uma declaração de que Deus é Deus — *seu Deus* — e que não há como voltar atrás. Rute fez essa escolha no momento mais escuro de sua vida. Acredito que as decisões mais profundas, que mais mudam a nossa vida, são, quase sempre, tomadas na escuridão.

Eu também já estive nessa estrada. Talvez, pela primeira vez, você queira se unir aos milhões, ao longo dos séculos, que decidiram escolher Deus em meio ao quebrantamento, em meio ao sofrimento e à dor. Juntas — minha mãe, as Teresas, Rutes e inúmeras outras pessoas — dizem: "Deus, tu és o meu Deus. Eu te seguirei e não voltarei atrás, pois não existe outra coisa para mim nesta vida. Não há vida, a não ser junto a ti!".

Isso também é um presente do quebrantamento. Ele nos revela a única escolha verdadeira que temos.

Um pastor chamado Dietrich Bonhoeffer, alemão, fez essa escolha há mais de 60 anos. Um pacifista durante toda a sua vida, ele decidiu, no meio da Segunda Guerra Mundial, que precisava fazer o necessário para livrar sua pátria amada e o mundo do mal de Adolf Hitler. Ele participou de uma conspiração para assassinar Hitler e, quando a tentativa falhou, ele e outros envolvidos foram presos. Os nazistas o enforcaram (com corda de piano) dias antes dos Aliados libertarem o acampamento em que ele estava preso.

Em algum momento durante sua prisão, Bonhoeffer escreveu um poema intitulado *Quem sou eu?*. Apesar de lutar para conhecer a si mesmo, ele tinha uma compreensão firme do elemento mais importante de sua identidade verdadeira. Se você pode tomar para si o último verso, então também poderá atravessar suas dificuldades, sejam elas quais forem.

> *Quem sou eu? Frequentemente me dizem*
> *Que saí da confinação da minha cela*
> *De modo calmo, alegre, firme,*
> *Como um cavalheiro da sua mansão.*
>
> *Quem sou eu? Frequentemente me dizem*
> *Que falava com meus guardas*
> *De modo livre, amistoso e claro*
> *Como se fossem meus para comandar.*
>
> *Quem sou eu? Dizem-me também*
> *Que suportei os dias de infortúnio*
> *De modo calmo, sorridente e alegre*
> *Como quem está acostumado a vencer.*
>
> *Sou, então, realmente tudo aquilo que os outros me dizem?*
> *Ou sou apenas aquilo que sei acerca de mim mesmo?*

Inquieto e saudoso e doente, como ave na gaiola,
Lutando pelo fôlego, como se houvesse mãos apertando minha garganta,
Ansiando por cores, por flores, pelas vozes das aves,
Sedento por palavras de bondade, de boa vizinhança
Conturbado na expectativa de grandes eventos,
Tremendo, impotente, por amigos a uma distância infinita,
Cansado e vazio ao orar, ao pensar, ao agir,
Desmaiando, e pronto para dizer adeus a tudo isso?

Quem sou eu? Este, ou o outro?
Sou uma pessoa hoje, e outra amanhã?
Sou as duas ao mesmo tempo? Um hipócrita diante dos outros
E, diante de mim, um fraco, desprezivelmente angustiado?
Ou há alguma coisa ainda em mim como exército derrotado,
Fugindo em debandada da vitória já alcançada?
Quem sou eu? Estas minhas perguntas zombam de mim na solidão.
Seja eu quem for, Tu sabes, ó Deus, que sou Teu!

Oito

Amor intenso e graça de Halloween

Por que a dedicação feroz de Deus a você vem com surpresas

Segundo um conto popular tradicional, era uma vez três pequenas árvores, sendo que cada uma tinha um grande sonho. A primeira árvore sonhava em ser um lindo baú de tesouro entalhado e decorado que guardaria o maior tesouro que o mundo já viu. A segunda árvore sonhava em ser transformada em um grande navio que navegaria os Sete Mares. A terceira árvore não queria deixar seu lar no topo da montanha. "Quero crescer e ficar tão alta que, quando as pessoas pararem para olhar para mim", ela disse, "levantarão seus olhos para o céu e pensarão em Deus."

Certo dia, quando as pequenas mudas haviam crescido e se tornado árvores altas e fortes, três lenhadores escalaram a montanha. Quando derrubaram a primeira árvore, ela quase não conseguia conter seu entusiasmo — sabia que, em breve, cumpriria seu destino. Mas, em vez de ser usada para produzir um elaborado baú de tesouro, os marceneiros a transformaram numa ordinária manjedoura para animais. A árvore ficou terrivelmente decepcionada.

A segunda árvore foi realmente transformada em um navio — mas não do tipo que corta as ondas de oceanos poderosos. Usaram-na para fazer um simples barco de pesca que flutuava num lago — não exatamente aquilo que ela tinha sonhado.

Para o seu terror, a terceira árvore também foi derrubada, cortada em vigas e largada no depósito de uma serralheria. "Tudo que eu queria era ficar no topo da montanha e apontar para Deus", ela suspirou.

O tempo passou e as árvores se esqueceram de seus sonhos, até aquela noite em que uma mulher colocou seu bebê na manjedoura — e a primeira árvore soube que, naquele momento, ela realmente abrigava o maior tesouro do mundo.

Em outra noite, um homem cansado e seus amigos lotaram o pequeno barco de pesca. Quando estavam no meio do lago, levantou-se uma terrível tempestade que ameaçou destroçar o barco. O homem cansado se levantou e disse: "Paz, acalma-te". Então, a segunda árvore soube que estava transportando o rei do céu e da terra.

Numa sexta-feira de manhã, a terceira árvore sentiu que estava sendo tirada da pilha de madeira e arrastada pelas ruas da cidade, onde multidões gritavam insultos. A árvore se sentiu cruel e feia quando percebeu que tinha se transformado em instrumento de tortura.

Soldados pregaram as mãos e os pés de um homem às suas vigas. Mas, na manhã de domingo, quando o Sol nasceu e a terra estremeceu de alegria, a árvore se erguia alta, sabendo que, a partir de agora, apontaria para sempre as pessoas a Deus.

Eu amo essa história simples porque me lembra que Deus tem bons planos *que nós simplesmente não conseguimos enxergar*. Às vezes, nossa experiência e aquilo que esperamos experimentar divergem tanto uma da outra que a distância abismal nos leva a duvidar do amor e da graça de Deus.

Lembra-se de Noemi no capítulo anterior? Ela tinha dado um novo nome a si mesma: *Mara* — Amarga —, convencida de que nada conseguiria remir sua vida, nada conseguiria remir sua esperança, seu propósito e sua alegria... Isto é, até um parente redentor entrar em sua vida e mudar tudo.

De alguma forma, realmente acreditamos que *amor* significa receber o que imaginamos que desejamos, e *graça* significa jamais receber o que não queremos. Como resultado, concluímos que, se não recebermos o que queremos, mas recebermos o que nunca quisemos, então Deus não nos ama e sua graça não nos cobre. Será que você e eu entendemos ou julgamos erroneamente o que Deus é na nossa vida?

É claro que sim.

Para além do amor incondicional

Nossa geração cresceu com a ideia do "amor incondicional de Deus". A expressão não está na Bíblia, mas parece que, hoje, não podemos falar do "amor de Deus" sem acrescentar a parte "incondicional". Talvez a ideia não seja inspirada, mas certamente se gravou na nossa mente. Tenho certeza de que entendo por que usamos a expressão e por que ela se tornou tão popular. Na verdade, essa expressão tenta chegar a uma verdade crucial e até mesmo fundacional da Bíblia: quando Deus dirige seu amor a nós e nos adota como membros de sua própria família, seu amor permanece conosco independentemente daquilo que possa acontecer e daquilo que possamos fazer. Ele nos ama com um amor eterno, e "eterno" significa que seu amor não diminui nem desparece, ao contrário do nosso próprio amor. Seu amor *permanece*.

Vemos a manifestação dessa verdade incomparável repetidas vezes nas Escrituras, em ambos os Testamentos.

- Abraão, o "homem de fé", mente sobre sua esposa para salvar sua própria pele (não só uma vez, mas duas, num espaço de muitos anos), mesmo assim Deus o transforma numa grande nação, da qual nasceu o Messias.
- Moisés mata um homem e desobedece a Deus publicamente diante de toda Israel, mesmo assim, milhares de anos mais tarde, ele reaparece com Elias na transfiguração, encorajando Jesus antes de sua condenação iminente.
- Davi comete adultério e tenta encobri-lo com um assassinato, mas ainda assim Deus o ama e continua a proteger a linhagem de sua família até a aparição de Jesus, o "Filho de Davi".
- Pedro nega o Senhor três vezes; mesmo assim Deus o escolhe para ajudar a liderar a igreja de Cristo.

Quando tiver tempo, dê uma olhada nas pessoas mencionadas em Hebreus 11 e veja quantas delas tiveram um histórico menos que perfeito. (Jefté recebe uma estrela dourada em Hebreus 11? Sério? *Jefté*? O homem que fez um juramento apressado e tolo que condenou sua filha amorosa e feliz? Leia a história dele em Juízes 11.) Tudo isso são notícias maravilhosas para pessoas quebrantadas! E é exatamente por isso que eu não acredito que "incondicional" faz jus ao amor de Deus.

Temo que, pelo fato de usarmos essa expressão constantemente sem explicar o que ela significa, nós a privamos de sua força original. Hoje em dia, as pessoas a ouvem e tendem a pensar que, quando pecam contra o

Senhor, ele responde: "Tudo bem; não se preocupe com isso. Eu amo você mesmo assim", quando, na verdade, ele responde algo parecido com: "Eu amarei você para sempre, e é justamente por isso que *não* está tudo bem".

Para mim, a razão pela qual uso o termo *amor incondicional* cada vez menos se deve ao fato de ele ter perdido sua vida e sua paixão. A palavra *incondicional* é fria para mim, distante, clínica e destituída de emoção! Parece-me mais um mero termo jurídico. Imagine um prisioneiro que finalmente ganha sua libertação incondicional da prisão. Sabemos que o ex-presidiário celebra; podemos ver essa imagem em nossa mente. Mas e o carcereiro? Não consigo imaginá-lo cantando ou dançando de alegria; é mais provável que seu rosto ostente uma expressão de tédio ou até mesmo de aborrecimento ao assinar os documentos de soltura. Nenhuma de suas emoções está envolvida na libertação do prisioneiro. Ele está apenas fazendo o seu trabalho.

Essa *não* é a imagem do amor de Deus pelas pessoas quebrantadas! Nosso Deus ama com paixão, com fogo, com uma força que faz estremecer os ossos. Sua emoção furiosa nos consumiria se seu amor não nos protegesse de toda a sua intensidade.

Eu me lembro de, anos atrás, ter lido sobre um homem que saiu da igreja por uma razão surpreendente. Lemos a história no livro *Ragamuffin gospel*, de Brennan Manning. Ouça como o homem rejeitou "o Deus bobo cor-de-pastel que promete nunca permitir que a chuva caia em nosso desfile":

> Um pastor que conheço lembra-se de um estudo bíblico de domingo de manhã na sua igreja, em que o texto estudado era Gênesis 22. Deus ordena que tome seu filho Isaque e ofereça-o como sacrifício no monte Moriá.
>
> Depois que o grupo leu a passagem, o pastor esboçou o pano de fundo desse período histórico da salvação, mencionando inclusive a predominância do sacrifício de crianças entre os cananitas. O grupo ouvia em embaraçado silêncio.
>
> O pastor então perguntou:
> — Mas o que essa história tem a dizer para nós?
> Um homem de meia-idade falou:
> — Vou dizer o que essa história me diz. Decidi que eu e minha família vamos procurar outra igreja.

O pastor ficou perplexo.

— O quê? Mas por quê?

— Porque — respondeu o homem —, quando olho para esse Deus, o Deus de Abraão, sinto-me mais próximo do Deus verdadeiro; não esse sofisticado e escrupuloso Deus de Rotary Clube a respeito do qual ficamos tagarelando aqui nas manhãs de domingo. O Deus de Abraão era capaz de fazer um homem ir pelos ares, de dar e tomar uma criança, de pedir tudo a uma pessoa e ainda querer mais. Quero conhecer esse Deus.

Então Manning escreveu:

O filho de Deus sabe que a vida tocada pela graça chama-o para viver numa montanha fria e exposta ao vento, não nas planícies aplainadas de uma religião sensata e de meio-termo. Pois no coração do evangelho da graça o céu escurece, o vento ruge, um jovem sobe um outro monte Moriá em obediência ao Deus implacável que exige tudo. Ao contrário de Abraão, ele carrega nas costas uma cruz, e não lenha para o fogo... como Abraão, em obediência a um Deus selvagem e irrequieto que fará as coisas da sua forma, não importe o que custe.*

O amor de Deus por nós não é apenas "incondicional", mas selvagem; ele sopra e até ruge. Ele exige tudo. Ele não para diante de nada. Numa palavra: ele é *feroz*. Isso me lembra de uma passagem famosa de *O leão, a feiticeira e o guarda-roupa*, em que C. S. Lewis nos apresenta a Aslam, um grande leão que representa o próprio Jesus Cristo. Antes de encontrarem Aslam pela primeira vez, os jovens protagonistas da história pedem a outros animais falantes, habitantes da terra encantada de Nárnia, que lhes contem sobre ele. Ouça sua conversa (o Sr. Castor começa):

— Então não sabem quem é o rei dos animais? Aslam é um leão... *o* Leão, o grande Leão!

---

* Brennan Manning, *The Ragamuffin gospel* (Sisters: Multnomah Publishers, 2005), p. 39-40 [No Brasil: *O evangelho maltrapilho* (São Paulo: Mundo Cristão, 2012)].

— Ah! — exclamou Susana. — Estava achando que era um homem. E ele... é de confiança? Vou morrer de medo de ser apresentada a um leão.

— Ah, isso vai, meu anjo, sem dúvida — disse a Sra. Castor. — Porque, se alguém chegar na frente de Aslam sem sentir medo, ou é o mais valente de todos ou então é um completo tolo.

— Mas ele é tão perigoso assim? — perguntou Lúcia.

— Perigoso? — disse o Sr. Castor. — Então não ouviu o que a Sra. Castor acabou de dizer? Quem foi que disse que ele não era perigoso? Claro que é, perigosíssimo. Mas acontece que é bom. Ele é REI, disse e repito.*

Já no final do livro, após Aslam salvar Nárnia de uma feiticeira má e corrigir tudo que tinha dado terrivelmente errado, o grande leão simplesmente desaparece. Homens e animais o procuram, mas ele sumiu. Então, Lewis faz seus jovens heróis se lembrarem de uma fala anterior do Sr. Castor sobre Aslam: "Ele aparece e desaparece. Num dia, poderão vê-lo; no outro, não. Não gosta que o prendam... e, naturalmente, há outros países dos quais precisa cuidar. Mas está tudo bem. Ele aparecerá com frequência. Vocês só não podem pressioná-lo. Ele é selvagem, sabem. Não como um leão manso".**

Muitos de nós gostam de se lembrar dessas cenas memoráveis e até de refletir sobre como Jesus — o nosso Aslam — não é seguro nem manso. Mas, quando as adversidades devastam nossa vida como um furacão e não conseguimos ver Jesus nesse rastro de destruição, nosso espírito desanima. Nós nos perguntamos onde ele está, por que ele parece estar se escondendo e se ele realmente nos ama. E, talvez, começamos a desejar que sua ferocidade fosse um pouco menos... bem, selvagem. E, nessas circunstâncias, ouvir alguém falar do "amor incondicional" de Deus não costuma ajudar muito.

Mas e se víssemos seu amor como *feroz*?

O blogueiro Richard J. Vincent escreveu que o "amor bondoso e gentil de Deus não é do tipo sentimental... Esse amor é forte. Esse amor é um amor

---

* C. S. Lewis, *The Lion, the Witch and the wardrobe* (New York: Collier Books, 1950), p. 75-6. [No Brasil: *O leão, a feiticeira e o guarda-roupa* (São Paulo: Martins Fontes, 2009)].
** Ibid., p. 180.

feroz, uma força positiva que conquista o pecado, o mal e a morte. É a paixão ardente de vencer o mal com o bem. É um compromisso firme com o bem do outro — mesmo quando o outro é o inimigo. É um amor que não coloca a si mesmo ou a outras coisas no centro da vida, mas se doa com abandono alegre. É um amor tão seguro que perde sua vida por outros apenas para reencontrá-la".*

Vamos dar outra olhada no versículo mais famoso da Bíblia, João 3:16. Se algum versículo parece "seguro", tem que ser esse. Não é o versículo que ensinamos às crianças antes mesmo de conhecerem o ABC? Aqueles de nós que tiveram alguma criação cristã conhecem essa passagem tão bem e a citam tanto que poderiam até plastificá-la. É segura e familiar como nosso casaco favorito ou um chinelo velho. Como resultado, tendemos a esquecer a profundeza da paixão divina que ela reflete.

Porque Deus tanto amou o mundo, escreveu João, *que deu o seu Filho Unigênito*. Pare aqui por um momento. Como, exatamente, Deus "deu" esse seu único Filho? Ele o deu não como um presente lindamente embrulhado sob uma árvore, mas como um bebê humano impotente que veio à terra para morrer. Deus deu Jesus para nós sabendo que nós cuspiríamos nele, que o açoitaríamos, que zombaríamos dele, que arrancaríamos sua barba, que rasgaríamos suas costas com pedaços de ossos e metal, que enfiaríamos uma coroa de espinhos em sua cabeça, que o pregaríamos numa árvore e que perfuraríamos seu corpo morto com uma lança. Isso não é amor "incondicional"; é amor feroz, amor que transcende nossa capacidade de compreender.

Se você ainda duvida da magnitude do amor feroz e apaixonado de Deus, leia mais uma vez o que ele pensa sobre aqueles que descartam seu esforço para nos salvar:

> Quem rejeitava a lei de Moisés morria sem misericórdia pelo depoimento de duas ou três testemunhas. Quão mais severo castigo, julgam vocês, merece aquele que pisou nos pés o Filho de Deus, profanou o sangue da aliança pelo qual ele foi santificado e insultou o Espírito da graça?

---

* Richard J. Vincent. Disponível em: www.theocentric.com.

> Pois conhecemos aquele que disse:
> "A mim pertence a vingança;
> eu retribuirei";
> e outra vez:
> "O Senhor julgará o seu povo".
> Terrível coisa é cair nas mãos do Deus vivo! (Hebreus 10:28-31).

Tal passagem não deve ser lida levianamente. Essas palavras não refletem uma deidade distante e insensível. A passagem reflete o coração de um Deus que ama ferozmente os seus — e ele fará de tudo para moldá-los como povo que se parece com seu próprio Filho amado.

Tudo isso nos leva a uma pergunta muito difícil. E aqui está ela: imaginamos que o Deus vivo — aquele que, mais adiante, o autor de Hebreus chama de "um fogo que consome" — ama seu único Filho *menos* do que nos ama?

Não, você diz. É claro que não.

Mas, se Deus ama seu Filho mais do que qualquer coisa que possamos imaginar, e seu amor feroz o levou a sacrificar esse Filho amado por nossa causa, o que isso significa para *nós*? O que esse mesmo amor feroz pode exigir de nós a fim de comunicar ao mundo e aos anjos que o próprio Deus é o maior tesouro de todos? Podemos dizer com certeza absoluta que a dor, a provação, a adversidade, a dificuldade e a tragédia que enfrentamos é simplesmente demais e que, portanto, Deus não nos ama *de verdade*?

A cruz grita: "Não!".

A verdade é, nós simplesmente não temos como saber num dado momento o que Deus pretende para a nossa vida, assim como as três árvores do velho conto também não sabiam.

As coisas podem ficar ruins?

Sim.

Podem ficar piores?

Sim.

Isso significa que o amor feroz de Deus por nós desapareceu?

Não, não, não.

O autor e professor Steve Brown sabe tudo sobre isso. Ele tem um senso de humor maravilhoso e, como acredito, um entendimento perspicaz do amor feroz de Deus. Em seu livro *A Scandalous freedom* [Uma liberdade escandalosa], ele encerra um capítulo chamado "A dor que evitamos... e a realidade que nos liberta" com uma história sobre perda. Apesar de contá-la com seu jeito irônico, ele extrai dela uma aplicação importante.

Steve descreve como sobreviveu ao furacão Andrew de 1992, um dos mais destrutivos na história dos Estados Unidos. Ele e sua esposa decidiram aguardar a passagem do furacão em sua casa, mas, como quase todo mundo, não perceberam o poder desse monstro destruidor. Fizeram todo o possível, mas ele admite: "Não foi o bastante — nem de longe".

Enquanto Steve e sua esposa estavam agachados no closet de seu quarto, deram-se conta de que poderiam morrer. Ouviram árvores cair sobre sua casa, viram o teto ser levado e, finalmente, a casa se desmontar em volta deles. "Aquilo foi ruim", Steve escreve, "mas tem mais".

Após perderem grande parte de seus bens no furacão, um construtor desonesto roubou deles mais ou menos 60 mil dólares, e outros construtores impuseram garantias de 15 mil dólares naquilo que restava de seu lar — eram 75 mil dólares que eles não tinham. "Aquilo foi muito ruim", Steve escreveu, "mas tem mais."

No meio-tempo, eles se hospedaram num pequeno apartamento e, certo dia, quando Steve saiu para o estacionamento, descobriu que alguém tinha roubado seu carro. "Aquilo foi muito ruim", Steve escreveu, "mas tem mais." (Você percebe um padrão aqui?)

Naquele mesmo tempo, os médicos disseram a Steve que restava pouco tempo de vida à sua mãe. Já que os Brown não tinham mais uma casa para acolher a mãe adoentada, mudaram-se para as montanhas da Carolina do Norte, para a casa da mãe, a fim de cuidar dela até sua morte. Steve levou um pequeno gravador e gravou seu programa de rádio diário na varanda do fundo da velha casa de sua mãe.

Até então, Steve conta, ele havia desfrutado uma vida bastante fácil e nunca teve de enfrentar uma tragédia devastadora. Embora pregasse às vezes sobre dor e sofrimento, sentia que suas palavras soavam vazias. Steve chama todo o complexo de eventos de "uma experiência horrível", mas diz que foi "também maravilhoso". Sua mãe cristã pôde se despedir de amigos e parentes, dar conselhos aos seus netos, orar muito e até contar piadas. "Ah, sim", ele escreve, "houve lágrimas, dor e medo."

Mas, em meio a toda essa tragédia, Deus veio. E, quando enfrentamos tudo isso, descobrimos uma liberdade e alegria ilimitadas e excitantes, que nunca tínhamos experimentado.

Não era a liberdade do cristão que finge que as coisas estão bem quando, na verdade, não estão. Era a liberdade que só um cristão que enfrentou dor e tragédia conhece. Era a liberdade de Jesus que, quando perdemos tudo, nos convida a rir, dançar e cantar em sua presença, sabendo que nada nos separará dele e de seu amor.

Isso já é muito bom, mas Steve acrescenta uma última pérola de sabedoria: "Dor não é algo de que as pessoas gostam. É por isso que fugimos dela o mais rápido possível. É, também, por isso que não somos livres. Jesus raramente vai aos lugares para os quais corremos".[*]

Você está fugindo? A dor te faz fugir para... quem sabe para onde? Não posso explicar por que Deus permitiu essas coisas difíceis em sua vida. Se eu pudesse saber ou dizer algo sobre isso, não tenho certeza de que ajudaria. Mas o que sei é: Deus ama você com uma ferocidade que desafia qualquer descrição. Não é um amor com cobertura de açúcar. Não é um amor romântico e impulsivo. Não é nem mesmo o chamado "amor incondicional". O amor dele é *feroz*. E esse amor feroz — que arde junto aos portões do Éden — levará você para casa.

A graça da espada flamejante

Os últimos versículos de Gênesis 3 tiveram um impacto profundo sobre a minha vida. Eu costumava lê-los como julgamento, mas agora eu vejo muita graça neles, a graça de um Deus que nos ama ferozmente.

Eu dei a este livro o título *Quebrantamento* porque esse é o tema da minha vida e a experiência do meu coração. Eu costumava ver o quebrantamento como algo negativo, mas, agora, por causa da graça ultrajante de Deus, eu o

---

[*] Steve Brown, *A scandalous freedom* (West Monroe: Howard Publishing Company, 2004), p. 216.

vejo como um presente profundo que me rouba o fôlego. E Gênesis 3:22-24 me mostra sua verdade:

> Então disse o SENHOR Deus: "Agora o homem se tornou como um de nós, conhecendo o bem e o mal. Não se deve, pois, permitir que ele também tome do fruto da árvore da vida e o coma, e viva para sempre". Por isso o SENHOR Deus o mandou embora do jardim do Éden para cultivar o solo do qual fora tirado. Depois de expulsar o homem, colocou a leste do jardim do Éden querubins e uma espada flamejante que se movia, guardando o caminho para a árvore da vida.

Você reconhece graça nessa passagem?

"Bem, Sheila", você talvez responda, "não exatamente. Como essa guarda angelical e uma espada flamejante demonstram graça?"

Por que Deus colocaria aquela espada naquele lugar?

A resposta está bem ali, na passagem anterior: *Não se deve, pois, permitir que ele também tome do fruto da árvore da vida e o coma, e viva para sempre...*

Você consegue imaginar o que teria acontecido se Deus tivesse permitido que nossos primeiros pais ficassem no jardim e comessem da Árvore da Vida? Sim, eles teriam vivido para sempre — mas quebrantados para sempre. Eternamente na miséria. Destruídos pela culpa. Com medo. E vazios — ah, tão vazios! Sua "vida" eterna teria se transformado num inferno eterno, cheio de culpa, vergonha, amargura e remorso. Com o passar dos séculos e milênios, eles teriam continuado a se esconder de Deus e a se culpar mutuamente pela sua dor. E então imagine como eles teriam se sentido vendo seus filhos, netos e bisnetos seguirem seu exemplo e caírem em pecado e depravação. Teria sido um bilhão de vezes a tragédia de Caim e Abel!

Morte física, um presente da graça? Ah, sim! Se você não morrer, como pode nascer de novo?

Eu chamo esse tipo de graça de "graça de Halloween", pois veste uma fantasia inesperada. (Você estava se perguntando quando eu explicaria isso, não estava?) Enquanto escrevo, o calendário me informa que 1º de novembro, o Dia de Todos os Santos, chegou, o que significa que ontem era o dia 31 de outubro, Halloween. Na noite passada, crianças nos Estados Unidos se espalharam nas ruas para bater às portas dos vizinhos, gritando "Doce ou travessura!", estendendo suas sacolas para receber os doces. E praticamente todas essas crianças vestiram algum tipo de fantasia, de fadas e super-heróis. Ao longo dos anos, percebi que a fantasia não costuma revelar muito sobre a criança que se esconde dentro dela.

A graça também pode ser assim.

Veja bem, Deus gosta de todos os tipos de graça. Ele não usa um tipo padronizado que serve para todos. Você se lembra como Pedro falou da "graça em suas múltiplas formas" (1Pedro 4:10)? Outras versões traduzem a expressão como "todas essas diferentes graças de Deus" ou "a variada graça de Deus". Algumas dessas graças variadas nós reconhecemos imediatamente. No início, sua graça nos deu a justificação dos nossos pecados (Romanos 3:24). Às vezes, sua graça nos dá encorajamento eterno e boa esperança (2Tessalonicenses 2:16). Outras vezes, ela nos instrui a desenvolver uma autoimagem correta e não inflada (Romanos 12:3). Em todos os casos, sua graça veste uma fantasia um pouco diferente.

Lembre-se disto: nem toda graça se apresenta do jeito que esperaríamos. O apóstolo João nos diz que Jesus veio do Pai "cheio de graça e de verdade" (João 1:14). Ele não quis dizer que, às vezes, Jesus tinha muita graça, mas pouca verdade, e, outras vezes, muita verdade, mas pouca graça. Jesus não muda desse jeito, assim como Deus também não muda. O que ele é, ele é *sempre*. Assim, ele sempre fala a verdade. E ele sempre vem com graça. Mas a graça que ele traz pode ter uma aparência *muito* diferente de situação em situação!

Contemple apenas algumas poucas declarações que Jesus fez durante seu ministério na Terra e observe como elas parecem diferentes uma da outra. Lembre-se, porém, que em cada caso ele falou como um homem "cheio de graça e de verdade".

- "Como você creu, assim lhe acontecerá" (Mateus 8:13).
- "Deixe que os mortos sepultem os seus próprios mortos" (Mateus 8:22).
- "Venham a mim, todos os que estão cansados e sobrecarregados, e eu lhes darei descanso" (Mateus 11:28).
- "Será que vocês ainda não conseguem entender?" (Mateus 15:16).

- "Feliz é você, Simão, filho de Jonas! Porque isto não lhe foi revelado por carne ou sangue, mas por meu Pai que está nos céus" (Mateus 16:17).
- "Para trás de mim, Satanás! Você é uma pedra de tropeço para mim, e não pensa nas coisas de Deus, mas nas dos homens" (Mateus 16:23).

Você tem a impressão de que "Feliz é você" e "Para trás de mim, Satanás" pertencem à mesma categoria de graça? Para a maioria de nós, isso não soa igualmente gracioso. No entanto, Jesus, o homem que João chamou de "cheio de graça e de verdade", disse ambas as coisas a Pedro. Na verdade, ele fez a segunda declaração quase que imediatamente após a primeira. Não é o caso de a primeira ser graciosa e, a segunda, não. É simplesmente uma questão de duas situações diferentes que exigem dois tipos de graça diferentes. Mas, mesmo assim, era graça em ambos os casos.

Eu tenho dedicado bastante tempo a esse tema porque, às vezes, pessoas quebrantadas não conseguem reconhecer a graça de Halloween quando ela aparece. A fantasia as engana. Ou até mesmo as assusta. E assim, mesmo com a sua graça bem na frente dos olhos, elas imaginam que a graça de Deus para elas esgotou. Eu sei como isso acontece com facilidade, pois aconteceu comigo.

Mais de uma vez.

Qual é a aparência da graça de Halloween? Não posso lhe dar uma descrição, pois o repertório de fantasias de Deus é muito grande. Mas creio que posso lhe dar alguns exemplos bíblicos:

- Quando Deus deslocou o quadril de Jacó e ele mancou pelo resto da sua vida (Gn 32:22-32).
- Quando uma aflição não especificada ajudou o salmista a conhecer a lei de Deus (Sl 119:71).
- Quando Jesus causou um pequeno pânico entre os discípulos ao ordenar que alimentassem uma multidão faminta — sem quaisquer alimentos (Mt 14:15-21).
- Quando o Senhor recusou três vezes o pedido de Paulo por cura, informando o apóstolo repetidas vezes que ele devia ficar com seu "espinho na carne" (2Co 12:7-9).

Não sei que tipo de graça de Halloween o Senhor pode estar aplicando em sua vida neste momento. Mas, se você depositou sua fé em Jesus, então Jesus vive dentro de você — o que significa que a graça e a verdade também vivem em você. O truque é ficar de olho nos doces... e olhar para além da fantasia.

Um sonho diferente

Na nossa cultura, apontamos para os melhores e mais inteligentes: os ricos, os poderosos, os bem-sucedidos, os organizados, os talentosos, os lindos, os bronzeados, os perfeitos. No entanto, nossos olhos veem muito pouco. Se beleza, sucesso e dinheiro *realmente* trouxessem felicidade, então Hollywood, na Califórnia, seria "o lugar mais feliz na terra" — e não a Disneylândia. Mas sabemos que não é. Muitas vezes, a vida dos ricos e famosos traz cicatrizes de tentativas de suicídio, depressão, dependência química e uma infelicidade quase desesperada, além da desintegração de relacionamentos, que já é rotineira (enquanto escrevo isto, um "casamento de celebridades" terminou após um total de 72 dias). Esses homens e mulheres famosos podem parecer glamurosos nas páginas das revistas, mas, normalmente, a realidade é muito mais feia do que o mundo da fantasia.

O que, então, é realidade? Para indivíduos quebrantados como eu, a realidade assume a forma de 1Pedro 5:10. O apóstolo escreveu: "O Deus de toda a graça, que os chamou para a sua glória eterna em Cristo Jesus, depois de terem sofrido durante pouco de tempo, os restaurará, os confirmará, lhes dará forças e os porá sobre firmes alicerces". Normalmente, não cito longos trechos de comentários, mas as percepções de William Barclay encorajam meu coração. Acredito que farão o mesmo com o seu. Portanto, leia com cuidado o que vem a seguir (e sempre que Barclay declarar o que Deus pretende realizar num "homem", reconheça que o Senhor deseja fazer o mesmo numa "mulher"):

> Cada uma das palavras que Pedro usa tem por trás dela uma imagem vívida. Cada uma nos diz algo sobre o que Deus pretende com o sofrimento no homem.

Em primeiro lugar, através do sofrimento, Deus *restaura* o homem. A palavra *restaurar* é difícil de traduzir nesse caso. É *Kartarizein*, palavra normalmente usada para corrigir uma fratura, e a palavra usada em Marcos 1:19 para consertar redes. Significa suprir algo que está faltando, consertar algo quebrado. Assim, o sofrimento, quando aceito em humildade, confiança e amor, pode consertar as fraquezas do caráter de um homem e acrescentar a grandeza que, até então, não estava presente. Dizem que Sir Edward Elgar (o querido compositor inglês mais conhecido por suas obras orquestrais, incluindo as *Enigma Variations*, as *Pomp and Circumstance Marces*) certa vez ouviu uma moça cantar um solo de uma de suas próprias obras. Ela tinha uma voz de pureza, clareza e registro extraordinários e uma técnica quase perfeita. Quando terminou, Sir Edward disse delicadamente: "Ela será incrível quando acontecer algo que parta seu coração". J. M. Barrie (autor de *Peter Pan*) conta como sua mãe perdeu seu filho favorito, e então diz: "Foi aí que minha mãe adquiriu seu olhar bondoso, e é por isso que outras mães a procuravam quando tinham perdido um filho". O sofrimento tinha feito algo por ela que nenhuma experiência fácil teria conseguido fazer. Deus usa o sofrimento para acrescentar as notas graciosas à vida.

Em segundo lugar, Deus usa o sofrimento para *estabelecer* um homem. A palavra é *sterixein*, o que significa tornar algo tão sólido como *granito*. O sofrimento do corpo e a dor do coração fazem uma de duas coisas ao homem. Ou levam o homem ao colapso ou lhe conferem uma solidez de caráter que ele nunca poderia ter adquirido em outro lugar. Se os enfrentar com confiança em Cristo, ele emerge como aço endurecido que foi temperado pelo fogo.

Em terceiro lugar, Deus usa o sofrimento para *fortalecer* um homem. A palavra grega é *sthenoun*, que significa *encher com força*. Aqui, temos novamente o mesmo sentido. Uma vida sem esforços e sem disciplina se transforma, quase que inevitavelmente, numa vida frouxa. Ninguém sabe realmente o que sua fé significa até ela ser provada no forno da aflição. Existe algo duplamente precioso numa fé que saiu vitoriosa da dor, da tristeza e da decepção. O vento apaga uma chama fraca, mas aumenta ainda mais uma chama forte. O mesmo acontece com a fé.

Por fim, Deus usa o sofrimento para *assentar* um homem. A palavra grega é *themelioun*, que significa *estabelecer as fundações*. Quando experimentamos tristeza e sofrimento, somos remetidos ao solo rochoso da nossa fé. É então que descobrimos quais são as coisas que não podem ser abaladas. É no tempo da provação que descobrimos as grandes verdades sobre as quais a vida verdadeira se fundamenta.[*]

Deus quer levar você a um lugar em que a escuridão não parece mais ser tão escura — mas isso nunca ocorre com facilidade.

Por trás da cortina

Lá atrás, no capítulo 4, escrevi sobre Aaron e Holly McRae e sua garotinha Kate, que recebeu o diagnóstico de um tumor cerebral maligno. Como já disse, durante mais de um ano após eu ter encontrado essa notícia devastadora no Twitter, não fiz nada além de orar e escrever pequenas mensagens no livro de visitas de sua página no *CaringBridge*.

No entanto, quando minha agenda de viagens me levou a Phoenix, sua cidade natal, perguntei se poderia encontrá-los. Aaron respondeu dizendo que amariam minha visita, mas, como Kate estava novamente no hospital infantil para receber outra rodada de quimioterapia, teria que os visitar no hospital.

Quando entrei no elevador para subir ao andar que abrigava a oncologia pediátrica, tudo dentro de mim gritava que esse lugar não deveria existir. Crianças jamais deveriam ser entregues a uma besta tão selvagem. Uma enfermeira me mostrou como me lavar, me deu uma máscara e me levou até o quarto de Kate. Eu bati à porta e um homem jovem atendeu. Aaron me abraçou e pediu que eu entrasse.

---

[*] William Barclay, *The Letters of James and Peter* (Louisville: Westminster: John Knox Press, 2003), p. 273-4.

A pequena Kate estava em sono profundo, ligada a tubos intravenosos e a monitores. Ela parecia tão pequena na cama do hospital! Eu havia visto fotos dela antes do tratamento, com seus cachos dourados que cobriam os ombros. Agora, todos haviam desaparecido.

Aaron me contou que Holly havia saído para dormir um pouco, mas que ele lhe enviaria uma mensagem dizendo que eu tinha chegado. Implorei que ele a deixasse descansar, mas ele disse: "Ela ia querer estar aqui".

Quando Holly entrou, nós nos abraçamos. Conversamos. Rimos. Choramos. Ficamos olhando para Kate.

Aaron, um pastor, explicou o abismo que, às vezes, existe para ele entre aquilo que crê e aquilo que vê. O fogo que ele está atravessando consumiu cada sentimento adquirido com facilidade em sua alma, mas isso tudo foi substituído por um amor feroz por Cristo e um fundo poço de gratidão pela graça que eles conheceram.

Assim como Totó arrancou a cortina revelando que o Grande Oz nada mais era do que um pequeno homem assustado, muitos de nós ficamos perturbados quando a tragédia arranca o véu de uma fé confortável. Mas tenho a impressão de que, quando essa cortina desaparece, descobrimos, diferentemente de Dorothy e de seus companheiros de viagem, que por trás da nossa linda imagem de um Deus confortável ruge um Deus cujo amor feroz arde com mais intensidade e magnificência do que qualquer coisa que poderíamos imaginar.

Nove

Nada a proteger, nada a perder
Três escolhas quando o sofrimento leva você da plateia para o palco

Há muitas coisas na vida que fogem ao nosso controle. Em meio a circunstâncias inesperadas, porém, nos deparamos com uma misteriosa e poderosa escolha entre amigo ou inimigo. As implicações de algumas escolhas são mínimas: jantaremos frango ou carne vermelha? Algumas, porém, têm o poder de mudar nosso destino. Uma edição recente do jornal *Dallas Morning News* publicou uma história pequena, mas trágica, sobre homicídio, criação e escolhas que todos nós fazemos.

No final de outubro, um homem chamado Eric Franklin morreu quando outro homem atravessou sua garganta com uma faca de açougueiro. Tendo a polícia capturado o suspeito pouco tempo depois do homicídio, o homem lhes informou o nome de seu irmão no lugar do seu. O truque, porém, não funcionou, pois a polícia acabara de conversar com o irmão do suspeito.

Seu gêmeo.

Descobriram que, enquanto o suspeito de quarenta anos tem uma longa lista de condenações criminais, seu irmão gêmeo tem o que a polícia chama de "um histórico imaculado". Como isso é possível? Como gêmeos, criados no mesmo lar, sujeitos aos mesmos pais, alunos da mesma escola, companheiros do mesmo cachorro, que recebiam o mesmo café da manhã e eram sujeitos ao mesmo ambiente, puderam se tornar pessoas tão diferentes?

Embora não queira simplificar excessivamente os fatores muitas vezes complexos que geram diferenças tão notáveis, quero me concentrar num fator que, claramente, exerce um papel enorme.

Escolhas.

A forma como *escolhemos* reagir a desafios, contratempos e tragédias da vida faz uma diferença enorme — não só na nossa própria experiência, mas também na daqueles que nos acompanham na viagem da vida.

Faça uma escolha!

Todos nós experimentamos dor e sofrimento, e eles são tão comuns quanto a chuva em Seattle. Mas a forma como respondemos a essa dor e esse sofrimento — as escolhas que fazemos no meio deles — determina grande parte da qualidade da nossa vida. Como escreveu o comentarista William Barclay: "O sofrimento [...] pode muito bem levar um homem à amargura e ao desespero e pode tirar dele a fé que tem. Mas, se ele for aceito na certeza confiante de que a mão de um pai jamais causará lágrimas desnecessárias ao seu filho, então o sofrimento resulta em coisas que o caminho fácil jamais traria".*

Deus quer extrair tesouros raros e inesperados dos seus dias de sofrimento, coisas que o caminho fácil não pode trazer.

Eu não estou falando do sofrimento em si aqui. Por si sós, provações, corações partidos e adversidades não têm nenhum poder de realizar qualquer coisa boa em nossa vida. Todos nós testemunhamos como o sofrimento pode tornar uma pessoa amarga, e não melhor. O poder do sofrimento de criar beleza em sua vida pertence quase que inteiramente a você, ele está em como você escolhe reagir às dificuldades e até mesmo às catástrofes que invadem sua existência. Em certo sentido, os anjos prendem a respiração, esperando para ver como você reagirá... e o que você escolherá.

Nas Escrituras, Deus encoraja seu povo repetidas vezes a escolher sua direção na vida. Isso significa que *existe* uma escolha. Ele não pediria que fizéssemos uma escolha se não tivéssemos opções reais. Ouça apenas algumas de suas instruções sobre escolher bem:

- "Coloquei diante de vocês a vida e a morte, a bênção e a maldição. *Agora escolham a vida*, para que vocês e os seus filhos vivam, e para

---

* Ibid., p. 274.

que vocês amem o SENHOR, o seu Deus, ouçam a sua voz e se apeguem firmemente a ele" (Deuteronômio 30:19-20).
- "Se, porém, não agrada a vocês servir ao SENHOR, *escolham hoje a quem irão servir*, se aos deuses que os seus antepassados serviram além do Eufrates, ou aos deuses dos amorreus, em cuja terra vocês estão vivendo. Mas, eu e a minha família serviremos ao SENHOR" (Josué 24:15).
- "Não tenha inveja de quem é violento *nem adote nenhum dos seus procedimentos*" (Provérbios 3:31, grifo meu).
- "É melhor obter sabedoria do que ouro! *É melhor* obter entendimento do que prata!" (Provérbios 16:16, grifo meu).
- "No passado vocês já gastaram tempo suficiente *fazendo o que agrada aos pagãos*. Naquele tempo vocês viviam em libertinagem, na sensualidade, nas bebedeiras, orgias e farras, e na idolatria repugnante" (1Pedro 4:3, grifo meu).

Como, então, devemos escolher nossa reação à adversidade e dificuldade? Que escolhas podemos fazer quando, de repente, a vida nos confronta com opções de que não gostamos nem esperamos — e nunca previmos? Novamente, as Escrituras transbordam de bons conselhos, mas contemple apenas algumas das escolhas que podemos fazer, independentemente das provações que aparecem na nossa vida:

- "E não nos cansemos de fazer o bem, pois no tempo próprio colheremos, se não desanimarmos" (Gálatas 6:9).
- "Que a paz de Cristo seja o juiz em seu coração, visto que vocês foram chamados para viver em paz, como membros de um só corpo. E sejam agradecidos" (Colossenses 3:15).
- "Assim sendo, aproximemo-nos do trono da graça com toda a confiança, a fim de recebermos misericórdia e encontrarmos graça que nos ajude no momento da necessidade" (Hebreus 4:16).
- "Apeguemo-nos com firmeza à esperança que professamos, pois aquele que prometeu é fiel" (Hebreus 10:23).

- "Por meio de Jesus, portanto, ofereçamos continuamente a Deus um sacrifício de louvor, que é fruto de lábios que confessam o seu nome" (Hebreus 13:15).

O imperativo significa, é claro, que devemos *escolher* fazer todas essas coisas. Sob condições normais, num dia pacífico sem dor, sob um céu azul e ensolarado, talvez não tenhamos dificuldades de tomar essas decisões. Mas o que acontece quando tempestades se aproximam e tudo fica escuro? Nesse caso, as escolhas podem não ser tão fáceis assim.

Aqueles que sofrem de depressão, por exemplo, sabem que duas das coisas de que mais necessitam são exatamente as coisas que menos querem. Quando a depressão envolve seu coração como um cobertor úmido e frio, o que você realmente quer fazer é esconder-se embaixo dos cobertores da sua cama. O que você não quer fazer, o que você se sente *incapaz* de fazer, é pedir ajuda a outros e fazer exercícios.

Quando sinto que a neblina fria da depressão está começando a me envolver, sei que preciso lutar contra ela — com todas as minhas forças. Mas eu nunca *quero* combatê-la. Quero me render a ela. Quero desaparecer nela, da mesma forma que eu desapareceria na espessa neblina nos pântanos. Sempre me sinto como se tivesse perdido minha voz e estivesse caindo num poço sem fundo.

Por mais estranho que possa parecer, essa é uma das razões pelas quais tenho cachorros. Quando chega a hora da caminhada, Tink começa a me encarar. Seu eu a ignorar, ela late. Se eu ignorar seu latido, ela traz a coleira dela, coloca-a em meu peito e se senta com seu focinho a cinco centímetros de distância do meu nariz. Se eu ignorar isso, ela começa a puxar meu braço com sua pata.

Tink não se importa se eu estou com dificuldades ou problemas. Depressão e melancolia? O que é isso para ela? Ela tem esquilos para caçar e cheiros excitantes para seguir com seu focinho. Para o bem de Tink, não para o meu próprio, eu me arrasto da cama, murmurando coisas jamais ditas no Novo Testamento. Mas então, uma vez que estou ao ar fresco sob um céu aberto, eu me lembro: "Isso também passará".

A forma como escolhemos reagir aos nossos momentos sombrios tem mais implicações e consequências do que posso citar aqui, mas, na minha experiência, nosso sofrimento tem, no mínimo, três efeitos importantes.

Da plateia para o palco

Em primeiro lugar, o sofrimento nos tira da plateia e nos coloca no palco. Embora possamos aprender algumas coisas sobre sofrimento quando observamos outros passarem por ele, perseverar e atravessar nosso próprio sofrimento nos leva a um nível completamente novo de entendimento (e até mesmo perícia).

Você se lembra do último capítulo, no qual contemplamos as diversas fantasias que a graça veste? Deus tem muitas variedades de graça, duas das quais minha amiga Jennifer Rothschild chama de graça de *espectador* e graça de *participante*. Definitivamente não são a mesma coisa.

Quando, por exemplo, o mundo do patriarca Jó ruiu, é evidente que ele se beneficiou da graça de participante. Você simplesmente não pode passar pelas coisas que ele sofreu — a perda de todos os seus filhos, de sua fortuna e, por fim, de sua saúde — e continuar dizendo coisas como: "O Senhor deu e o Senhor tirou; seja louvado o nome do Senhor" e "Devemos aceitar as coisas boas de Deus, mas não os problemas?" sem uma boa dose da graça de participante (cf. Jó 1:21; 2:10).

Quando você sofre algo tão catastrófico como Jó, também precisa de uma boa dose da graça de espectador em seus amigos e familiares. Aqui, porém, Jó não teve muita sorte.

Embora seus amigos possam ter tido boas intenções (mas não tenho muita certeza disso), suas palavras causaram muito mais prejuízo do que bem. Sim, eles ficaram sentados com seu amigo em silêncio durante sete dias, sentindo sua dor. Mas então destruíram todo o bem que tinham feito atacando-o com longos discursos de julgamento. Infelizmente, os amigos de Jó cuspiram clichês religiosos, fizeram sermões teológicos e, então, com sabedoria mundana, tentaram explicar o que havia acontecido com seu amigo devastado. Na maioria das vezes, eles culparam não o atacador, Satanás, mas a vítima, Jó. Usaram toda sua munição altiva e espiritual e a apontaram ao seu amigo sofredor.

"Jó, seu sofrimento é culpa sua — tem que ser. Você deve ter cometido algum pecado imperdoável. Você mesmo causou esse mal na sua vida." Uma após a outra, as acusações eram lançadas contra ele, deixando Jó abalado. Você consegue se identificar com isso? Em seu ponto mais baixo, em meio às suas provações mais dolorosas, as pessoas têm dito essas coisas a você? Disseram palavras vazias e frias ou lhe deram conselhos inúteis e sem sentido? Esfregaram sal em suas feridas? Criticaram, julgaram ou até condenaram você? Eu sei que eu já passei por isso.

Sabia muito pouco sobre depressão clínica antes de acabar no hospital com esse diagnóstico. Também não sabia nada sobre o estigma que existe na igreja quando se trata de qualquer doença mental. Eu rapidamente aprendi muito sobre os dois assuntos.

Não pude acreditar nos ataques constantes através de ligações e cartas cheias de ódio que recebi de pessoas que eu tinha considerado amigas. Parecia que elas se sentiam obrigadas a me informar exatamente o quão decepcionadas estavam comigo. Eu demorei demais para admitir que precisava de ajuda, mas, quando tentei recebê-la, fui imediatamente condenada por isso. As pessoas das quais eu havia esperado apoio amoroso declararam:

"Deve haver pecado em sua vida."

"Sua fé é muito pequena!"

"Você é uma vergonha para o ministério."

"Cristãos não deveriam precisar de remédios."

Uma pessoa que eu conhecia e amava havia mais de vinte anos ligou para mim e disse: "Não somos mais amigos. Não quero ter mais nada a ver com você". Repetidas vezes, tentei fazer com que esse amigo entendesse que eu não tinha decidido deliberadamente ficar mentalmente doente, ser totalmente tomada pelo desespero e pela depressão. Qualquer que fosse a razão dessa minha condição, eu precisava da ajuda dele mais do que nunca.

Mas ele simplesmente tinha fechado a porta. Ele ou não podia ou não queria me ouvir. Derramei muitas lágrimas amargas por causa desses ataques. Alguns críticos simplesmente não entendiam a natureza da depressão clínica e faziam seus comentários cruéis por ignorância. Outros parecem ter me visto como um exemplo e não conseguiam me ver de outra forma — certamente não como um ser fraco, frágil e imperfeito.

Dentro de pouquíssimo tempo, descobri que eu tinha outros inimigos além de Satanás. Pessoas com quem eu havia trabalhado lado a lado no ministério pareciam celebrar minha queda. Ainda me lembro da noite em que uma amiga me ligou para me contar as coisas cruéis que estavam sendo ditas. Lembro-me exatamente do local em que eu estava – e lembro porque caí de joelhos no chão e chorei. Achei honestamente que morreria. Não podia fazer nada. Estava quebrantada, vazia, mais do que exausta. Não me restava nenhuma força nem mesmo para me defender.

Quando você é traído por alguém em quem confiava — ou, pior, por alguém que você amava —, isso fere o âmago do seu ser. Quando me encontrei nesse lugar insuportável e solitário, percebi que tinha duas escolhas:

1. Podia me submeter ao fogo do Refinador, crendo que Deus está no controle, independentemente de como as coisas podiam parecer; ou

2. Podia permitir ser jogada no caldeirão do atormentador — agitada como o mar, tentando apagar os fogos, defendendo a mim mesma.

Tive que fazer uma pergunta fundamental a mim mesma, assim como você faz quando as ações ou palavras de um amigo lhe ferem: Deus está no controle? Não importa quem esteja levantando a espada contra você, Deus continua soberano?

A luta com essa pergunta tem sido uma das batalhas que mais transformaram minha vida. Tudo dentro de mim gritava: "Mas, Senhor! Não é justo! Não mereço isso! Eles não entendem!". Após lutar com Deus até ficar sem ar, entendi algo profundo assim que a poeira da minha autodefesa se dissipou.

A justiça não vive aqui, mas Jesus, sim.

E mais: Deus é bom e eu posso confiar nele em 100% das vezes.

Quando podemos responder a essa pergunta — aquela sobre o controle e a soberania totais de Deus —com um "sim!" absoluto, então podemos nos submeter a ele em qualquer coisa. Quando somos libertos da necessidade de ser vistos como estando certos, então podemos nos dar a liberdade de enterrar nosso rosto na juba do Leão de Judá — e de ser amados.

Que possamos vivenciar mais expressões da graça compassiva do espectador! Que possamos escolher amar e apoiar — mesmo em silêncio — em vez de ceder aos nossos equívocos e à nossa crítica.

Nossa visão de Deus e dos outros

Em segundo lugar, o sofrimento tende a mudar a forma como vemos Deus e os outros. Para ser franca, nem sempre entendo o que Deus está pensando — o que ele está fazendo e deixando de fazer e por quê. Tentar usar meu cérebro minúsculo para entender a mente de Deus é como usar um relâmpago para alimentar a lâmpada da minha lanterna. Mas aprendi que o sofrimento e a dor retiram as camadas da nossa fé e nos colocam diante de uma escolha que determinará nossa vida: queremos ser amargurados e culpar Deus e os outros por nossa dor, descarregando toda a nossa mágoa, raiva e frustração naqueles que acreditamos ser responsáveis? Queremos nos revirar de pena de nós mesmos? Queremos fugir e nos esconder? Queremos resistir? Ou...

Queremos escolher ver a mão de Deus em meio à nossa dor e sofrimento? Aceitamos a vontade de Deus para nós? Declaramos nossa confiança nele e caímos aos seus pés em adoração? Levamos as partes quebradas da nossa vida até ele e permitimos que ele as use para criar algo lindo, algo que dê glória a ele?

Além disso, escolhemos usar nossa dor e nosso quebrantamento para ajudar outros que também estão nessa estrada assustadora? Escolhemos encorajá-los, instrui-los, ouvi-los, apoiá-los e, gentilmente, apontá-los para Jesus, mesmo quando acham que ele os abandonou? E o que escolhemos fazer com 2Coríntios 1:3-7, que tem muito a dizer àqueles que pertencem a essa comunidade dos quebrantados?

> Louvado seja o Deus e Pai de nosso Senhor Jesus Cristo, Pai da compaixão e o Deus das misericórdias e Deus de toda consolação, que nos consola em todas as nossas tribulações, para que, com a consolação que recebemos de Deus, possamos consolar os que estão passando por tribulações. Pois assim como os sofrimentos de Cristo transbordam sobre nós, também por meio de Cristo transborda a nossa consolação. Se somos atribulados, é para consolação e salvação de vocês; se somos consolados, é para consolação de vocês, a qual dá paciência para suportarem os mesmos sofrimentos que nós estamos padecendo. E a nossa esperança em relação a vocês está firme, porque sabemos que, da mesma forma que vocês participam dos nossos sofrimentos, participam também da nossa consolação.

Tudo isso é *muito importante*! Somos vítimas impotentes neste mundo danificado ou somos filhos preciosos, que, às vezes, passam por um sofrimento cujas razões não entendemos, um sofrimento que nosso Pai nos confia, um Pai que nos ama claramente e que nunca desvia seu olhar de nós?

Eu vivi — montei meu acampamento — no vale do sofrimento e da dor, e posso lhe dizer, com tudo que tenho dentro de mim, que agradeço a Deus por esse lugar!

"Mas, Sheila", você diz, "isso é loucura! Como pode agradecer a Deus por algo que quase destruiu você?"

Tenho uma resposta simples: aquilo me libertou do medo do homem, do medo daquilo que os outros podem fazer ou dizer sobre mim, do medo de ser aberta, vulnerável e conhecida.

Eu não mudaria um único momento, porque aquele desespero e aquela impotência me levaram a um lugar em que encontrei esperança verdadeira e duradoura. Quando não me restavam forças nem lugar para onde ir, aprendi uma das lições que mais transformaram minha vida:

> O meu Deus é a minha rocha, em que me refugio; o meu escudo e o meu poderoso salvador. Ele é a minha torre alta, o meu abrigo seguro (2Samuel 22:3).

Deus é a *sua* Rocha, o *seu* Escudo, o *seu* Defensor. Em seus momentos mais escuros, você descobrirá que ele está aí com você. Ele está com você. Ele é por você. Nada pode acontecer com você se Deus não o permitir; e, se permitir, ele promete a graça e a força para que você consiga passar por aquilo — mesmo que o deixe de joelhos.

Sei que isso soa duro.

E deve.

Porque é.

Por tempo demais temos bebido uma fé cristã diluída e filtrada — uma fé que gira em torno de nós mesmos; uma fé que alega que a vida sempre dará certo; uma fé que promete famílias perfeitas e felizes, contas cheias e ótimos exames de saúde anuais. Mas essa não é a vida cristã descrita na Palavra de Deus!

Jesus disse aos seus discípulos, seus amigos mais queridos nesta terra, que o mundo os odiaria por causa dele. Ele disse que eles deveriam esperar todos os tipos de provações e tribulações; "Eu disse essas coisas", ele lhes falou "para que em mim vocês tenham paz. Neste mundo vocês terão aflições; contudo, tenham ânimo! Eu venci o mundo" (João 16:33).

A realidade, é claro, é que vivemos num mundo danificado. E nós mesmos somos quebrantados, desde o início. Podemos tentar esconder nosso quebrantamento ou fugir dele. Podemos negar nosso quebrantamento ou resistir a ele. Ou podemos assumir nosso quebrantamento, abraçá-lo e levá-lo até Deus. Se nos humilharmos e levarmos nosso quebrantamento até ele, seremos surpreendidos com o que ele pode fazer:

> Deus usa coisas quebradas. Ele usa o solo quebrado para produzir trigo; nuvens quebradas para dar chuva; grãos quebrados para dar pão; pão partido para dar força. É o frasco quebrado que libera o perfume. É Pedro, chorando amargamente, que retorna com um poder maior do que nunca.*

O que mais importa

Em terceiro lugar, o sofrimento muda o que mais importa para nós. Antes de sofrermos, talvez valorizemos acima de tudo uma casa nova, um emprego maravilhoso, boa reputação na comunidade, um conta cheia no banco, um corpo saudável ou uma família feliz. Depois de passarmos por um período de sofrimento, não é que todas essas coisas percam toda a sua importância... elas simplesmente caem na lista de prioridades até encontrarem seu lugar apropriado, um lugar bem abaixo do topo.

Mas, repito, precisamos escolher. A adversidade e o sofrimento por si sós não nos ensinam o que devemos valorizar acima de tudo. A adversidade simplesmente permite que sejamos confrontados com a escolha. Penso aqui no abismo vasto que se abria entre os dois primeiros reis de Israel, Saul e Davi. Eles tinham muita coisa em comum. O profeta Samuel ungiu ambos os homens para servirem como reis. Ambos começaram bem. Ambos ganharam, pelo menos por algum tempo, o apoio popular. Ambos levaram seus exércitos a vitórias na batalha. Ambos enfrentaram situações

---

* L. B. Cowman, *Streams in the desert*. Devocional de 25 de outubro. Edição de 1925.

difíceis e até mesmo aterrorizantes. Ambos fizeram escolhas que definiram seus respectivos reinados. Mas, enquanto a escolha de um o condenou, a escolha do outro o elevou.

Tudo se reduzia a isso: enquanto Davi temia a Deus, Saul temia a todo o resto.

Na história de Saul, do início ao fim, vemos o que acontece quando o medo impulsiona uma pessoa. Quando Samuel disse a Saul, numa conversa privada, que Deus o tornaria rei, você esperaria que o jovem tentasse fazer jus ao desafio. Mas, quando veio a hora de sua coroação, Saul se escondeu, com medo de seu chamado (1Samuel 10:22).

Medo exerceu um papel proeminente também nos dois incidentes que, juntos, lhe custaram o trono. No segundo ano de seu reinado, Saul e seu exército recém-formado se prepararam para ir à guerra contra o exército enorme e muito bem-treinado dos filisteus. Muitos dos homens de Saul fugiram antes de a luta começar. Samuel enviou uma mensagem a Saul, dizendo-lhe que não precisava ter medo. Dentro de sete dias, o profeta chegaria e ofereceria sacrifícios ao Senhor, e então eles triunfariam.

Instruções tão simples! Não era nenhuma astrofísica! "Não faça nada, Saul. Fique onde está com os homens que ainda lhe restam e espere por mim." Mas Saul, em vez de se confiar à misericórdia de Deus, estava fazendo cálculos em sua cabeça. Quanto mais esperasse, mais homens desertariam. Em sua preocupação e impaciência, ele pensava que sabia o que fazer. Assim, embora não fosse sacerdote e Samuel lhe tivesse proibido fazê-lo, ele ofereceu os sacrifícios pessoalmente.

Quando Samuel finalmente chegou e viu o que Saul tinha feito, declarou que a rebeldia e desobediência do rei lhe custariam seu reino. Saul pediu perdão e inventou desculpas. Mas, quando você olha por trás das palavras, torna-se claro que ele permitiu que seu medo o levasse a desobedecer. Um pouco mais tarde, Deus instruiu Saul a destruir os amalequitas como punição por seus pecados contra Israel. Mas o rei poupou a vida de Agague, o rei dos amalequitas, e também das melhores ovelhas e do melhor gado, com os bezerros e cordeiros — além de tudo que lhe parecia de valor. Ele destruiu apenas aquilo que considerava "desprezível e inútil" (1Samuel 15:9).

Quando Samuel voltou a confrontar a iniquidade de Saul, o rei teimoso finalmente admitiu o que o impulsionara desde o início: "Tive medo dos soldados e os atendi" (1Samuel 15:24). A tentativa de Saul de encobrir seu pecado provocado pelo medo com observância religiosa não impressionou Samuel, que havia dito: "Acaso tem o SENHOR tanto prazer em holocaustos e em sacrifícios quanto em que se obedeça à sua palavra? A obediência é melhor do que o sacrifício, e a submissão é melhor do que a gordura de carneiros" (1Samuel 15:22). Durante toda a sua vida, Saul teve medo de tudo, menos do Senhor. Eventualmente, esse medo lhe custou seu reino e sua vida.

E quanto a você? O que você teme? Falência? Câncer? Paralisia? Perda do cônjuge ou de um relacionamento? A descoberta de algum pecado secreto? Humilhação? Desdém? Quais medos poderiam levá-lo a fazer as mesmas escolhas fatais que destruíram Saul?

Adversidades, dificuldades e medo não precisam condená-la à destruição. Davi também enfrentou muitas adversidades e dificuldades, mas o temor que o impulsionava — o temor do Senhor — o transformou no rei mais amado de Israel. Salmos 111:10 declara: "O temor do SENHOR é o princípio da sabedoria; todos os que cumprem os seus preceitos revelam bom senso. Ele será louvado para sempre!".

Temer a Deus, é claro, não significa viver em medo constante dele. Conheço pessoas que têm um medo mortal de Deus, temendo o que ele pode fazer, pedir ou exigir delas. Elas não se aproximam dele voluntariamente, pois temem que ele possa queimá-las ao vacilarem. Esse *não* é o significado que a Bíblia dá ao "temor do Senhor".

No entanto, ao mesmo tempo, temer a Deus significa mais do que apenas reverenciá-lo. Você se lembra daquilo que aconteceu pouco após a fundação da igreja? Dois membros da igreja, o casal Ananias e Safira, decidiram mentir ao Espírito Santo numa questão que envolvia uma oferta. Deus matou ambos por sua enganação. A história termina com o comentário: "E grande temor apoderou-se de toda a igreja e de todos os que ouviram falar desses acontecimentos" (Atos 5:11).

Temer ao Senhor significa nunca se esquecer de quem criou o universo (com uma palavra) e que descreve a si mesmo como "fogo consumidor" (Hebreus 12:29). Mas também significa que você acredita em sua promessa de que ele nunca deixará ou abandonará aqueles que depositam sua confiança nele (cf. Deuteronômio 31:6,8). E, assim, até mesmo em seu sofrimento, você ouve e se revigora nas palavras do profeta:

> Quem entre vocês teme o SENHOR
> e obedece à palavra de seu servo?
> Que aquele que anda no escuro,
> que não tem luz alguma,
> confie no nome do SENHOR
> e dependa de seu Deus.
> (Isaías 50:10)

Davi tinha esse tipo de temor do Senhor. Seu temor de Deus e sua confiança em Deus lhe deram o poder para (ainda garoto) matar o gigante Golias, tomar (como rei jovem) Jerusalém como sua nova capital e estabelecer o fundamento para a construção do templo (como homem velho). Mesmo quando pecou terrivelmente, como no caso de seu adultério com Bate-Seba, o temor do Senhor finalmente foi mais forte do que seu desejo e sua arrogância. Como ele escreveria após admitir e se arrepender de seu grave pecado: "Os sacrifícios que agradam a Deus são um espírito quebrantado; um coração quebrantado e contrito, ó Deus, não desprezarás" (Salmos 51:17). Ao contrário de Saul, Davi assumiu e abraçou seu quebrantamento. E assim ele pôde escrever:

> Purifica-me com hissopo, e ficarei puro; lava-me, e mais branco do que a neve serei.
> Faze-me ouvir de novo júbilo e alegria; e os ossos que esmagaste exultarão. (Salmos 51:7-8)

A Bíblia chama Davi de *um homem segundo o coração de Deus*[*] não porque ele não pecou — ele pecou de maneiras chocantes e terríveis —, mas porque entendeu, até a medula de seus ossos, que era um pecador quebrantado e que sua única esperança era o perdão e a restauração de Deus. Apesar de estar muito, muito longe de ser perfeito, durante toda a sua vida ele permaneceu apaixonado em seu amor por Deus, que o amava.

De alguma forma, Davi entendeu que quebrantamento não representa uma barreira entre nós e Deus, a não ser que o transformemos em uma quando nos recusamos a assumi-lo e aceitá-lo. Se conseguirmos abraçar

---

[*] Cf. 1Samuel 13:14; Atos 13:22.

nosso quebrantamento, descobriremos que ele deixa de ser uma barreira e se transforma em um caminho que nos leva a um relacionamento mais profundo, mais rico e mais pleno com Deus.

Quando um sofrimento profundo invade nossa vida e nós decidimos reagir a ele — mesmo que após uma longa luta — com confiança em Deus, começamos a ver com uma clareza maior do que nunca aquilo que realmente importa na vida. E, então, podemos nos unir a Asafe em uma das expressões mais claras de fé verdadeira em toda a Bíblia:

> A quem tenho nos céus senão a ti?
> E, na terra, nada mais desejo além de estar junto a ti.
> O meu corpo e o meu coração poderão fraquejar,
> mas Deus é a força do meu coração
> e a minha herança para sempre.
> (Salmos 73:25-26)

Nada a proteger ou perder

Como o quebrantamento nos transforma? Para resumir, talvez eu possa dizer assim: pessoas quebrantadas não têm nada a proteger e nada a perder.

Elas não temem sofrimento, porque decidiram usá-lo para que ele as leve para os braços amorosos de Deus.

Elas não temem os homens, porque sabem que aquele que vive dentro delas é maior do que qualquer um que possa estar na frente delas.

Elas não temem a morte, porque sabem quem e o que as aguarda do outro lado.

Sim, o quebrantamento nos transforma. Eu agradeço a Deus por ele ter me transformado! E, algum dia no céu, quando eu não estiver mais quebrantada, continuarei a louvar o santo nome de Deus pelo quebrantamento que ele supervisionou em mim deste lado do céu. E cantarei:

> Rendam graças ao SENHOR, pois ele é bom;
> o seu amor dura para sempre.
> (1Crônicas 16:34)

Dez

Chamado para algo maior

Permita que Deus use sua dor para os propósitos maravilhosos do céu

A uma altitude de 5 mil pés, Manila me lembrou uma colônia de formigas perturbada, agitada e quase frenética.

Eu tinha feito meus deveres de casa antes da viagem e descobri que a capital das Filipinas é a cidade com a maior densidade populacional no mundo, onde quase 2 milhões de pessoas se apertam numa área de 38 quilômetros quadrados. Estava visitando um ministério chamado *Operation Blessing*, que distribui comida, cobertores e remédios básicos a muitos dos mais pobres.

Nosso itinerário incluía uma visita ao lixão da cidade. Não estávamos indo lá para jogar algo fora, mas para ajudar a resgatar preciosas vidas humanas à desesperada beira da pobreza. Nossa tarefa consistia em distribuir cobertores à 30 mil pessoas que sobrevivem vasculhando montanhas de lixo que são trazidas todos os dias.

É um pouco difícil compreender esse tipo de vida. Essas pessoas — homens, mulheres e crianças — se levantam antes do amanhecer, com lanternas e cestas para esperar o primeiro caminhão, que chega por volta das quatro da manhã. Ao longo das próximas 17 horas, mais de 430 caminhões despejarão mil toneladas de lixo, que as pessoas recolhem em cestos para ver o que podem vender.

Na manhã seguinte, nossa equipe também se levantou cedo. Entramos nos nossos jipes antes do nascer do Sol e nos cobrimos com repelente. "Vistam meias compridas, botas e blusas de manga comprida", eles nos instruíram. No início, isso parecia loucura, pois o calor é infernal assim que o Sol começa a nascer. Mas, rapidamente, reconheci a sabedoria dessa instrução. Imagens podem preparar você — um pouco — para a vista, mas *nada* pode preparar você para o cheiro e o barulho que emergem daquelas montanhas de lixo ou para as moscas e os mosquitos que se reúnem ali em nuvens (o que explica as meias e blusas de manga comprida).

Nossos motoristas encontraram um local para estacionar e nos deixaram sair justamente quando o caminhão da *Operation Blessing* se aproximava. Senti algo se esfregar na minha perna e, esperando encontrar um cachorro, eu me abaixei para ver melhor. Mas nenhum cachorro olhou de volta. Em vez disso, era um urubu faminto que estava passando por mim. Inúmeras dessas aves inundaram a área em que estávamos. Tendo visto um documentário da *National Geographic* que mostrava a malevolência dessas criaturas, fiquei aterrorizada... inicialmente. Então, percebi que os urubus não estavam interessados em mim. Estavam ali para vasculhar o lixo, como todos os outros também.

Um filipino, membro da equipe da *Operation Blessing*, usou um megafone para anunciar que tínhamos vindo para distribuir cobertores e água. Ele pediu que as pessoas formassem uma fila para que pudéssemos começar com a distribuição. Sentada no caminhão com cobertores na mão, eu esperava uma confusão — mas nada disso aconteceu. O que vi naquele dia me deixou maravilhada. Essas pessoas desesperadamente pobres fizeram uma fila, e então as pessoas na ponta da fila começaram a passar cobertores aos idosos e deficientes. Apenas quando as pessoas que não conseguiam ficar de pé tinham sido atendidas, os outros pegaram algo para si mesmos.

Também distribuímos pequenos Novos Testamentos na língua filipina, que as pessoas aceitaram como se fossem barras de ouro.

Um pastor local que estava nos ajudando naquele dia viu as lágrimas enormes que escorriam pelo meu rosto.

— Você está bem? — ele perguntou.

— Apesar de isso ser apenas um lixão — eu disse —, sinto a presença de Deus de modo profundo aqui.

— Sim — ele concordou. — Deus está muito próximo dos pobres e destituídos.

Jamais me esquecerei daqueles rostos com sorrisos que mal escondiam os dentes podres. Apertos de mão calorosos. Corações agradecidos.

De volta no conforto do meu hotel naquela noite, fui tomada de emoção. Eu chorei quando percebi que a noite tinha caído também sobre aquele lixão e que aquelas pessoas estavam continuando a fazer tudo que podiam para sustentar a si mesmas e suas famílias. Eu tinha orado pela proteção de Deus com cada cobertor que tinha distribuído, mas aquilo que tínhamos levado parecia ser pouco demais diante de tamanha necessidade. Chorei quando lembrei que essa era a única vida que aquelas crianças conheciam e, provavelmente, conheceriam, e o quanto seus pais e mães trabalhavam para ganhar apenas dois dólares ao dia.

Chorei também porque pareceu-me que, naquela montanha imunda de lixo, Deus tinha me permitido vislumbrar como poderia ser o corpo de Cristo — os fortes servindo aos fracos; os jovens ajudando os velhos, todos recebendo cuidados, ninguém sendo deixado para trás. E tudo isso feito num espírito de gratidão. A fragrância do amor cobria o fedor até mesmo de uma montanha de lixo.

Aquele dia me comoveu mais do que consigo descrever.

Foi um dia terrível na minha vida.

Também foi um grande dia na minha vida.

Uma perspectiva divina sobre "grande"

Muitas vezes, pessoas quebrantadas acreditam que "o fim" chegou para elas. O fim da alegria. O fim do sentido. O fim da esperança. Raramente percebem que, do ponto de vista de Deus, o quebrantamento leva a um "fim" totalmente diferente: à morte do egocentrismo, do orgulho e da insensibilidade.

Em seu ministério terreno, Jesus rotulou apenas duas pessoas como tendo "grande fé". Como descobrimos, ambos os indivíduos procuraram Jesus em nome de outra pessoa.

Não foi só isso. Ambos os indivíduos o abordaram como marginalizados, excluídos, gente gentia.

E não foi só isso: ambos o procuraram em meio a grande dor e angústia.

E não foi só isso: ambos se apresentaram como pessoas necessitadas e quebrantadas.

E ele chamou sua fé de "grande".

É interessante, não é? Nunca ouvimos Jesus chamar de "grande" a fé de Pedro — apesar de ser o segundo homem na história a caminhar sobre a água! Pelo que sabemos, Jesus nunca fez esse elogio a João, Tiago ou qualquer um dos outros discípulos. Normalmente, quando chamava a atenção para a fé deles, ele o fazia apontando para como era *pequena* a fé que demonstravam. Jamais ele se referiu à fé dos líderes religiosos ou estudiosos judeus como algo "grande". Ele nunca disse que sua própria mãe tinha uma fé "grande".

Mas, quando dois marginalizados gentios o procuraram para pedir misericórdia em nome de seus entes amados quebrantados, ele declarou que tinha encontrado neles "grande" fé. E aqui estamos nós lendo sobre essa fé, mais de 2 mil anos depois.

Um dos casos ocorreu quando um centurião romano (eu o mencionei rapidamente no capítulo 4, como alguém que surpreendeu Jesus com sua fé), um líder dos estrangeiros odiados que haviam conquistado e ocupado Israel, pediu que Jesus curasse um servo querido que estava em sua casa, paralisado e sofrendo terrivelmente. Jesus concordou em visitar a casa do centurião — mas o soldado o parou. "Senhor", o homem disse, "não mereço receber-te debaixo do meu teto. Mas dize apenas uma palavra, e o meu servo será curado. Pois eu também sou homem sujeito à autoridade, com soldados sob o meu comando. Digo a um: Vá, e ele vai; e a outro: Venha, e ele vem. Digo a meu servo: Faça isto, e ele faz" (Mateus 8:8-9).

Não é com frequência que alguém surpreende o Senhor, mas foi exatamente isso que o centurião fez. A versão da Bíblia *A Mensagem* descreve Jesus como "perplexo" naquele momento (v. 10). Mateus nos conta que Jesus se voltou para aqueles que estavam com ele e disse: "Digo a vocês a verdade: Não encontrei em Israel ninguém com tamanha fé" (v. 10).

E "na mesma hora o seu servo foi curado" (v. 13).

O segundo caso de "grande fé" me deixa ainda mais maravilhada. Dessa vez, a pessoa escolhida para a designação era uma mulher cananeia angustiada, da região pagã de Tira e Sidom. Ela se aproximou de Jesus para pedir que ele libertasse a filha dela da escuridão aterrorizadora da possessão demoníaca.

A princípio, Jesus a ignorou.

Ela exclamou: "Senhor, Filho de Davi, tem misericórdia de mim! Minha filha está endemoninhada e está sofrendo muito. Mas Jesus não lhe respondeu palavra" (Mateus 15:22-23).

Mas essa mulher se recusou a aceitar o silêncio como resposta! O amor a impeliu a continuar buscando, a continuar batendo à porta e a continuar pedindo. Ela continuou seguindo o Senhor e seu grupo e clamando por misericórdia, tanto que seus discípulos finalmente pediram que Jesus tomasse medidas mais drásticas e a mandasse embora. Então ele se voltou para a mulher e disse: "Eu fui enviado apenas às ovelhas perdidas de Israel" — uma referência ao *status* não judeu da mulher (v. 24).

Mas nem isso conseguiu dissuadi-la.

Ela veio até Jesus, se ajoelhou diante dele e, humildemente, disse: "Senhor, ajuda-me"(v. 25). Nem mesmo agora ela recebeu um "sim" como resposta! O que ela recebeu se parece mais com uma bofetada na cara: "Não é certo tirar o pão dos filhos e lançá-lo aos cachorrinhos" (v. 26).

Como você teria reagido se tivesse pedido ajuda a Jesus e recebido uma resposta tão fria? Mas nem isso conseguiu deter essa mulher, essa mãe angustiada com uma missão. "Sim, Senhor", ela respondeu, "mas até os cachorrinhos comem das migalhas que caem da mesa dos seus donos" (v. 27).

Essa mulher quebrantada não se importou nem um pouco com aquilo que os outros pensavam dela. Os olhares, o desdém e a rejeição evidente não a afetaram. Ela abraçou seu quebrantamento completamente — uma mulher numa cultura dominada por homens, uma cananeia numa sociedade judia, uma estrangeira numa região que não era a dela, uma mãe de uma filha possuída por um espírito maligno imundo — e sua fé se manifestou *em nome de outra pessoa*.

Jesus olhou para ela e disse: "Mulher, grande [*megale*, em grego] é a sua fé! Seja conforme você deseja" (v. 28). E, mais uma vez, Jesus curou a distância. Em algum lugar, a quilômetros dali, uma garotinha sentiu algo saindo dela, e uma paz que ela nunca tinha experimentado se espalhou nas profundezas de seu coração.

Como eu amo histórias como essas! Elas me lembram de como Deus se deleita com homens e mulheres que vão além de si mesmos para fazer coisas "grandes" por outros. Ele convida as pessoas quebrantadas não só a colocarem sua fé nele, a despeito da escuridão, mas também a ousarem ir além de si mesmas e, por meio da fé, trazer o toque restaurador e amoroso de Cristo para outros homens e mulheres em dor.

Esse último relato em especial também me lembra de que procurar a ajuda do Deus vivo em fé nem sempre é fácil. É possível que tenhamos de suportar e perseverar em períodos de silêncio inexplicável. Talvez tenhamos que perseverar diante de aparentes rejeições divinas. Talvez tenhamos que ir fundo para acessar a fé, já colocada ali pelo próprio Deus, que eventualmente nos dará a vitória. Deus nos chama — os quebrantados, os sofridos, aqueles que tropeçam, os fracos, os desprivilegiados e, sim, até mesmo os tolos — para fazermos algo que vá além do nosso conforto. Ele nos chama para sermos igreja para outros.

Um tempo para crescer

Se quisermos ser igreja para outros, precisamos ter uma fé que seja profundamente nossa, uma fé que se destaque da nossa criação. Em seu livro *Changes that heal* [Mudanças que curam], o dr. Henry Cloud escreveu: "Quando as pessoas começam a raciocinar como adultos, e não como crianças, para as quais tudo é preto ou branco, mistérios e ambiguidades se tornam mais aceitáveis e o amor se torna mais importante".*

Vi isso acontecer recentemente com nosso filho de 15 anos. Christian tem sido um garoto muito compassivo desde pequeno. Aos cinco anos, pediu que eu orasse com ele, pois queria iniciar um relacionamento próprio com Cristo. Tem sido lindo acompanhar o amadurecimento de sua fé ao longo dos últimos anos, especialmente no sentido de ele se transformar no coração e nas mãos de Jesus para as pessoas à sua volta. Neste ano, ele passou para o ensino médio e fez algumas novas amizades.

Certo dia, quando Christian, Barry e eu estávamos voltando da igreja, Barry disse ao Christian que ele deveria manter distância de um garoto que parecia perturbado e estava se comportando mal na escola. Christian concordou com o fato de que o rapaz estava enfrentando tempos difíceis, pois seus pais estavam atravessando um divórcio feio. "Eu só acho que você deve se manter longe dele por um tempo", disse Barry, o pai sempre protetor.

A resposta de Christian me comoveu profundamente.

"Pai", ele respondeu, "não quero desrespeitá-lo, mas acredito que eu *devo* ser amigo dele. Se eu simplesmente me afastasse, como eu explicaria isso a Deus?"

Uau.

---

* Dr. Henry Cloud, *Changes that heal* (Grand Rapids: Zondervan, 1990), p. 317.

Isso é ter uma fé própria, uma fé real e profunda. Crescer em Cristo significa abrir mão da nossa necessidade de entender ou controlar tudo e da nossa necessidade de aprovação. Quanto mais nos aproximamos de Cristo, menos a nossa fé gira ao redor de *nós*, ao redor daquilo que *nos* agrada, e passa a girar mais em torno dos outros.

Jamais seremos igreja para outros sem primeiro amadurecermos em Cristo. Cristãos maduros se tornam "semelhantes a Cristo". Até o nome "cristão" significa "pequenos Cristos".

E como nos tornamos semelhantes a Cristo?

Você pode não gostar da resposta bíblica.

Pelo que vejo nas Escrituras, *sofrimento* parece ter muito a ver com isso. Mas por que isso nos surpreenderia? Afinal de contas, lemos que, "Ao levar muitos filhos à glória, convinha que Deus, por causa de quem e por meio de quem tudo existe, tornasse perfeito, mediante o sofrimento, o autor da salvação deles" (Hebreus 2:10). Até Cristo teve de sofrer a fim de tornar-se "perfeito"!

Sim, mas o que isso realmente significa?

A palavra traduzida como "perfeito" nessa passagem exerce um papel tão importante no livro de Hebreus que o autor a usa nove vezes. Um comentarista escreveu que, embora o texto não pense em nenhuma *im*perfeição em relação a Jesus, "existe uma perfeição que resulta de ter sofrido, e que esta é diferente da perfeição de estar disposto a sofrer. O botão pode ser perfeito, mas existe uma diferença entre sua perfeição e a perfeição da flor".*

Assim, se o próprio Jesus teve de sofrer para se tornar "perfeito" como nosso Salvador, como podemos imaginar que não teríamos que sofrer se nosso objetivo é tornar-nos semelhantes a ele?

Você consegue imaginar o apóstolo Paulo consentindo com esse pensamento? Quando estava encarcerado numa prisão romana, ele escreveu estas palavras: "Quero conhecer Cristo, o poder da sua ressurreição e a participação em seus sofrimentos, tornando-me como ele em sua morte" (Filipenses 3:10).

É evidente que Tiago também pensava assim: "Meus irmãos, considerem motivo de grande alegria o fato de passarem por diversas provações, pois vocês

---

* *Expositor's Bible Commentary*, vol. 12. Hebrews 2:10 (Grand Rapids: Zondervan, 1992).

sabem que a prova da sua fé produz perseverança. E a perseverança deve ter ação completa, a fim de que vocês sejam maduros e íntegros, sem que falte a vocês coisa alguma" (Tiago 1:2-4). Goste disso ou não, aceite isso ou não, a maturidade resulta, pelo menos em parte, de uma reação santa ao sofrimento.

O sofrimento que ajuda a nos tornar semelhantes a Cristo também nos capacita e motiva a nos tornarmos servos melhores e mais dispostos. É verdade! E servir, por sua vez, exerce um papel no nosso amadurecimento. Paulo nos diz que Deus deu vários líderes à igreja "para preparar o povo de Deus para obras de serviço". Por quê? Serviço não só edifica a igreja, encoraja união e ajuda a conhecer Cristo, mas também nos equipa para o nosso amadurecimento, para que possamos atingir "a medida da plenitude de Cristo" (Efésios 4:11-13).

Deus usa o sofrimento e o serviço para nos capacitar a atingir a medida da plenitude de Cristo. Mas acredito que existe uma terceira coisa que também exerce um papel importante.

As Escrituras.

Amadurecemos em Cristo por meio de sofrimento e serviço apenas quando a Palavra viva de Deus penetra nossas experiências e a nossa mente e nos torna mais semelhantes a Cristo. Ouvir um sermão bom pode ser incrivelmente útil, e ler livros cristãos sólidos ou ouvir um programa cristão na rádio pode nos encorajar no processo, mas nada ajuda mais do que ler e estudar a Palavra de Deus pessoalmente, ao mesmo tempo que pedimos que o Espírito Santo nos instrua.

E é bem aqui, acredito eu, que muitos de nós tropeçam um pouco.

Procure por conta própria

Quando você cresce na costa oeste da Escócia, parece que vê ovelhas em todos os cantos. Na verdade, se você chegar ao aeroporto de Glasgow e dirigir os quarenta e poucos quilômetros até a minha cidade natal, Ayr, passará por campo após campo de ovelhas grandes e brancas.

Ouvi muitos turistas norte-americanos comentarem como as ovelhas são brancas. Você sabe por que nossas ovelhas sempre parecem ser tão brancas? É simples: sempre está chovendo! Qualquer sujeira ou lama é lavada na hora.

No inverno de 2010, porém, tudo mudou. O inverno excepcionalmente duro daquele ano na Grã-Bretanha apresentou as ovelhas a uma nova realidade — uma em que até perderam seus instintos. Eu li sobre isso num jornal britânico num artigo intitulado "Histórias da neve: as ovelhas se esqueceram de como lidar com a neve".* Vinte e cinco anos de invernos mais suaves significavam que os rebanhos tinham perdido a prática de encontrar abrigo no topo das colinas — e os pastores tinham perdido o hábito de fornecê-lo. O artigo citava Malcolm Corbett, que cria ovelhas no parque nacional de Northumberland. Corbett explicou que, no passado, durante invernos ferozes, os pastores reuniam seus rebanhos em "feitiços" [*spells*] — abrigos abertos e circulares —, onde podiam encontrar a comida que era deixada ali para os animais. "As ovelhas mais novas aprendem das mais velhas a entrar nos abrigos durante o tempo ruim, mas isso é algo que não tiveram que fazer nos últimos tempos."

Aparentemente, até sem abrigos feitos pelo homem, ovelhas conseguem sobreviver por muito tempo se escavam a camada de neve e alcançam uma fonte de comida. Corbett continuou: "Animais evoluem e, com eles, também as suas práticas que os sustentam em seu ambiente, mas abrigar-se sob a neve é algo que não tiveram que fazer".

Assim, no inverno de 2010, quando mais de um metro de neve cobria os campos, muitas ovelhas morreram. Não sabiam que, se tivessem usado suas patas, que foram feitas para cavar, poderiam ter escavado a neve e encontrado o que necessitavam para sobreviver durante todo o inverno.

Eu reconheci a mim mesma e muitos outros do corpo de Cristo nessa história. Nós estamos tão acostumados a alguém que nos alimenta com a Palavra de Deus, que nos esquecemos de como cavar e procurar comida por conta própria. Então a vida fica difícil, o vento começa a soprar e a neve cai em nosso coração — e descobrimos que não nos lembramos de como procurar na Palavra de Deus o alimento para nós mesmos. Assim, começamos a morrer de fome, embora tudo de que necessitamos esteja bem à nossa frente, esperando por nós.

Numa devoção que ele chamou de "Vasculhar a Bíblia em oração", John Piper insiste que, "a fim de entender a Palavra de Deus e se deleitar no Deus

---

* "Snow Stories: Sheep Have Forgotten How to Cope with Snow". *Telegraph*, 14 de julho de 2011.

da Palavra, e a fim de sermos transformados de dentro para fora, devemos orar: 'Abre os meus olhos para que eu veja as maravilhas da tua lei' (Salmos 119:18)".* Mas jamais devemos contrapor a oração e o estudo bíblico, como se tivéssemos que escolher entre os dois.

Piper faz quatro sugestões para escavar a Palavra.

Primeiro, *ore e leia*. Em Efésios 3:3-4, Paulo escreve: "O mistério [...] me foi dado a conhecer por revelação, como já lhes escrevi em poucas palavras. *Ao lerem isso*, vocês poderão entender a minha compreensão do mistério de Cristo" (grifo meu). Piper observa: "Ao *lerem*! Deus quis que os maiores mistérios da vida fossem revelados através da leitura [...]. A oração não pode substituir a leitura. A oração pode transformar o ato da leitura em ato de visão. Mas, se não lermos, não veremos. O Espírito Santo é enviado para glorificar Jesus, e a glória de Jesus é retratada na Palavra. Portanto, leia".

Em segundo lugar, *ore e estude*. Não podemos manusear a Palavra da verdade corretamente sem passar tempo com ela, estudando e meditando sobre ela (cf. 2Timóteo 2:15). Se quisermos extrair o máximo da Palavra de Deus — se quisermos receber o alimento de que necessitamos quando a neve se acumula —, precisamos trabalhar com a Palavra.

Em terceiro lugar, *ore e vasculhe*. Piper sugere que nos aproximemos da Bíblia "como um garimpeiro numa corrida ao ouro, ou como uma noiva que perdeu sua aliança em algum lugar da casa. Ela vasculha a casa. É assim que devemos procurar por Deus na Bíblia". Provérbios 2:3-5 nos diz: "se clamar por entendimento e por discernimento e gritar bem alto, se procurar a sabedoria como se procura a prata e buscá-la como quem busca um tesouro escondido, então você entenderá o que é temer ao SENHOR e achará o conhecimento de Deus".

Nós realmente acreditamos que a Bíblia contém tesouros escondidos? Se nossa resposta for positiva, devemos agir de acordo. E devemos lembrar que Deus promete dá-los àqueles que o buscam de todo o coração (Jeremias 29:13).

Em quarto lugar, *ore e reflita*. Piper traduz 2Timóteo 2:7 desta forma: "Reflita sobre o que eu digo, pois o Senhor lhe dará entendimento em tudo". Embora Deus nos "dê" entendimento, ele normalmente não o faz se, antes,

---

* John Piper, *A Godward Life: book two* (Sisters: Multnomah Books, 1999) p. 182-4.

não fizermos o trabalho árduo de refletir. "Deus ordenou que *a obra do seu Espírito de abrir nossos olhos* sempre ocorra em combinação com *o trabalho de sua Palavra de informar a mente*", Piper escreveu. "Seu objetivo é que vejamos e reflitamos a glória de Deus. E assim ele abre nossos olhos quando olhamos para a glória de Deus na Palavra".

Se o alimento se encontra sob as patas das ovelhas no inverno, quanto mais o tesouro se encontra na ponta dos nossos dedos na Palavra de Deus! Mas, para que possamos nos beneficiar dela, devemos lê-la e estudá-la; refletir e orar sobre ela. Apenas então receberemos a nutrição para nos mantermos vivos quando soprarem os ventos gélidos e o gelo cobrir nosso caminho como um lençol branco. Certa vez, Amy Carmichael escreveu:

> Antes que cessem os ventos que sopram,
> Ensina-me a me refugiar em tua calma;
> Antes que passe a dor em paz,
> Dá-me, meu Deus, um salmo para cantar.
> Não permite que eu perca a chance de provar
> A plenitude do amor capacitador.
> Ó, *amor de Deus, faze isto por mim:*
> Mantém uma vitória constante. *

Pelo teto

Os homens criativos descritos em Marcos 2 fizeram um esforço notável para ajudar seu amigo doente. Estavam determinados a levá-lo até Jesus a qualquer custo, para que pudesse ser curado.

Quando viram a multidão que cercava Jesus, poderiam ter desistido e dito: "Tentaremos novamente em outro dia, em outro lugar". Você não teria feito isso? Eu acho que eu teria agido assim. Como poderiam atravessar a multidão com um coitado que não conseguia andar, nem mesmo rastejar?

Mas, em seu amor por seu amigo, eles encontraram um caminho.

Como o amor costuma encontrar.

---

* Joni Eareckson Tada, *Heaven: your real home* (Grand Rapids: Zondervan, 1995), p. 187.

A casa típica na Galileia tinha um telhado plano com uma escada externa que levava até o topo. O telhado, feito de lama e galhos, era restaurado a cada outono antes do início das chuvas de inverno.

Não faço ideia de como aqueles homens conseguiram subir pela escada com seu amigo paralisado em sua maca, mas conseguiram. Eles deitaram seu amigo no telhado (você consegue imaginar a intensidade com que esse homem deficiente estava orando naquele momento?) e começaram a cavar. Imagine-se sentado dentro da casa, ouvindo Jesus, quando pedaços de lama e galhos quebrados começam a cair em sua cabeça! Os amigos devem ter aberto um buraco e tanto no teto, pois conseguiram baixar o homem em sua maca para dentro da casa. E sua mira também foi perfeita. Eles colocaram seu amigo diretamente aos pés de Jesus.

A maneira como Cristo reagiu foi muito convincente. Ele não demonstrou nenhuma raiva — nem mesmo um pingo de desagrado — por esses homens terem interrompido seu ensinamento. (As Escrituras não nos contam como a *esposa* de Pedro se sentiu ao ver como parte de seu teto era removida no meio de um sermão.) Lemos que ele "viu sua fé". Outros teriam visto a bagunça ou a perturbação — ou, talvez, presunção.

Jesus, não.

Jesus viu sua fé... e a recompensou. Naquele dia, seu amigo foi para casa física e espiritualmente restaurado.

É claro, muitos precisavam de cura naqueles dias — os cegos, os coxos, os feridos, os mutilados, os possuídos e os paralíticos. Todos eles ficavam à beira da estrada implorando por ajuda. O que distinguia esse homem (e o colocou na Palavra de Deus por toda a eternidade!) era que ele tinha quatro amigos que simplesmente não desistiram dele. Posso imaginá-los naquela manhã, olhando nos olhos de seu amigo paralítico. "Não se preocupe", devem ter dito a ele. "De uma forma ou de outra, conseguiremos te levar até Jesus. Você vai ver!"

Eles personificavam o ensinamento de Cristo: "Um novo mandamento dou a vocês: Amem-se uns aos outros. Como eu os amei, vocês devem amar-se uns aos outros. Com isso todos saberão que vocês são meus discípulos, se vocês se amarem uns aos outros" (João 13:34-35). Eles tinham aceitado o chamado de Deus para algo maior, para serem igreja para outros.

Você aceitou esse chamado? Eu aceitei?

Quando viajo pelo mundo, vejo muitas pessoas desesperadamente solitárias dentro da igreja que anseiam pelo tipo de amigos que o homem paralítico tinha — amigos que simplesmente se recusam a desistir delas. Amigos que as carregam se puderem, ou as arrastam se necessário, até o trono da misericórdia. Não permitamos que a nossa cultura focada e absorvida pelo ego ou nossa vida entulhada e estressada nos prive da simples alegria de cuidar uns dos outros.

A despeito de nossa própria dor, sejamos igreja para outros.

A despeito de nossos próprios problemas, respondamos ao chamado para algo maior.

O quebrantamento muda a forma como vemos uns aos outros. Aqueles que entendem que todos nós mancamos são melhores companheiros de viagem.

E, então, assistamos maravilhados quando Deus fizer o que apenas Deus pode fazer.

Onze

Somente os feridos podem servir
E se suas feridas tornam você apto para o serviço dele?

Alguns anos atrás, deparei-me com um exemplar do livro *The Collected Short Plays of Thornton Wilder, volume 2*, numa livraria em Seattle, Washington. Eu não conhecia muito da obra de Wilder — exceto, talvez, a peça *Our Town* [Nossa cidade] —, mas, quando dei uma olhada no sumário do livro, uma seção chamou minha atenção.

> *O anjo que agitava as águas e outras peças,*
> *Peças de três minutos para três pessoas*

Eu parti da suposição de que Wilder tinha baseado essa peça na história que encontramos em João 5:1-9 sobre um homem coxo que havia passado anos junto a um tanque em Jerusalém, esperando pelo toque de cura divina por um mensageiro angelical. Assim, por mera curiosidade, comprei o livro. Eu queria saber o que o famoso poeta norte-americano tinha feito com essa história poderosa — em apenas três minutos! Eu não fazia ideia do impacto que essa peça teria sobre minha vida, mas desconfio de que Deus sabia muito bem.

Os três personagens da peça, livremente baseados na história do Evangelho de João, incluem o Recém-chegado, o Inválido Equivocado e o Anjo. A peça abre com o Anjo andando invisível entre os quebrantados, os cegos e os paralíticos. Somente os gemidos de dor interrompem o silêncio. Um dos enfermos, o Inválido Equivocado, desperta repentinamente de um pesadelo. Pensando que o Anjo já havia agitado as águas, ele se joga no tanque, apenas para perceber seu equívoco e se arrastar para fora da água, mais uma vez decepcionado.

O Inválido Equivocado se vira e vê o Recém-chegado de pé ao lado dele. Ele reconhece o homem como o médico de seus filhos e, nada vendo de errado nele, diz: "Volte para o seu trabalho e deixe esses milagres para quem precisa deles".

O Recém-chegado ignora o inválido e continua a orar, implorando para que Deus o cure. De repente, o Anjo se torna visível ao Recém-chegado e pede que ele se afaste da água. O Recém-chegado implora por misericórdia, pois, apesar de parecer saudável por fora, certamente o Anjo consegue enxergar o quão quebrantado ele está por dentro. O Anjo reconhece o quebrantamento do Recém-chegado, mas lhe diz que a cura não é para ele.

Até aqui, a peça tinha me cativado com sua escrita e seu diálogo. Mas as próximas linhas perfuraram meu coração:

> Os próprios anjos não podem persuadir os filhos miseráveis e desastrados na terra como pode um ser humano quebrantado pela roda da vida. No serviço do amor, apenas os soldados feridos podem servir. Para trás.*

No serviço do amor, apenas os soldados feridos podem servir. Que afirmação poderosa!

E se o quebrantamento for um presente divino, um mistério que só poderemos entender e apreciar plenamente na eternidade?

E se as nossas feridas mais profundas forem os locais através dos quais a misericórdia de Deus flui para outros?

E se, em vez de tentarmos consertar a nós mesmos, nós nos apresentarmos — quebrantados e falhos como somos — para ser usados por Deus, para a sua glória e o nosso bem?

Quando a peça de Wilder se aproxima do fim, o Inválido Equivocado vê quando o Anjo agita as águas e consegue entrar no tanque. Quando emerge curado, ele implora para que o Recém-chegado o acompanhe até sua casa:

---

* Thornton Wilder, *The collected short plays of Thornton Wilder*, vol. 2 (Nova York: Theatre Communications group, 1998), p. 74.

"Meu filho está perdido em pensamentos sombrios, eu... eu não o entendo e somente o senhor tem conseguido melhorar o humor dele".*

E se o quebrantamento que queremos que Deus conserte for um presente? E se as feridas que queremos que Deus cure, os fardos que pedimos que ele remova forem justamente as coisas que nos tornam aptos para o seu serviço?

O nosso quebrantamento pode ser uma bênção?

Quebrantados para servir

Não sei quais compromissos espirituais Thornton Wilder assumiu em sua vida, mas, até sua morte, em 1975, ele tinha recebido três prêmios Pulitzer e um National Book Award, entre outras honras — e várias de suas obras se concentram em algum aspecto da espiritualidade. Quando seu pai servia como cônsul geral dos Estados Unidos na China, Wilder estudou na escola da China Inland Mission. Mais tarde, conheceu o existencialista Jean-Paul Sartre e até traduziu algumas das obras do francês para o inglês; mas Wilder rejeitava o ateísmo de Sartre. A maioria dos críticos considera *O anjo que agitou as águas* a primeira obra dramática de sucesso de Wilder (1928), mas, alguns anos depois (em 1935), ele escreveu *O céu é o meu destino*, uma história situada na Grande Depressão, sobre um vendedor itinerante de livros religiosos. *A ponte de San Luis Rey*, seu romance vencedor do prêmio Pulitzer (1927), explora o problema do mal e por que coisas ruins acontecem com pessoas aparentemente inocentes. É evidente que Wilder conhecia pelo menos alguns aspectos das Escrituras, e muitos dos grandes temas da Bíblia parecem tê-lo inspirado a se sentar à sua escrivaninha e escrever.

Não consigo superar essa impressão sempre que reflito sobre *O anjo que agitou as águas*. Ninguém escreve uma peça assim sem conhecer a Bíblia, e ninguém escreve uma linha como "No serviço do amor, apenas os soldados feridos podem servir" se não experimentou algum quebrantamento na própria pele. Wilder serviu em ambas as Guerras Mundiais, e não tenho dúvidas de que ele viu muitas pessoas quebrantadas naqueles dois conflitos terríveis.

---

* Ibid., p. 75.

Ele também reconheceu o poder do quebrantamento em grande parte dos maiores heróis da Bíblia?

Se você tivesse que citar o nome de dois indivíduos nas Escrituras (com exceção do próprio Senhor) que, durante sua vida, forneceram o serviço mais profundo a outros, quem você escolheria?

Acredito que a minha escolha não surpreenderia ninguém. No Antigo Testamento, escolheria Moisés e, no Novo Testamento, Paulo. Não quero ofender Abraão, nem Davi, nem Pedro, nem João, mas acredito que Moisés e Paulo ultrapassaram todos em seus respectivos Testamentos no quesito do serviço.

E ambos estavam terrivelmente quebrantados.

Embora Moisés tenha crescido na corte real privilegiada do Egito, nunca conheceu seus pais biológicos como mamãe e papai, pois tiveram que desistir dele quando ainda era bebê para salvar sua vida, e uma separação forçada desse tipo quase sempre deixa cicatrizes. Ela o deixou raivoso? Talvez. É evidente que ele se irritava facilmente; aos quarenta anos, teve de fugir do Egito após matar um egípcio que havia maltratado alguns escravos hebreus. Ele gaguejava, e essa deficiência na fala o acompanhou até a idade adulta; era uma deficiência vergonhosa que, como acreditava, o desqualificava para o serviço a Deus. Moisés tinha alguns problemas sérios de autoimagem!*

Mas Deus tomou esse refugiado órfão, gago e assassino e o transformou no legislador de Israel, um homem que, 3.500 anos depois, ainda provoca admiração e até mesmo maravilha em judeus e cristãos. Por intermédio de Moisés, Deus nos deu cinco livros do Antigo Testamento e um salmo, o salmo 90. No serviço do amor, Moisés certamente representa um soldado ferido.

Um milênio e meio após a morte de Moisés, um homem que se autodesignou um "hebreu dos hebreus" (Filipenses 3:5) também se juntou às fileiras dos servos sofredores de Deus. Paulo também só se tornou um servo divino superior após sofrer muito.

Diferentemente de Moisés, porém, Paulo cresceu com seus pais, que, ao que parece, tinham conexões ou dinheiro para conceder a cidadania romana ao seu filho. Eles o mandaram para as melhores escolas e, eventualmente, ele se tornou aluno de Gamaliel, o estudioso judeu mais famoso da época.

---

* Cf. Êxodo 3:11

O zelo de Paulo por Deus o levou a perseguir os primeiros cristãos, prendendo-os ou matando-os num esforço furioso de erradicar a jovem igreja.

Mas uma coisa engraçada aconteceu com Paulo quando ele estava a caminho de causar mais estrago.

Ele encontrou a pessoa que menos esperava.

O Senhor Jesus ressurreto o parou no meio do caminho, usou um raio de luz para derrubá-lo de seu cavalo e então levou esse homem violento e blasfemador à fé salvadora em Cristo.

Você teria gostado de ser Ananias, o cristão aterrorizado que Deus escolheu para apontar Paulo para a fé? Ananias não queria *essa* tarefa! Seria como receber uma convocação divina para levar um tratado evangélico até Hitler em seu bunker, em Berlim.

Mas o Senhor informou Ananias a respeito de que ele estava falando bem sério. E, então, disse uma coisa interessante sobre Paulo: "Mostrarei a ele quanto deve sofrer pelo meu nome" (Atos 9:16).

Não é que Paulo simplesmente sofreria pelo nome de Cristo. O Senhor disse a Ananias que ele pretendia *mostrar* a Paulo o quanto ele sofreria antes de a dor chegar. Quando acompanhamos a carreira missionária de Paulo ao longo do livro de Atos, vemos que o Senhor cumpriu sua palavra. Em algum momento, anos mais tarde, Paulo disse a alguns amigos preocupados: "Em todas as cidades, o Espírito Santo me avisa que prisões e sofrimentos me esperam" (Atos 20:23).

As cartas do próprio Paulo nos dão uma noção do escopo de seu sofrimento por Cristo. Em Gálatas, por exemplo, ele escreve: "Como sabem, foi por causa de uma doença que preguei o evangelho pela primeira vez a vocês". Na verdade, era uma doença tão severa que ele a chamou de uma "provação" (4:13-14). Em Filipenses, ele narra como seu testemunho cristão o pôs na prisão e em correntes (1:13); na cidade de Éfeso, lembra de ter lutado contra "animais selvagens" por causa de Jesus (1Coríntios 15:32). Mas a imagem mais concreta de seu sofrimento e quebrantamento é encontrada na segunda carta que escreveu à igreja coríntia. Leia essa passagem incrível na tradução de J. B. Phillips:

> Tenho trabalhado mais do que qualquer um deles. Passei mais tempo na prisão!
> Fui espancado inúmeras vezes. Encarei a morte repetidas vezes.

> Cinco vezes os judeus me açoitaram 39 vezes.
> Fui espancado com varas três vezes. Fui apedrejado uma vez. Sofri naufrágio três vezes. Passei 24 horas em mar aberto.
> Em minhas viagens, estive em perigo constante de rios e enchentes, bandidos, conterrâneos e pagãos. Encarei o perigo nas ruas das cidades, o perigo no deserto, o perigo em alto-mar, o perigo entre cristãos falsos. Conheci exaustão, dor, longas vigílias, fome e sede, tive que sobreviver sem refeições, no frio e sem roupas.
> Além de todas as provações externas, carrego o fardo diário da responsabilidade por todas as igrejas. [...]
> Em Damasco, o governador da cidade, agindo sob ordens do rei Aretas, enviou homens para me prender. Escapei por uma janela e desci pelo muro num cesto. Este é o tipo de saída dignificada do qual posso me gabar. (2Coríntios 11:23-28, 32-33)

Paulo não era masoquista. Ele não *gostava* de sofrer. Assim, ele nos diz que fez um esforço concentrado em oração para pedir a Deus que removesse dele algum problema não identificado, que ele chamou de um "espinho na minha carne, um mensageiro de Satanás" — algo que o atormentava constantemente (2Coríntios 12:7).

Paulo orou... e Deus disse "não".

Como resultado, o apóstolo atormentado aprendeu a aceitar seu quebrantamento constante como um presente de Deus, que tinha o propósito de ajudá-lo a servir pessoas feridas de modo mais eficiente.

No fim de sua vida (causado pelo gume afiado da espada de um carrasco), Paulo havia fundado incontáveis igrejas em todo o Mediterrâneo e escrito 13 dos livros do Novo Testamento. Ele serviu, e serviu, e serviu... apesar de estar desesperadamente quebrantado.

Sua vida prova que, no serviço do amor, apenas os feridos podem servir.

Mas estou quebrantado demais!

Alguns de nós têm suportado tanta intensa dor no coração, sofrido tanta tragédia, tolerado dor tão implacável, que pensamos: "Estou quebrantado demais para servir! Mal consigo me levantar da cama. Mal consigo falar sem chorar. Como podes querer que eu sirva?".

Acredite, não estou tentando obrigá-lo a fazer nada que possa levá-lo além dos seus limites. Eu também tenho trilhado o caminho estreito próximo ao abismo; eu também tenho sentido a vertigem daqueles lugares altos e solitários.

Mesmo assim...

Uma antiga fábula chinesa conta a história de uma mulher que tinha um único filho, um pequeno menino. Quando seu filho morreu, ainda novo, uma tristeza profunda se apoderou dela e ameaçou destruí-la. Certo dia, em tormento profundo, ela visitou um homem sábio para pedir ajuda. O homem velho lhe disse: "Sim, eu posso ajudar. Carrego uma magia que tem o poder de aliviar sua tristeza. Mas você deve fazer o que digo. Vá de casa em casa em sua aldeia e adquira uma semente de mostarda de uma família que nunca sentiu a picada de uma tristeza profunda".

Ela se despediu do sábio e voltou para casa. Imediatamente, começou a visitar uma família após a outra. Em toda a aldeia, não encontrou uma família sequer que havia conseguido evitar a tristeza, e, assim, não obteve sua semente de mostarda mágica. Mas, quando seus vizinhos feridos e quebrantados contaram suas dores, tragédias e perdas, ela ouviu... e a experiência mudou sua vida. De alguma forma, ela começou a ministrar a essas pessoas. Eventualmente, começou a perceber que pelo menos parte de sua tristeza era aliviada quando ela oferecia ajuda a outros em serviço. À medida que ela começou ajudar outros a lidarem com suas tristezas, seu próprio ânimo começou a melhorar.

Meu amigo, não estou escrevendo este capítulo para coagi-lo a *nada*. Não quero pressioná-lo, envergonhá-lo ou gerar um sentimento de culpa para que você estenda a mão aos feridos à sua volta. Escrevi este livro para ajudá-lo a se reconciliar com seu quebrantamento, para que você possa voltar a ver a luz de Deus em seu mundo escurecido. Eu jamais pensaria em aumentar seu fardo com outra obrigação que apenas acrescentaria peso ao fardo que está esmagando você agora. Desde a página 1, essa nunca foi minha intenção.

Mas eu também sei que existem fardos de diferentes tipos. E acredito que é importante que nós, os quebrantados, entendamos que tipo de fardo estamos enfrentando.

Demais para carregar

Um dos primeiros versículos que decorei como recém-convertida foi Gálatas 6:2: "Levem os fardos pesados uns dos outros e, assim, cumpram a lei de Cristo".

Não sei como explicar, mas sempre me senti atraída a esse chamado para a comunidade — estarmos presentes uns para os outros. Eu amava a ideia de não termos que carregar sozinhos as nossas dores.

E, realmente, parece ser muito simples, não parece? *Ajudemos uns aos outros a carregar nossa bagagem, pois a vida é dura. É isso que Jesus faria, certo?* O problema é que, se você for sensível e entender errado esse texto, corre o perigo de gastar o resto de sua vida tentando carregar o fardo de outra pessoa — sem jamais testemunhar essa pessoa se fortalecer. Em vez disso, o indivíduo a quem você ajuda pode ficar cada vez mais fraco, apoiando-se cada vez mais em você.

Talvez você esteja nessa situação agora. Quer fazer a coisa certa, mas se sente esgotado cada vez mais a cada dia. Será que Paulo *realmente* nos chama para isso? Mas, quando continuamos lendo, e chegamos a Gálatas 6:4-5, vemos o seguinte: "Cada um examine os próprios atos, e então poderá orgulhar-se de si mesmo, sem se comparar com ninguém, pois cada um deverá levar a própria carga". Como é que é? Isso não é uma contradição? Por que a Bíblia diria "levem os fardos pesados uns dos outros" para então dar meia-volta e dizer "cada um deverá levar a própria carga"?

Na língua original, a palavra traduzida como "fardo" descreve a carga plena de um navio — em outras palavras, aquilo que qualquer homem ou mulher não conseguiria carregar por conta própria. A palavra *carga*, porém, significa uma coisa pesada carregada por um indivíduo, correspondendo ao trabalho realizado por uma pessoa. Vê que diferença importante isso faz?

É a diferença entre carregar um piano de cauda em suas costas e levar uma mochila de três quilos.

Às vezes, na vida, atravessamos situações que são simplesmente pesadas demais para qualquer indivíduo — a morte de um filho, o fim de um casamento, a perda de um lar. Em tempos assim, Deus nos chama para ajudar a carregar os fardos uns dos outros, pois quem consegue carregar sozinho a carga de um navio? Mas cada um de nós recebe o peso de um dia para que o carreguemos. Cristo nos chama para buscar nele a força para carregar aquilo que ele nos dá diariamente. E, mesmo aqui, ele nos levanta, pois jamais pede que façamos mais do que podemos.

Lembre-se destas palavras de consolo de Cristo: "Venham a mim, todos os que estão cansados e sobrecarregados, e eu darei descanso a vocês. Tomem sobre vocês o meu jugo e aprendam de mim, pois sou manso e humilde de coração, e vocês encontrarão descanso para as suas almas. Pois o meu jugo é suave e o meu fardo é leve" (Mateus 11:28-30). Amo como Eugene Peterson apresenta esses versículos na Bíblia *A Mensagem*: "Você está cansado? Exausto? Esgotado pela religião? Venha a mim. Venha embora comigo e você recuperará sua vida. Eu lhe mostrarei como descansar de verdade. Ande comigo e trabalhe comigo — observe como eu faço as coisas. Conheça os ritmos não forçados da graça. Não colocarei nada pesado sobre você. Seja meu companheiro e você aprenderá a viver em liberdade e com leveza".

Vejo *liberdade* nesse entendimento mais completo desse texto. Você não? Deus não está nos chamando para interferir na vida de alguém e assumir a cruz diária que Jesus quer que essa pessoa carregue. Não, pois isso seria prejudicial àquele homem ou mulher. Como ele ou ela se fortaleceria na fé se ficássemos fazendo isso *pela* pessoa? Jesus não pede que sejamos codependentes. De forma alguma! O Senhor chama cada um de nós para carregar aquilo que ele nos deu. Mas, naqueles momentos em que os irmãos e irmãs se sentem esmagados pelo peso que não conseguem carregar sozinhos, nós entramos em sua vida em nome de Jesus e os ajudamos até conseguirem ficar de pé sozinhos novamente.

Uma graça peculiar

Ao mesmo tempo que reconheço que Deus chama cada um de nós para carregar seu próprio peso, parece-me que, no reino de Deus, alguns recebem o que chamo de uma *graça peculiar* através do quebrantamento, que os marca pelo resto de suas vidas e faz com que outros se aproximem deles.

Lembro de várias pessoas assim em minha própria vida, uma lista de pessoas que sofreram muito e que, em vez de desistir diante da dor, se tornaram uma luz na noite de outros. Mesmo que não pretenda nem por um momento acrescentar meu nome a essa lista, eu tive um encontro incomum num dos piores momentos da minha vida, que me ajudou a ver um aspecto da graça que eu não havia esperado.

Após passar um mês no hospital psiquiátrico, eu não sabia o que fazer com o resto da minha vida. Aos 36 anos, tudo que eu conhecia até então era o ministério em público, fosse como cantora ou apresentadora de TV. Pelo que sabia, esses dias tinham chegado ao fim. Eu havia ouvido isso de um membro da equipe do *Christian Broadcasting Network*, que me disse: "Se as pessoas souberem onde você esteve, ninguém confiará mais em você".

Eu acreditava que ele estava certo.

Aceitei suas palavras como fato.

Como resultado, decidi voltar para o seminário, sem a intenção de me preparar para um ministério. Afinal de contas, eu havia desistido de tudo. Fui simplesmente para o bem da minha alma, para o enriquecimento pessoal. Eu me mudei de Virgina Beach, na costa leste, para a Califórnia, na costa oeste, onde me matriculei no *Fuller Theological Seminary*.

Tinha acabado de me acostumar ao ambiente novo, quando alguns amigos me perguntaram se eu gostaria de participar de um seminário intensivo de quatro dias sobre vida cristã. Acredito que lhes disse que preferiria enfiar minha cabeça num liquidificador. Eu me sentia esgotada e triste; não queria estar com ninguém além dos meus colegas no seminário. Mas meus amigos insistiram, dizendo-me que já tinham participado do seminário no passado e que ele havia mudado suas vidas.

"Mudado a vida?"

As mudanças que eu havia experimentado não bastavam para um ou dois séculos?

Novamente, recusei o convite dos meus amigos. E, novamente, meus amigos se recusaram a aceitar minha recusa. Um amigo disse: "Ok, ouça. Eu *paguei* para você ir. Venha e participe um dia. Se você não gostar, pode voltar".

Finalmente concordei em ir — mas só porque eu sabia que eles se importavam comigo. Um dia dessa coisa bastaria. Depois disso, inventaria alguma desculpa e iria embora.

No entanto, acabei ficando o fim de semana inteiro.

Éramos uns quarenta participantes. Fizemos vários exercícios que nos mostraram quem realmente éramos e em que realmente acreditávamos. Tive emoções mistas durante o fim de semana inteiro, já que não sou fã de emoções altas em combinação com conteúdo bíblico baixo. Alguns dos exercícios pareciam feitos para despertar dores antigas sem o ambiente para lidar de forma amorosa com elas. Mesmo assim, Deus usou um momento específico para tocar profundamente o meu coração.

Os organizadores deram a cada um de nós um palito de picolé e explicaram o resto do exercício. Deveríamos imaginar que estávamos num barco que estava prestes a afundar, mas não havia vagas suficientes para todos no barco salva-vidas. Cada um de nós devia confiar o nosso palito à pessoa que acreditávamos ser capaz de dizer aos nossos entes queridos o quanto eles significavam para nós, à pessoa que sobreviveria para fazer uma diferença no mundo. Eu dei meu palito a um moço que disse que seu único propósito ali era aprender a amar melhor sua esposa e suas filhas. Observei como ele assumiu os erros que tinha cometido e derramou lágrimas amargas, mas também como ele se comprometeu a ser um homem diferente, com a ajuda de Deus.

Eu acreditava nele.

Só o pensamento de "fazer uma diferença" parecia me esmagar naquele momento, e, assim, apesar de sermos instruídos a ficar de pé num círculo, eu me ajoelhei no chão de olhos fechados. Enquanto a música tocava, parecia que eu estava assistindo a um filme de todos os meus anos no ministério, tentando fazer tudo certo e ser forte — e agora eu estava sentada nesse lugar, profundamente quebrantada e impossivelmente fraca.

— Você vê o que está acontecendo? — um facilitador do seminário sussurrou em meu ouvido.

Abri meus olhos para ver a que ele estava se referindo... e bem ali, aos meus pés, vi uma pilha de palitos de picolé. Parecia que todos tinham me dado o seu palito.

— Eu não quero isso! — eu disse chorando. — Não me resta nada para dar.

— Todos parecem ter uma opinião diferente a respeito disso — ele disse.

Ainda tenho cada um desses palitos. Eu os guardo num jarro de vidro no meu escritório. Não os guardo para me lembrar de que eles me deram uma vaga no barco salva-vidas. Eu os guardo para me lembrar de que, nas mãos feridas de Cristo, o quebrantamento não é uma maldição, mas um presente, uma honra... uma graça peculiar.

O companheirismo do quebrantamento

Alguns anos atrás, recebi uma carta de um líder de ministério perguntando se eu poderia me encontrar com sua esposa num ambiente privado. Ele viu que eu estaria na cidade para falar num evento de mulheres e escreveu: "Um grupo de mulheres da minha igreja participará, mas minha esposa não está entre elas. Ela está lutando com uma grande tristeza de seu passado que a esmaga". Ele me disse que ela realmente acreditava que, se alguém soubesse de suas lutas, isso prejudicaria a reputação e o ministério dele. Evidentemente, ele *não* acreditava nisso, mas se sentia incapaz de convencê-la. Eu organizei uma sala de reunião privada e disse que, se ela quisesse me encontrar, eu ficaria feliz em conhecê-la.

No início, ela nem queria fazer contato visual comigo, por isso eu disse: "Você não precisa me contar nada da sua vida. Mas eu adoraria contar-lhe um pouco da minha".

Eu lhe contei da vergonha que tinha sentido.

Eu lhe contei que acreditava que tinha decepcionado Deus e todos os outros.

Eu lhe contei que tinha encharcado o tapete com minhas lágrimas, noite, após noite, após noite.

Eu lhe contei que acreditava que a escuridão jamais se dissiparia e que eu tinha orado pela morte.

E eu lhe contei da esperança que tinha encontrado.

Eu lhe contei que ainda tomo remédios e que, toda manhã, tomo aquela pequena pílula com uma oração de gratidão a Deus por ter aberto um caminho para aqueles de nós que sofrem dessa forma num planeta quebrantado. E eu lhe contei que, no momento mais escuro da minha vida, descobri que Deus vive muito próximo ao chão, muito próximo daqueles que estão quebrantados.

Enquanto eu viver, jamais me esquecerei de seu olhar quando ela finalmente levantou a cabeça para me encarar. Não é coincidência que Deus colocou os canais lacrimais em nossos olhos. A dor deve ser vista. Com lágrimas escorrendo pelo seu rosto, ela se jogou em meus braços, e choramos por muito tempo. O tempo para palavras havia passado. Encontramos uma profundidade de compreensão e companheirismo que ia além de qualquer coisa que pudéssemos ter dito. Orei por ela antes de nos despedirmos, e ela correu para os braços de seu marido. Ela estava no caminho da cura, talvez não se livrando de sua aflição, mas sentindo a aceitação de Deus no meio de tudo aquilo.

Servir em nosso quebrantamento é um lindo presente da graça. Nem todos entendem isso. Nem todos se dispõem a ser quebrantados. Mas, quando você estiver quebrantado nas mãos do Mestre, jamais voltará a viver a ilusão de que é "são" por força própria.

Doze

A dor sagrada
Como Deus transforma suas feridas em algo santo

Mais de vinte anos atrás, Jerry Sittser e sua família estavam voltando para casa de carro após um dia cheio de aprendizado divertido sobre cultura e história indígena.

Jerry se lembra de ter olhado para a autoestrada e visto um carro à distância, que vinha em alta velocidade pela faixa central. Ao se aproximar de uma curva, Jerry pisou no freio e encostou o máximo possível para sair do caminho desse motorista maluco.

Não adiantou.

Com um motorista embriagado atrás do volante, o carro foi passando de faixa em faixa e, a 150 quilômetros por hora, bateu de frente com o carro dos Sittsers. Um segundo depois, Lynda, a esposa de Jerry, Diana Jane, sua filha de quatro anos, e Grace, sua mãe, estavam mortas.

"Dentro de um instante três gerações se foram!"

É isso que Jerry escreveu num livro comovente e pungente intitulado *A grace disguised: how the soul grows through loss* [Uma graça disfarçada: como a alma cresce através da perda].*

O livro de Jerry tem ajudado milhares de leitores desde sua publicação em 1995, e uma edição expandida nove anos mais tarde ajudou ainda mais. Mas o autor insiste que ele não escreveu seu livro "para ajudar as pessoas a superar e nem mesmo a atravessar a experiência de uma perda catastrófica".

Por que ele diria isso? Porque Jerry Sittser acredita "que a 'recuperação' de tamanha perda é uma expectativa irrealista e até mesmo prejudicial, se entendermos 'recuperação' como retornar à maneira como vivíamos e

---

* Jerry Sittser, *A grace disguised* (Grand Rapids: Zondervan, 2004), p. 27.

sentíamos antes da perda". Por que, então, ele escreveu o livro? Ele o fez para "mostrar como é possível viver e ser aumentado pela perda, mesmo quando continuamos a experimentá-la. [...] Meu objetivo não é fornecer soluções rápidas e indolores, mas apontar o caminho para uma jornada vitalícia de crescimento".[*]

Parece que aquilo que Jerry tem em mente é aquilo que eu chamo de "a dor sagrada".

Uma transformação sobrenatural

Num mundo caído como este, dor e sofrimento acometem cada um de nós. Tragédias, acidentes, doenças e perdas acontecem; de alguma forma, o impensável se torna realidade. Até para cristãos. Até para seguidores obedientes, cheios do Espírito, fiéis e ardentes de Jesus Cristo.

Steve Brown o expressa assim: "Nunca entendi como cristãos que alegam seguir aquele que acabou pendurado de braços abertos num monte de lixo entre dois ladrões poderiam ter tido a ideia maluca de que a vida é fácil, de que não sofreremos e de que o propósito primário de Deus no mundo é deixar-nos felizes e dar-nos uma vida boa".[**]

Amém, Steve. Você e eu sabemos que a dor deste mundo alcança todos nós.

Mas a dor *sagrada*? Essa é uma história bem diferente.

Dor é apenas dor. Mas, quando decidimos tomar essa dor e entregá-la a Deus para o seu uso soberano, então ela se torna *sagrada*. Sim, todos nós enfrentamos dor ao longo da nossa vida — física, emocional e espiritual. Mas, se permitirmos que Deus acesse essa dor, pedindo que ele a transforme em algo que possa usar... algo acontece. Algo sobrenatural. Nesse papel novo, potente e divino, ela pode nos lembrar de um lar que nunca vimos, mesmo quando continuamos concentrados em nosso chamado aqui neste planeta atribulado.

"Perda", diz Jerry Sittser, "é como uma doença terminal. Não existe nada que possamos fazer para nos poupar de tal doença, além, talvez, de

---

[*] Ibid., p. 17-8.
[**] Steve Brown, *A scandalous freedom* (West Monroe: Howard Publishing, 2004), p. 197.

esquecê-la por um tempo. Mas existe outra doença que podemos curar — a doença da nossa alma. No que diz respeito à alma, não quero tratar sintomas, mas curar a doença. Se encararmos a perda com franqueza e reagirmos a ela com sabedoria, nós nos tornaremos pessoas mais saudáveis, mesmo que estejamos nos aproximando ainda mais da morte física. Nossa alma será curada, e ela só pode ser curada através do sofrimento."*

Lembre-se de que essas palavras vêm de um homem que perdeu sua esposa, sua filha e sua mãe num único instante aterrorizante, sem nenhuma culpa própria. Nas páginas de seu livro, ele descreve como a agonia de sua perda quase o consumiu. A depressão se apoderou dele e, durante um tempo, ele pensou que enlouqueceria. Sua vida tão ordenada no passado tinha se transformado em caos.

Ele chorou por quarenta dias após o acidente.

E então... seu luto se transformou em algo profundo demais para lágrimas. Para dizer a verdade, ele teria preferido as lágrimas como alívio da dor implacável que apertou seu coração a partir do momento em que abriu seus olhos naquela manhã.

Sim, ele queria chorar, mas as lágrimas não vinham. Ele estava ressecado. Mas, ao longo do tempo, Jerry aprendeu a entregar sua dor a Deus. Isso não fez sua tristeza desaparecer. Ela *ainda* não desapareceu, nem mesmo duas décadas depois.

Mesmo assim, Jerry pôde escrever: "Dor e morte não têm a última palavra; a última palavra pertence a Deus". E o que essa última palavra diz a um homem quebrantado como Jerry? Que "bem" ela poderia criar numa vida tão quebrantada? Jerry escreveu:

> Pego-me pensando no céu com frequência. A vida na terra é real e boa. No passado, eu desfrutava dela com os entes queridos que perdi, e ainda desfruto dela sem eles. Mas a vida aqui não é o fim. A realidade é mais do que achamos que é. Existe outra realidade maior que abarca esta realidade terrena. A terra não está fora do céu, como escreveu o filósofo Peter Kreeft; ela é a oficina do céu, o ventre do céu. Meus entes queridos entraram naquele céu e se uniram àqueles

---

* Sittser, *A grace disguised*, p. 18.

que morreram antes deles. Estão no céu agora porque acreditaram em Jesus, que sofreu, morreu e foi ressuscitado por causa deles. Minhas amadas vivem na presença de Deus e numa realidade em que anseio entrar, mas somente na hora de Deus... O céu é o nosso lar verdadeiro, onde sempre ansiamos estar.*

Anseio é um aspecto-chave da dor sagrada. Você pode chamá-lo de "companheiro agridoce da esperança". Ansiamos por aquilo que ainda não temos, lembrando do que tivemos no passado. Jerry Sittser admite que o acidente que matou três membros preciosos de sua família ainda o deixa desnorteado. Apesar do bem que veio como resultado, ele jamais chamará o acidente de "bom". Para ele, o acidente permanece algo horrível, trágico e maligno. Ele não acredita que o acidente tenha ocorrido para que ele se tornasse um homem melhor, criasse três filhos saudáveis ou escrevesse um livro campeão de vendas. Não. Ainda hoje ele quer de volta as suas amadas.

Ele diz que sempre desejará isso, não importa o bem que suas mortes tragam agora ou no futuro.

"Mas a tristeza que sinto é *tão* doce como amarga", ele escreveu.

> Ainda tenho uma alma triste, mas acordo toda manhã cheio de alegria, curioso para descobrir o que o novo dia trará. Jamais senti tanta dor quanto senti nos últimos três anos, mas nunca experimentei tanto prazer por simplesmente estar vivo e levando uma vida comum. Nunca me senti tão quebrantado; mas nunca fui tão íntegro. Nunca estive tão consciente de minha fraqueza e vulnerabilidade; mas nunca me senti tão contente e tão forte. Nunca minha alma esteve mais morta; mas nunca minha alma esteve mais viva.**

Essas palavras de luta fornecem uma imagem memorável da dor sagrada. Não surpreende que Jerry diz que sua alma foi "esticada"! Mas, acima de tudo, ele diz que tem se conscientizado do poder da graça de Deus e de sua necessidade dela:

---

* Ibid., p. 193.
** Ibid., p. 199.

Minha alma cresceu porque ela foi desperta para a bondade e o amor de Deus. Deus tem estado presente em minha vida nesses três últimos anos, até mesmo misteriosamente no acidente. Deus continuará a estar presente até o fim da minha vida e por toda a eternidade. Deus está fazendo minha alma crescer, tornando-a cada vez maior e enchendo-a com ele mesmo. Minha vida está sendo transformada. Apesar de ter sofrido dor, acredito que o desfecho será maravilhoso.[*]

Essa é a essência do poder da dor sagrada.

Sim, a dor permanece. Às vezes, ela pulsa como um velho fragmento de uma granada alojada num osso vivo. A dor atravessa dias, meses, anos e até mesmo décadas. Mas, enquanto uma simples dor tritura a alma e a transforma em pó, a dor sagrada aumenta, de alguma forma, a alma e a torna maior para acomodar mais de Deus.

E mais de Deus sempre é bom.

Como tudo isso é possível? Eu não sei.

Mas sei que é verdade.

Nenhuma lágrima é esquecida

Em meio à nossa dor e tristeza — e especialmente no início —, podemos pensar que Deus nos abandonou, esqueceu, descartou ou simplesmente ignorou. Não somos os primeiros habitantes deste planeta quebrantado a se sentirem assim, tampouco seremos os últimos. Até mesmo uma rápida leitura de Salmos revela com que frequência pensamentos humanos vagueiam por esse caminho sombrio:

- "Todo o meu ser estremece. Até quando, SENHOR, até quando?" (Salmos 6:3).
- "Até quando, SENHOR? Para sempre te esquecerás de mim? Até quando esconderás de mim o teu rosto? Até quando terei inquietações

---

[*] Ibid.

e tristeza no coração dia após dia? Até quando o meu inimigo triunfará sobre mim?" (Salmos 13:1-2).
- "Até quando, SENHOR? Para sempre te esconderás? Até quando a tua ira queimará como fogo? Lembra-te de como é passageira a minha vida. Terás criado em vão todos os homens?" (Salmos 89:46-47).
- "Volta-te, SENHOR! Até quando será assim? Tem compaixão dos teus servos! Satisfaze-nos pela manhã com o teu amor leal, e todos os nossos dias cantaremos felizes. Dá-nos alegria pelo tempo que nos afligiste, pelos anos em que tanto sofremos." (Salmos 90:13-15).

O profeta Habacuque também se junta ao coro, clamando: "Até quando, SENHOR, clamarei por socorro, sem que tu ouças?" (1:2).

É assim que nos *sentimos*, e Deus não parece ter nenhum problema com a expressão de nossos sentimentos. Então, quando você clamar ao Senhor, fazendo a ele a sua própria versão do "Até quando?", saiba que está em boa companhia.

Mas, por favor, não pare por aí. Não permita que sua dor continue sendo uma mera dor. Lembre-se da verdade e permita que essa verdade seja absorvida por sua mente, para que sua dor possa iniciar sua transformação em algo sagrado. Lembra-se do que Davi sussurrou a Deus após outra fuga que quase lhe custou a vida?

> Registra, tu mesmo, o meu lamento;
> recolhe as minhas lágrimas em teu odre;
> acaso não estão anotadas em teu livro?
> (Salmos 56:8)

Por que ele faria isso? Por que Deus registraria todos os nossos lamentos?

Por que recolheria todas as nossas lágrimas num frasco? Por que o Senhor registra a dor do nosso coração, cada luto, cada tristeza em algum diário divino escrito com tinta celestial?

É porque ele tem planos para essas coisas.

É porque ele não desperdiça *nada*.

Ele pretende encher nossas tristezas e nossas lágrimas com seu amor expansivo. Essa era a expectativa gloriosa dos profetas e dos apóstolos quando disseram sobre Deus:

O Soberano, o SENHOR enxugará as lágrimas de todo o rosto [...] (Isaías 25:8),

"Ele enxugará dos seus olhos toda lágrima. Não haverá mais morte, nem tristeza, nem choro, nem dor, pois a antiga ordem já passou" (Apocalipse 21:4).

Quando nos lembramos disso — quando lembramos de que Deus realmente percebe nossa dor, que ele recolhe cada lágrima num frasco para que, algum dia, possa substituir cada uma por um oceano de amor divino —, nossa alma para de se recolher e começa a expandir. O pequeno mundo da nossa dor dá espaço para algo ilimitado e insondável.

O amor incompreensível de Deus.

Essa é a verdade bíblica. Essa é a esperança cristã. E essa é a dor sagrada.

Beleza e também esperança

Você sabia que essa dor sagrada pode ser linda e cheia de esperança? É por isso que tantos escrevem sobre esse presente inesperado. O que eu descobri em minha própria vida é que alguns dos presentes mais poderosos de Deus vêm em caixas que fazem nossas mãos sangrarem quando as abrimos — mas, quando olhamos para dentro da caixa, encontramos algo pelo que temos ansiado por toda a nossa vida. Leigh McLeroy escreveu sobre esse fenômeno em seu livro *The beautiful ache: finding the God who satisfies when life does not* [A linda dor: encontrando o Deus que satisfaz quando a vida não o faz]. O que é essa linda dor? Leigh escreveu:

> A linda dor é aquele aperto transitório que nos lembra do nosso lar. Não o lar que conhecemos desde sempre — o lar que nunca vimos.
> A dor fura e expõe o coração, mas não o satisfaz. Desperta o apetite, mas não mata a fome. Desvela a beleza, mas não completamente. Cheira à verdade, mas não revela tudo.
> Não existe dia em que eu não a sinta. O truque é aprender a permitir que ela me leve para onde queira me levar, que ela desperte meus

sentidos entorpecidos com sua mira certeira. O desafio é não a amortecer antes de sua chegada ou despedi-la antes de estar pronta para ir."*

Na verdade, afirma Leigh, "a linda dor nos aponta para o além. Ela não deve ser ignorada. Então, quando ela vier — e ela virá —, por que não se aproximar dela e perguntá-la quais segredos verdadeiros e terríveis ela conhece e deseja contar? Você não se arrependerá".**

Kari Lundberg sabe tudo sobre os "segredos verdadeiros e terríveis" que essa linda e sagrada dor escondeu de nós. Eu conheci Kari uns trinta anos atrás, quando estava servindo com o marido dela, Ake Lundberg, durante uma campanha evangelística de Luis Palau em várias cidades do Reino Unido. Enquanto eu cantava e Ake tirava fotos, Kari travava suas próprias lutas espirituais longe dos holofotes.

Dave e Jan Dravecky esboçaram a história de Kari em seu livro *Portraits in courage* [Retratos de coragem], uma coletânea de contos profundamente comoventes que descrevem pessoas comuns a lutar de forma heroica contra dores imagináveis. Kari sofreu intensamente por mais de quarenta anos com um grande escopo de doenças. "No mundo ocidental", diz ela, "o fato de sofrermos nos ofende. Pensamos: *Deus tem a obrigação de garantir que nada de ruim me acometa*! E nosso lamento constante é: 'Por que eu?' Em minhas décadas de dor e sofrimento intensos, descobri que minha única satisfação se encontra nas palavras de Jó 19:25: 'Eu sei que o meu Redentor vive.'"***

Kari enfrentou dificuldades a partir do momento em que nasceu. Ela nasceu em Oslo, durante a ocupação alemã da Noruega durante a Segunda Guerra Mundial. Estava nevando naquela noite, e a Luftwaffe lançava bombas sobre a cidade. Todas as noites, ela e sua família iam dormir vestidos, todos prontos para correr para um abrigo a qualquer momento. Aos quatro anos, ela teve tuberculose, que passou para a sua mãe. Os médicos internaram as duas em instituições diferentes durante quatro longos meses, o que, na memória de Kari, foi muito mais difícil do que combater a doença. "No

---

* Leigh McLeroy, *The beautiful ache* (Grand Rapids: Fleming H. Revell, 2007), p. 13-4.
** Ibid.
*** Kari Lundberg, in: Dave e Jan Dravecky, *Portraits in courage*. (Grand Rapids: Zondervan, 1998) p. 125.

entanto, mesmo tão nova", ela diz, "eu já havia sido apresentada à fé dos meus pais. Aprendi que, independentemente das circunstâncias, Cristo nos sustentaria. Podemos nos encontrar em circunstâncias desesperadoras, mas Deus fornecerá os meios que, no fim, nos redimirão."*

Quando a guerra terminou, Kari trabalhou para o Exército da Salvação. Ela completou a faculdade cedo e logo recebeu um chamado de uma igreja de língua norueguesa, no Brooklyn, perguntando se ela estaria disposta a ministrar para eles. Partiu para os Estados Unidos, onde conheceu Ake; logo, os dois se casaram e tiveram um filho, Sven. Certo dia, quando Kari se debruçou sobre o berço para pegar seu bebê, soltou um grito de congelar o sangue. Durante uma cirurgia subsequente de cinco horas, os médicos descobriram que ela sofria de discopatia degenerativa. Por muitas semanas, teve de ficar deitada de costas no hospital. Certo dia, acordou com uma dor de cabeça alucinante, o que lhe rendeu outro diagnóstico. Dessa vez, era encefalite e meningite espinhal. Caiu num coma.

Os médicos não tinham boas notícias para Ake: "Volte para casa e prepare o funeral", eles o instruíram. No quarto dia do coma de Kari, alunos e funcionários do seminário que ela e Ake frequentavam fizeram uma vigília de oração. Começaram às onze da noite e continuaram até às onze da manhã seguinte. Quinze minutos após encerrarem a vigília, Kari se levantou na cama e pediu café da manhã; dois dias depois, saiu andando do hospital.

Um milagre? Possivelmente. Mas até milagres se rendem ao poder das dores sagradas.

Quando Ake conseguiu um emprego como fotógrafo da revista *Decision*, de Billy Graham, os Lundberg se mudaram para Minneapolis, em Minnesota. Um ano depois, Kari teve outra cirurgia na coluna, seguida por outras três e várias outras cirurgias não relacionadas à sua coluna. Alguns "cristãos impiedosos" (expressão de Kari) intensificaram seu sofrimento quando lhe disseram: "Você está sofrendo porque sua fé é pequena", ou: "Deve haver um pecado oculto em sua vida; caso contrário, seria curada". Kari lembra: "A escuridão da noite quase me consumiu, e eu não tinha nada em mãos para me defender".** Mesmo assim, diz ela, "eu acreditava que Deus é amor, e,

---

* Ibid., p. 126.
** Ibid., p. 128.

embora minha fé vacilasse, não caía. Deus é o doador de todas as dádivas, e eu sabia que ele não torturaria alguém só porque não tem coisa melhor a fazer".*

Em 1998, quando Kari escreveu seu capítulo para *Portraits*, havia passado por oito cirurgias na coluna, sete outras cirurgias e múltiplas falhas renais. Também sofreu de artrite, fibromialgia, síndrome de fadiga crônica e décadas de dor persistente debilitante. Eventualmente, implantaram uma bomba de narcóticos em seu corpo para ajudá-la a lidar com a dor. Duas vezes, os Lundberg perderam a cobertura de seu plano de saúde. Mas Kari diz que ela foi lembrada inúmeras vezes de que nosso Redentor vive. E cita Jó: "E, depois que o meu corpo estiver destruído e sem carne, verei a Deus. Eu o verei com os meus próprios olhos; eu mesmo, e não outro!" (Jó 19:26-27).

Um telefonema com Kari nesses últimos dias me atualizou sobre suas lutas. Desde seu artigo, escrito em 1998, ela passou por outras cirurgias, desenvolveu um problema cardíaco e sofre de herpes zoster. Ela relata: "Quatro anos atrás, fraturei o pescoço e agora estou numa cadeira de rodas quase o tempo todo. Sei o que é sofrimento. Mas meu coração e minha alma estão bem. Precisamos aprender a admitir o sofrimento e ser honestos. Quanto a mim, ele me conduziu para uma vida de oração muito mais profunda. E Deus tem me ajudado a desenvolver um grande senso de gratidão por aquilo que tenho e a não olhar para aquilo que não tenho. Nós morremos, e encarar o medo da morte é essencial. Tendemos a ter medo; embora muito disso seja desagradável, não precisa se transformar em medo. Não existem atalhos para uma fé profunda. Nosso Redentor ainda vive!".

Kari ainda conhece dias de desencorajamento, especialmente quando seu corpo falha e a dor chega. Mas ela insiste: "Mesmo que o maligno sussurre palavras desencorajadoras em nosso coração, devemos repreendê-lo em nome de Jesus Cristo e de sua vida sacrificada na morte na cruz. Descobri que não tenho medo do silêncio, pois é no silêncio que Deus fala conosco. Fique em silêncio. Clame a Deus até sentir o seu conforto. Não estamos sozinhos! Grite, se precisar".

Como muitos outros que conheço e que se uniram à comunidade da dor sagrada, Kari diz algo surpreendente e que pode até chocar algumas pessoas: "Embora a cura possa ser algo desejável, em retrospectiva, eu não

---

* Ibid.

trocaria a intimidade que tenho com Jesus por nenhuma cura. Olho para trás e vejo a presença curadora de Deus de modo mais claro do que nunca. Meu coração está em paz, e isso só pode vir de Deus".

Mesmo que nunca tenha ouvido Kari usar o termo *dor sagrada*, tenho certeza de que sabe mais sobre ela do que eu. Aceitar essa dor sagrada a protegeu dos extremos — tanto da negação tola de que "tudo está bem" quanto da mentira satânica de que "está tudo acabado!". Sua vida, cheia de dor e sofrimento, demonstra que a dor sagrada também tem um lado lindo. Talvez você não imagine isso ao ver o corpo destruído de Kari, mas, se olhasse para o corpo, diria que você escolheu o lugar errado. Olhe para a alma dela, para o espírito dela, tão semelhante ao de Cristo, pois lá você encontraria beleza e muito mais, todos os dias. Tal é a obra da dor sagrada.

Um lembrete daquilo que está por vir

Num epílogo escrito 12 anos após o acidente trágico que matou três membros de sua família, Jerry Sittser reconheceu que havia mudado em três aspectos:
Em primeiro lugar, havia mudado interiormente, livrando-se de parte de seu egoísmo, ambição e impaciência que o tinham atormentado em sua vida anterior. Embora ainda se identifique como "a quintessência da personalidade do 'tipo A'", agora ele vive com mais transcendência, liberdade e leveza.

Em segundo lugar, ele trocou *executar* a função de pai por *ser* um pai, e colheu os benefícios de um relacionamento muito mais íntimo com seus três filhos sobreviventes.*

A terceira mudança seja talvez a mais expansiva de todas. Ele descobriu que a "nossa vida é parte de uma história maior. O que parecia caótico e aleatório, como um jogo de cartas lançado no ar, começou a se assemelhar à trama de uma história maravilhosa. Ainda não está completamente claro como as coisas terminarão. Mas já vivi bastante dessa história para saber que algo extraordinário está se desdobrando, como se fosse um conto épico que faria Homero correr para ser o primeiro a contá-lo".**

---

*   Sittser, *Grace disguised*, p. 205.
** Ibid., p. 209.

E, então, ele faz uma declaração que só alguém que viveu a dor sagrada pode fazer honestamente:

> Vejo o curso que minha vida tomou como que sentado no topo de uma montanha que fornece uma visão clara do lugar do qual vim e do lugar para o qual estou indo. Talvez nem sempre seja assim. Mas tenho essa sensação de que Deus completará a história que ele começou a escrever. Essa história será boa. O acidente permanece agora, como sempre tem sido, uma experiência horrível que causou grandes danos a nós e a muitos outros. Foi e continuará sendo um capítulo muito ruim. Mas o todo da minha história está se transformando em algo que parece ser um livro muito bom.[*]

Dores sagradas têm um jeito de nos dar uma perspectiva nova e celestial que transforma a maneira como vemos e experimentamos a vida. Como Paulo escreveu à igreja em Roma: "O próprio Espírito testemunha ao nosso espírito que somos filhos de Deus. Se somos filhos, então somos herdeiros; herdeiros de Deus e coerdeiros com Cristo, se de fato participamos dos seus sofrimentos, para que também participemos da sua glória. Considero que os nossos sofrimentos atuais não podem ser comparados com a glória que em nós será revelada" (Romanos 8:16-18).

Nosso sofrimento, quando entregue a Deus, transforma o solo terreno comum. Ele fez isso com Jerry, fez isso com Kari e fez isso comigo.

Uma visão daquilo que permanece verdadeiro

Uns dois anos atrás, eu estava num estádio lotado com 15 mil mulheres que cantavam juntas —, mas senti uma tristeza profunda, uma dor interior. Perguntei ao Senhor: "Por que me sinto assim às vezes? Quando isso acabará?". Mesmo que eu não tenha visões ou ouça a voz audível de Deus, o que aconteceu comigo naquele dia foi um presente que levarei comigo para onde quer que vá. Enquanto eu orava, pareceu que, naquele momento,

---

[*] Ibid., p. 212.

eu estava num lugar diferente. O estádio e a multidão desapareceram, e eu estava diante de uma porta aberta que dava para uma grande sala num castelo. Eu sabia que a figura sentada na cadeira era Cristo, e ele pediu que eu entrasse. Fui até ele, me ajoelhei aos seus pés e deitei a cabeça em seu colo. Ele colocou uma mão na minha cabeça e levantou a outra, como que impedindo que outros entrassem.

Eu não me lembro de ouvir sua voz, mas entendi claramente a sua mensagem. Essa dor sagrada que pesava em meus ombros não era algo que eu deveria desdenhar ou do qual eu deveria fugir, mas era um lembrete de onde eu estou agora e para onde estou indo — como se o DNA do Éden, enterrado nas minhas profundezas, me lembrasse de que *mais* nos espera, muito mais.

Também senti que Jesus estava me dizendo que, quando a dor se torna insuportável, devo olhar para ele num lugar quieto, onde sempre encontrarei um apoio para deitar a minha cabeça. E Cristo manterá o mundo à distância.

Todas as palavras deste capítulo se resumem nisto: Deixe que Jesus transforme sua dor numa dor sagrada! Deixe que ela aumente sua alma em vez de diminuir sua vida. E, nos dias em que a dor se torna insuportável, deite sua cabeça no colo do nosso Salvador Jesus Cristo, o Bom Pastor. Lembre-se de que cabe ao Pastor — e não a nós — levar-nos para casa.

Treze

Cristo, o quebrantado
O Salvador que escolheu sofrer... por você

Quantas vezes ao longo de sua vida você participou da Ceia do Senhor? Você pode chamá-la de Comunhão ou Eucaristia, mas quantas vezes tomou o pão sagrado e o comeu ouvindo a recitação das palavras antigas: "Este é o meu corpo partido por ti"?

Desde que nasci, tenho sentado em igrejas no mundo inteiro e observado ou participado dessa lembrança sagrada da Última Ceia, quando Jesus preparou seus discípulos uma última vez para as agonias da paixão que estavam por vir. Não consigo lembrar do número de vezes em que comi o pão e bebi o vinho (ou as bolachas e o suco de uva) durante as minhas mais de cinco décadas neste planeta.

Mas o número de vezes em que participei desse banquete não é uma estatística tão importante, é? O que realmente conta não é o número de vezes, mas o significado que esses momentos de comunhão têm para mim — e para Jesus. Quantas vezes recebi a Ceia do Senhor e *realmente refleti* sobre o significado daquelas palavras maravilhosas: "Este é o meu corpo partido por ti"? Quantas vezes engoli o pão e o vinho pensando: "Espero que o frango que deixei no forno não tenha queimado" ou algo igualmente superficial?

Eu estava refletindo sobre tudo isso enquanto me preparava para escrever este último capítulo. E eu me perguntei se me ajudaria a apreciar de modo mais profundo o corpo de Cristo partido por mim se eu imaginasse o que seria se ele nunca tivesse vindo. Não é uma jornada mental agradável permitir que meus pensamentos sigam nessa direção. Mas talvez seja algo que eu deva fazer. E se eu vivesse num mundo duplamente amaldiçoado no qual Cristo e o Natal nunca tivessem acontecido — mas outra pessoa tivesse aparecido em seu lugar?

É a história do não Natal.

E é também um pesadelo.

Há muito tempo, num universo muito distante, um bebê recém-nascido chorava na noite. Seus pais, pecaminosamente ricos, senhores sobre os reis mais poderosos da terra, instruíram as babás ansiosas da criança a vesti-la com a seda mais fina e colocá-la num berço de ouro. Um coro de cem vozes escolhidas à dedo cantava suavemente no fundo para acalmar o bebê, enquanto um contingente grande de escravos trabalhava furiosamente para manter o forno do palácio aceso, para que a criança não sentisse frio.

"Ninguém deve perturbar o príncipe", os pais advertiram os escravos assustados. "Garantam que as pessoas saibam qual é a punição por interromper seu sono." Ninguém queria que *esse* bebê rico despertasse e, certamente, não queriam que ele chorasse. Os escravos olharam pela janela e viram a longa fileira de forcas erguidas do lado de fora do complexo do palácio, e estremeceram ainda mais. Dez deles já balançavam na brisa como "exemplos", e todos haviam entendido a mensagem.

Um buraco estranho no céu parecia pairar sobre o quarto da criança, sugando toda a luz das estrelas e mergulhando toda a enclave real numa escuridão quase palpável. "Ele já domina a noite", riu o pai do menino. "Ele realmente é o Príncipe."

Ao mesmo tempo que falava, os estudiosos e poderosos da terra corriam para o palácio para honrar esse Príncipe tão aguardado, com presentes de rubis, água de rosa e menta. Em seu medo e em sua pressa, dispersavam multidões de camponeses ao longo da estrada, açoitando-os e amaldiçoando-os com gritos de "Saiam do caminho, seus vermes! Temos negócios urgentes no palácio!". Um grupo de pastores demorou para reagir e foi atropelado por uma caravana carregada com tributos preciosos. Pedaços de seus corpos se espalharam pela terra. "Ótimo! Isso tornará conhecido o nosso poder", comentou um cavaleiro enquanto desaparecia na escuridão. Quando os gritos de homens moribundos se calaram e cederam a uma noite de silêncio mortal, nenhuma alegria veio para este mundo, pois seu Senhor tinha vindo. E nem o céu nem a natureza voltariam a cantar por muito, muito tempo.

Eu estremeço ao imaginar um mundo tão tenebroso, governado não pelo Príncipe da Paz, mas pelo Príncipe das Trevas. Nós ainda ficamos maravilhados diante do fato de que Cristo veio para o nosso mundo não como um bebê real mimado, mas como o filho de um pobre camponês? Nossa alma ainda estremece de alegria e gratidão porque, mesmo em sua chegada, ele decidiu se identificar com os quebrantados, os atormentados e os oprimidos? Pastores entusiasmados seguiram a orientação angelical para adorar junto à manjedoura do bebê, e uma "estrela" misteriosa apontou dignitários estrangeiros para o lar da criança.

Percebemos que, desde o início, esse lindo Salvador veio aos quebrantados para que ele mesmo pudesse ser totalmente quebrantado?

O pastor e autor Tim Keller disse: "Se você acredita no Natal — que Deus veio como um ser humano —, você tem uma capacidade de sofrer, um recurso no sofrimento que outros não têm. Às vezes, nós nos perguntamos por que Deus não acaba com o sofrimento. Mas sabemos que, qualquer que seja a razão, não é indiferença ou distanciamento. Deus odeia tanto o sofrimento e o mal que se dispôs a entrar nele e ser envolvido por ele".* E Dorothy Sayers diz sobre Jesus: "Ele nasceu em pobreza e morreu em desgraça e considerou que valeu a pena".**

Quanto de tudo isso nos lembramos numa linda manhã de domingo quando comemos o pão sagrado e ouvimos as palavras familiares: "Este é o meu corpo partido por ti"? O que precisa acontecer para nos lembrarmos?

Comunhão com nada

Vinte e cinco anos atrás, um velho e sofrido homem com um sotaque forte se levantou na frente do público de um seminário e anunciou que queria falar sobre nada.

Richard Wurmbrand, um pastor luterano com herança judaica, passou 14 excruciantes anos numa prisão na Romênia. Em seu famoso livro intitulado *Torturado por amor a Cristo*, ele descreveu como passou aqueles anos a dez metros sob a superfície da terra, sozinho numa cela cinza e vazia. Ele

---

* Adaptado do sermão "Mary", de Tim Keller, ministrado em 23 de dezembro 2001 na Redeemer Presbyterian Church, Nova York.
** Dorothy Sayers, *Christian letters to a post-Christian world* (Grand Rapids: Eerdmans, 1969), p. 14.

e outros cristãos haviam se tornado alvos dos senhores comunistas de sua nação por proclamarem as boas-novas do Cristo quebrantado.

Ele disse aos jovens seminaristas, naquele dia, que seu encarceramento durou tanto que até se esqueceu de que cores existiam; não conseguia imaginar nada além do cinza das paredes de sua cela e de seu uniforme. Perdeu a noção de tempo, do dia e da noite, das estações. Durante 14 anos, não viu uma única mulher, criança, borboleta ou pássaro. Nunca recebeu um sorriso, nem mesmo um aceno de afirmação. "Estávamos na prisão e abandonados", ele disse. "Estávamos famintos de algum sinal de que éramos amados por alguém no mundo".

Wurmbrand e seus amigos enfrentaram também a dor da fome física. "Houve períodos em que recebíamos uma fatia de pão por semana; além disso, apenas cascas de batatas sujas, repolho com intestinos não lavados e outras nojeiras do tipo", contou ao público. "Houve espancamentos, torturas. Durante 14 anos... nunca vimos uma Bíblia ou qualquer outro livro. Nunca recebemos material para escrever."

Eles viviam num mundo totalmente cinzento, solitário e deprimente. Algum tempo depois, quando ele e os outros foram transferidos para campos de trabalho forçado, eles viram um pássaro preso em arame farpado. "Provavelmente ele tinha voado; era um pássaro jovem, não prestou atenção e ficou preso no arame farpado", Wurmbrand lembrou. "E você acredita? Outros pássaros vieram e o libertaram do arame farpado! Alguns empurraram por baixo, outros empurraram por cima, e eles o tiraram do arame farpado. E nós estávamos por trás do arame farpado, e ninguém veio para nos tirar. Achávamos que havíamos sido esquecidos e abandonados por todos."

Embora os prisioneiros confinados em suas celas subterrâneas não pudessem ver uns aos outros nem falar diretamente uns com os outros, eles sabiam da existência dos outros. De alguma forma, eles aprenderam o código Morse e se comunicaram batendo levemente na tubulação de sua prisão. Assim, descobriram que muitos deles tinham uma fome imensa de algo diferente.

"Havia uma fome que é desconhecida nos Estados Unidos", Wurmbrand disse, "a fome da Santa Comunhão. Anos tinham se passado, e não tínhamos tomado a Santa Comunhão. E nós conhecíamos as palavras do nosso Senhor sobre a Santa Comunhão: 'Façam isto em memória de mim, e quem não comer a minha carne e não beber o meu sangue não tem parte comigo'. Anos tinham passado sem a Santa Comunhão."

Mas o que podiam fazer? Naquele tempo, Wurmbrand lembrou, "não tínhamos pão. Em vez de pão, eles nos deram um bolo de arroz sujo. Não tínhamos Bíblia, não tínhamos hinário, nada. E queríamos tomar a Santa Comunhão. Mas como podíamos tomar a Santa Comunhão sem nada? Nada! Não tínhamos nada e éramos nada. Eles nos jogavam no chão, abriam a boca de cristãos à força e cuspiam em sua boca. Não direi nada além disso, mas havia coisas piores do que essas. Éramos nada. E tínhamos nada".

Como esses homens quebrantados poderiam satisfazer, *com nada*, a um anseio tão santo?

Eles continuaram sonhando com a participação na Ceia do Senhor, mas sem nenhuma ideia de como transformar seu sonho em realidade. Finalmente, um prisioneiro teve uma ideia; uma ideia peculiar, estranha e irracionalmente brilhante.

— Bem, não somos pobres — o homem disse em código Morse. — Temos algo. Você mesmo disse. Temos nada. Se nada realmente fosse nada, não poderíamos tê-lo. Você só pode ter algo. Portanto, temos algo chamado nada. Agora, qual é o valor de nada?

Wurmbrand pensou: *Como assim, qual é o valor de nada?*

— Pense nesta linda terra — o homem continuou —, com 5 bilhões de pessoas nela, e com florestas e oceanos, animais e aves. E a partir de que Deus fez este mundo? A partir do nada! Assim, temos um material valioso a partir do qual a terra foi feita. Nada é algo! Se alguém tentasse criar este mundo a partir de ouro ou diamantes, não conseguiria. Mas a partir do nada este mundo foi feito.

"Em segundo lugar, Jó 26 diz que Deus pendurou esta terra, esta bola imensa, no nada. Se ele tivesse pendurado a terra num cabo de aço grosso, o cabo de aço grosso teria rompido. Mas nada não quebra. O mundo está pendurado no nada por milhões de anos. Portanto, temos um material muito valioso, e temos o material mais resistente de todos".

De repente, outro homem se lembrou daquilo que São Paulo tinha escrito aos Coríntios: "Em seu tempo, havia disputas na igreja. Alguns diziam sobre Paulo: ele é o maior. Outros diziam: 'Sai daqui. Você não ouviu Pedro pegar. Pedro coloca Paulo no bolso'. E outros diziam: 'Vocês deveriam ouvir

Apolo. Ele é o cara'. E porque os três pregavam amor em vez de amarem uns aos outros, eles brigavam uns com os outros sobre quem era o melhor pregador. E então Paulo lhes escreve: 'Eu sou nada'. *Nada*.

Agora, Billy Graham é considerado o maior ganhador de almas neste século. Com todo o respeito, ele é um pregador muito grande. Mas ele também concordará comigo que Paulo é um pouco maior do que ele. E dizem sobre Billy Graham que ele é um grande pregador; São Paulo tem outro título: 'Eu sou nada'. Ser nada é mais do que ser um grande pregador. E assim temos esse título de ser nada, de ter nada. Por que não podemos tomar a Santa Comunhão com nada?"

Wurmbrand explicou então ao seu público arrebatado que, embora se oponha a qualquer inovação na teologia — uma vez que o Senhor trouxe uma revelação, não precisamos de ninguém que acrescente a ela ou a modifique — ele e seus colegas se encontravam em circunstâncias excepcionais. Assim, certo domingo, "um sinal foi dado de uma ponta do corredor à outra, e, no mesmo instante, cada cristão tomou nada em suas mãos. Juntos agradecemos a Deus por nada que tínhamos e então abençoamos nada".

Eles abençoaram nada? O que isso significa?

"Você não deve ter uma coisa para abençoar", Wurmbrand explicou. "Você abençoa porque bênçãos fluem de você. A eletricidade não precisa de algo para eletrificar. É apenas eletricidade. E bênçãos fluem do homem. Assim, abençoamos nada."

A outro sinal, os homens partiram nada juntos. "E é tão fácil partir nada!" Wurmbrand declarou. "Eu pertenço à igreja luterana, e na igreja luterana tomamos a Santa Comunhão não com pão, mas com hóstia — se você sabe o que é essa coisa redonda. E quando você a quebra, ela faz um barulho: 'Poc!'. Ela se opõe à resistência. Mas nada não se opõe a nenhuma resistência. 'Como um cordeiro, foi levado para o matadouro, e não resistiu'. Comemos nada e lembramos o corpo do nosso Senhor Jesus Cristo, que foi partido por nós."

Ao sinal seguinte, os prisioneiros pegaram outro nada. "Nadas podem ser de muitos tipos", Wurmbrand disse com um sorriso. "Um carro só pode ser de uma única marca. Se for Toyota, não pode ser Volkswagen; se for Volkswagen, certamente não pode ser Rolls Royce. É de um tipo específico. Mas nadas podem ser de muitos tipos diferentes. E tomamos um segundo nada e agradecemos a Deus pelo segundo nada. Abençoamos o segundo nada. Bebemos nada e lembramos o sangue do nosso Senhor Jesus Cristo que foi derramado por nós."

Quando Wurmbrand chegou ao fim de sua história notável, sua voz ficou carregada de emoção e seus olhos se encheram de lágrimas. "Essa foi uma das Santas Comunhões mais gloriosas e lindas das quais já participei em minha vida", ele declarou. Embora nenhum dos alunos e funcionários do seminário tenha participado desse "culto do nada" tantos anos atrás, as expressões em seus rostos mostravam que essa palestra sobre nada havia tido um efeito talvez mais profundo do que qualquer outra coisa que tinham ouvido até então.

Partido por ti

Se você, como eu, cresceu com a versão King James, as "palavras da instituição" para a Ceia do Senhor são estas: "Tomai, comei: este é o meu corpo, que foi partido por vós: fazei isto em memória a mim" (1Coríntios 11:24).

Nos últimos dias, tenho refletido muito sobre a Ceia do Senhor e seu significado não só em geral, mas para mim pessoalmente. O que significa eu, Sheila Walsh, uma pessoa quebrantada, ter um Salvador que permitiu que homens ímpios partissem Seu santo corpo por *mim*? Meus pensamentos voltam para aquela Última Ceia. Quando Jesus reuniu seus amigos mais próximos ao seu redor, *ele* tomou o pão e *ele* o partiu. O pão não veio já partido ou perfeitamente segmentado como acontece muitas vezes com o nosso. Tampouco pediu que Pedro, ou João, ou algum outro dos discípulos partisse o pão para ele.

Ele mesmo o fez, com suas próprias mãos, em seu próprio ritmo. Assim, Jesus declara que, diferentemente de mim, ele *escolheu* o quebrantamento. Ele, que existia desde a eternidade num estado não quebrantado, escolheu ser quebrantado — por mim. "Eu dou a minha vida para retomá-la", Jesus havia dito aos seus discípulos. "Ninguém a tira de mim, mas eu a dou por minha espontânea vontade" (João 10:17-18).

Quando Jesus tomou o pão em suas mãos e o partiu, o que ele sentiu? O que pensou? Sabemos o que ele disse: "Tomam e comam; este é o meu corpo" (Mateus 26:26). Através desses atos simbólicos, ele nos ensinou que, voluntariamente, entregaria sua vida por nós, para que pudéssemos viver através dele e tornar-nos parte dele. Sempre que comemos o pão da comunhão, seu corpo partido, representamos com coisas tangíveis a confiança intangível da nossa salvação eterna que temos colocado nele.

Mas preciso fazer uma confissão.

Algo aconteceu depois da ceia — na verdade, durante e depois da crucificação —, que costumava me perturbar. Pode não parecer coisa grande para você e provavelmente não é. Mesmo assim, aquilo tem incomodado minha mente durante anos. Eu tinha dificuldades de conciliar as palavras de Jesus sobre seu corpo partido com uma profecia que João fez questão de destacar. Aqui está a passagem que, bem, me incomodava um pouco:

> Era o Dia da Preparação e o dia seguinte seria um sábado especialmente sagrado. Como não queriam que os corpos permanecessem na cruz durante o sábado, os judeus pediram a Pilatos que mandasse quebrar as pernas dos crucificados e retirar os corpos. Vieram, então, os soldados e quebraram as pernas do primeiro homem que fora crucificado com Jesus e, em seguida, as do outro. Mas, quando chegaram a Jesus, constatando que já estava morto, não lhe quebraram as pernas. Em vez disso, um dos soldados perfurou o lado de Jesus com uma lança, e logo saiu sangue e água. Aquele que o viu, disso deu testemunho, e o seu testemunho é verdadeiro. Ele sabe que está dizendo a verdade, e dela testemunha para que vocês também creiam. Estas coisas aconteceram para que se cumprisse a Escritura: "Nenhum dos seus ossos será quebrado", e, como diz a Escritura noutro lugar: "Olharão para aquele que traspassaram". (João 19:31-37)

Talvez você ache que eu esteja sendo detalhista demais no que diz respeito às palavras usadas, mas me incomodava que, enquanto Jesus ressaltava seu corpo partido, João ressaltava seus ossos *não* quebrados. Os dois não pareciam harmonizar um com o outro. Quebrado ou não quebrado? O que valia?

Ao longo dos anos, vim a entender como o abuso horrível de Jesus — seu açoitamento, sua tortura e sua execução — mais do que o qualificam como "quebrantado". Se você viu o filme *A Paixão de Cristo*, de 2004, sabe como pode ser difícil tirar aquelas imagens de sofrimento da cabeça. Sim, Jesus foi quebrado, quebrado como nenhum de nós jamais será.

Por que, então, João fez questão de se concentrar no fato de que nosso Senhor morreu com seus ossos intactos? Por que isso lhe pareceu importante? Por mais bobas que possam ter sido minhas velhas ressalvas, eu não acho que isso seja uma pergunta boba. Descobri três razões pelas quais João pode ter ressaltado esse detalhe.

A primeira e a mais óbvia é a que o próprio João fornece: "Estas coisas aconteceram para que se cumprisse a Escritura". João estava pensando explicitamente num texto bíblico e implicitamente em dois outros. A profecia explícita se encontra em Salmos 34:20, que até mesmo comentaristas anteriores ao Novo Testamento consideravam um salmo messiânico. O versículo diz: "[Ele] protege todos os seus ossos; nenhum deles será quebrado". Os dois versículos implícitos são Êxodo 12:46 e Números 9:12, que estipulam que o cordeiro pascal deve ser sacrificado sem que nenhum osso seja quebrado. Já que o Novo Testamento chama Jesus de "nosso Cordeiro pascal" (1Coríntios 5:7), João considerou crucial que nenhum de seus ossos fosse quebrado — e não foi. Eu costumava ver esse ponto como uma mera garantia intelectual de que a profecia bíblica confirma Jesus como Messias. Hoje, reconheço muito mais nisso.

Pessoas quebrantadas precisam saber que Deus cumpre a sua palavra, até mesmo nos menores detalhes. Muitos de nós viram como mentiras destruíram nossos lares e promessas quebradas abalaram a nossa vida. Mas essa garantia aparentemente insignificante de que Deus não permitiria que alguém quebrasse os ossos do Messias me diz que eu posso confiar nele em todas as coisas, grandes ou pequenas. Portanto, eu me glorio nas palavras de Paulo: "pois quantas forem as promessas feitas por Deus, tantas têm em Cristo o 'sim'" (2Coríntios 1:20). Porque eu estou "em Cristo", as promessas bíblicas são todas um "sim" para mim. E, se você está em Cristo, então elas são um "sim" para você também!

A segunda razão é um pouco mais profunda. Devemos perguntar: *por que* Deus proibiu aos antigos hebreus de quebrarem os ossos do cordeiro pascal? Parecem existir duas respostas possíveis. Em primeiro lugar, se não quebrar nenhum dos ossos do cordeiro, você o mantém intacto, e todos os membros de sua casa comem claramente do mesmo cordeiro. Em Êxodo,

Deus criou uma única nação, o povo escolhido, e comer de um cordeiro não quebrado significava sua união. Em segundo lugar, Êxodo 12:5 estipulava que o cordeiro pascal fosse macho, sem defeito; um osso quebrado o desqualificaria e o tornaria defeituoso.

Como nosso Cordeiro pascal, Jesus nos conecta com Deus e uns com os outros por meio do sacrifício puro, imaculado e perfeito de si mesmo. A fé em Cristo nos conecta de maneira viva com o corpo inteiro de Cristo, o que significa que, a despeito de como você se sinta em seus períodos de profunda dor, *nunca* está realmente sozinho. E mais do que isso: já que você pertence a Cristo pela fé, Deus vê você como ele vê seu próprio Filho imaculado — sem defeito, perfeito; assim, ele te convida a entrar em sua santa presença, sem medo e sem o menor pingo de culpa.

Pedro declarou que fomos remidos "pelo precioso sangue de Cristo, como de um cordeiro sem mancha e sem defeito"; portanto, não precisamos mais ficar presos na nossa "maneira vazia de viver" que nos foi transmitida por outras pessoas quebrantadas (1Pedro 1:18-19). Nunca se esqueça de que, assim como Jesus aceitou completamente o sacrifício perfeito de Cristo, ele, em Cristo, aceita você completa e perfeitamente. Para sempre!

A terceira razão pode ser ainda mais profunda. Lembre-se de que, quando o Sol se pôs e o corpo de Jesus permaneceu na cruz, os romanos pretendiam quebrar suas pernas. Eles faziam isso de costume, para apressar a morte dos crucificados. Quando os soldados chegaram às três cruzes descritas nos Evangelhos, quebraram as pernas dos dois ladrões crucificados ao lado de Jesus. Quando veio a vez de Jesus, viram que ele já estava morto. Por que se dar ao trabalho de quebrar os ossos de um homem morto? Para garantir que ele tinha morrido, furaram seu lado com uma lança e, imediatamente, o corpo jorrou sangue e água — um sinal certo da morte, visto que o sangue de um falecido começa a se separar em suas partes constituintes. Jesus havia morrido quando entregou seu espírito aos cuidados de seu Pai celestial (Lucas 23:46), demonstrando que, mesmo na morte, ele estava totalmente no controle.

Pessoas quebrantadas precisam se lembrar disso!

Quando sofremos, quando a tragédia nos assombra ou as adversidades nos esmagam, tendemos a pensar que Deus perdeu o controle sobre os eventos ou que a nossa dor prova que ele não nos ama, que ele nos esqueceu ou nos ignora. Mas os ossos não quebrados de Jesus nos lembram de que

Deus permanece no controle, mesmo quando os eventos parecem indicar o contrário. Os romanos, os senhores incontestados do Mediterrâneo, *pretendiam* quebrar as pernas de Jesus.

Mas não o fizeram.

E jamais o fariam.

Deus disse: "Até aqui e nenhum passo a mais". Era como se declarasse: "Sim, vocês podem quebrantá-lo, mas não podem quebrar seus ossos".

Você se lembra de quando Jesus disse aos seus seguidores que, após sua morte, os homens colocariam suas mãos neles, os perseguiriam, prenderiam e até matariam por causa de seu vínculo com Cristo? No entanto, Jesus disse: "Nenhum fio de cabelo da cabeça de vocês se perderá" (Lucas 21:18).

Que passagem estranha: "Vocês podem ser presos, espancados ou executados, mas não perderão um único fio de cabelo". O que isso significa? É possível ler esse versículo de uma maneira que não nos dá conforto nenhum. Quero dizer, não me parece ser muito reconfortante o fato de que poderemos morrer cabeludos (a não ser que você já seja careca). Mas isso significaria ignorar o sentido verdadeiro do versículo.

Jesus quer dizer duas coisas importantes com essa declaração:

Em primeiro lugar, a vida eterna que Deus lhe deu está fora do alcance dos homens, e ninguém pode tocá-la.

Em segundo lugar, o próprio Deus estabelece limites para o quebrantamento que ele permite na vida de cada cristão.

Embora cada caso seja diferente de todos os outros, nenhum deles foge ao controle de Deus. *Não importa* o que ele permite, ele sempre permanece no controle. Ele não esqueceu de você, não perdeu seu arquivo, não deixou seu clamor desesperado cair na caixa de mensagens nem lhe deu uma atenção apenas parcial enquanto estava concentrado em outra coisa. Não. Nosso quebrantamento tem um limite divinamente definido: "Somente até aqui".

Quando eu olho a cruz maravilhosa

Em outono de 2011, quando estava terminando este livro, também estava me preparando para ir a um estúdio em Nashville para gravar um CD, *Beauty from ashes* [Beleza a partir das cinzas]. Eu costumo compor músicas com outros músicos que me conhecem bem; mas, às vezes, eu me lembro de uma música velha ou descubro uma nova que foi escrita por outra pessoa, mas que se conecta tanto com meu coração, que eu simplesmente *preciso* incluí-la.

Quando fui juntando as músicas, achei difícil ignorar que o livro e a música contavam a mesma história — que Deus ama pessoas quebrantadas, até mesmo aquelas que fingem não estar quebrantadas ou que desejam que não estivessem. Sobrava uma faixa no CD, e eu escolhi um hino que tenho cantado desde minha infância. Ele também me lembrava de um dos cultos de comunhão mais lindos que tive o privilégio de liderar.

Eleanor, minha sogra, estava morrendo. Barry, Christian e eu havíamos nos mudado para a casa dos meus sogros em Charleston, na Carolina do Sul, para ajudar meu sogro William a cuidar dela. Certa noite, todos os homens já tinham caído no sono. Antes de se despedir, a enfermeira me disse que ela acreditava que, agora, era apenas uma questão de dias. Eu tranquei a porta e voltei para o quarto de Eleanor.

Perguntei se ela precisava de alguma coisa. Ela disse que estava bem e perguntou se Barry e William estavam dormindo. Quando lhe disse que estavam, ela perguntou: "William tomou a comunhão antes de ir para a cama?". Eu ri e lhe garanti que sim. "Comunhão", como ele dizia, era a desculpa do meu sogro para beber um vinho muito barato e dar-lhe uma aparência de santidade.

— O que ele fará quando eu não estiver mais aqui? — ela perguntou.
— Não se preocupe, mamãe; nós cuidaremos dele — eu lhe garanti.
Então tive uma ideia.
— Mamãe, você gostaria de tomar a comunhão comigo?
— Eu não vou beber aquela coisa!
— Não, não é disso que estou falando — eu lhe disse. — O que quero dizer é se você quer compartilhar comigo o que Cristo fez por você e por mim.
Ela sorriu.

Eu voltei com uma bolacha (era tudo que ela ainda conseguia comer àquela altura) e um pouco de *ginger ale*. Sentei-me no canto da sua cama, parti a bolacha e comemos e bebemos juntas. Foi sua última comunhão. Ela estava tão próxima de atravessar o rio que eu conseguia ver o brilho da eternidade em seus olhos enquanto eu cantava:

Quando eu olho a maravilhosa cruz
Na qual o Príncipe da Glória morreu
Minha maior riqueza eu conto como perda
E derramo desprezo sobre todo o meu orgulho

Proíba, Senhor, que eu me vanglorie
Salvo na morte de Cristo meu Deus
Todas as coisas vãs que mais me atraem
Eu as sacrifico por seu sangue

Vejo sua cabeça, Suas mãos, Seus pés
Fluxo de tristeza e amor descendo misturado
Será que tal amor e tristeza se encontram
Ou espinhos compõem uma coroa tão rica?

Se todo reino da natureza fosse meu
Isso teria sido uma oferta muito pequena
Amor tão incrível, tão divino
Exige minha alma, minha vida, meu tudo

Comunhão com uma bolacha e *ginger ale*. Comunhão com nada. O que isso importa? Enquanto for comunhão verdadeira com Cristo, o quebrantado — quebrantado por você e por mim —, ela nos transforma e nos deixa marcados com seu sangue derramado para sempre.

Ser quebrantado significa seguir os passos de Cristo. Mas abraçar o quebrantamento significa seguir o coração de Cristo.

Epílogo
O anseio pelo Éden

> Ao descobrir em mim um desejo que nenhuma experiência deste mundo poderia satisfazer, a explicação mais provável é que eu tenha sido feito para outro mundo.
> —C. S. LEWIS, *Cristianismo puro e simples*

Sonhamos com o Éden — com o paraíso —, porque não o temos aqui. Não no Havaí, não no Taiti, não em Monte Carlo, nem nos lugares mais amáveis e charmosos que você já visitou neste planeta.

De todos os humanos que já viveram, apenas dois experimentaram a paz e a beleza completas do Éden, e sua desobediência não permitiu que ficassem lá por muito tempo.

Aquele jardim se foi, ou talvez esteja escondido de nossos olhos até que todas as coisas sejam renovadas.

Mas o desejo permanece.

Em certo sentido, grande parte deste livro tem se concentrado na tentativa de equilibrar o nosso desejo verdadeiro e legítimo pelo paraíso (afinal de contas, Deus nos criou para ele) com a nossa experiência decididamente não paradisíaca neste planeta confuso, tão desfigurado pela doença do pecado.

Não é fácil encontrar esse equilíbrio.

Quem não quer o paraíso? Mas as nossas tentativas frenéticas de consegui-lo neste instante, neste mundo quebrantado, inevitavelmente nos colocam no caminho da decepção, do desencorajamento, da depressão e, muitas vezes, de sentimentos de desolação profunda.

O que, então, devemos fazer? Baixar a cabeça, nos agachar e simplesmente esperar dias melhores? Fazer de conta que aquilo que Deus prometeu para o nosso futuro já chegou e fingir felicidade? Devemos medicar nossa dor com uma poção mágica de drogas, álcool, sexo, consumo e qualquer outra coisa que a abafe por um momento? Adotar a antiga filosofia de *playboy*: "Comamos, bebamos e sejamos felizes, pois amanhã morreremos"?

Como você deve ter imaginado, sugiro que não.

Encontramos uma fórmula muito mais produtiva, positiva e satisfatória nas palavras de Dag Hammerskjöld, que serviu como secretário-geral das Nações Unidas de 1953 a 1961. Depois de sua morte aos 65 anos num misterioso acidente de avião no Congo (onde ele estava realizando mais uma missão de paz), pesquisadores encontraram uma linha fascinante que ele tinha escrito em seu diário pessoal.

Ele escreveu a linha para Deus. Aqui está ela:

"Por tudo que foi, obrigado, e a tudo que será, sim!"

Como secretário-geral das Nações Unidas, Hammarskjöld viu muito da dor e do sofrimento deste mundo. Mesmo assim, tentou incansavelmente aliviar o máximo possível dessa dor até o momento da sua morte. Ele continua sendo a única pessoa a ganhar o prêmio Nobel da Paz postumamente.

Como ele conseguiu continuar até o fim?

"Por tudo que foi, obrigado, e a tudo que será, sim!"

Hammarskjöld cultivava os hábitos gêmeos da gratidão e da alegre submissão à agenda de Deus — e não importava o que essa agenda pudesse ser.

Nós poderíamos fazer a mesma coisa? Enquanto ansiarmos pelo paraíso e vivermos neste mundo quebrantado, podemos conseguir dar graças a Deus por aquilo que ele já fez, ao mesmo tempo que decidimos aceitar com alegria tudo que ele possa nos trazer em seguida? Não estou dizendo que seja fácil. Embora Hammarskjöld não soubesse, ele disse "sim" ao acidente de avião que tirou sua vida. Se você pudesse entrevistá-lo agora, ele ainda diria "sim"? Após ler grande parte daquilo que ele escreveu sobre sua jornada espiritual, eu acredito que diria. Ele não confiava naquilo ao qual poderia estar dizendo "sim", mas naquele a quem estava dizendo "sim".

Sei que o apóstolo Paulo faria o mesmo. Em sua última carta antes de sua execução, quatro versículos antes da última oração que escreveu em sua vida, ele declarou: "O Senhor me livrará de toda obra maligna e me levará a salvo para o seu Reino celestial. A ele seja a glória para todo o sempre. Amém" (2Timóteo 4:18). Paulo também ansiava pelo Éden — ou por algo ainda melhor. Fico imaginando quantas vezes ele cantou as palavras do salmista:

> A minha alma anela, e até desfalece
> pelos átrios do SENHOR;
> o meu coração e o meu corpo
> cantam de alegria ao Deus vivo.
> Até o pardal achou um lar,
> e a andorinha um ninho para si,
> para abrigar os seus filhotes,
> um lugar perto do teu altar,
> ó SENHOR dos Exércitos, meu Rei e meu Deus.
> (Salmos 84:2-3).

Se você tiver uma música dessas em seu coração, então tem em seu espírito o tipo de poder e graça que capacitou Dag Hammarskjöld e o apóstolo Paulo a escrever as palavras que ainda dão esperança a pessoas quebrantadas como eu.

Não, não é fácil.

Mas por que deveria ser?

Afinal de contas, "temos esse tesouro em vasos de barro, para mostrar que o poder que a tudo excede provém de Deus, e não de nós" (2Coríntios 4:7).

Jamais me esquecerei da noite em que William, meu sogro, sofreu um ataque cardíaco fatal. Ansiosa, segui a ambulância que o levava ao hospital. Após ser informada de que ele tinha falecido, pedi para ver seu corpo — e percebi instantaneamente que tudo que permanecia era somente o corpo físico. O William verdadeiro havia partido, deixando para trás apenas um vaso de barro.

Naquela noite, eu me perguntei: "Por que gastamos tanto tempo preocupados com a apresentação do jarro, quando o que realmente importa é o tesouro escondido dentro dele?".

Você é um tesouro, quer se sinta assim ou não.

Deus lhe ama e tem algo melhor do que o paraíso reservado para você, quer perceba isso, quer não.

Quando você deposita sua confiança em Jesus, sua história termina bem, *muito* bem, quer você acredite nisso neste momento, quer não.

É isso que me mudou nessa jornada. Agora, parece-me que é pela janela do meu quebrantamento que vejo a face de Deus. Antigamente, eu via apenas meu reflexo no vidro, o que havia de errado comigo, o que não era amável e o que era fraco. Mas, quando Deus, em seu amor ardente e feroz, permitiu que as paredes da minha jaula de vidro quebrassem... eu o vi. Fixar meu olhar nele mudou tudo. Não é que eu tenha me tornado uma cristã mais forte, mas, em minha fraqueza, Cristo se mostrou forte inúmeras vezes. Assim, embora eu permaneça uma ovelha rejeitada até o dia em que voltar para casa, sei a quem pertenço e sei que o Pastor se comprometeu a levar você e a mim por todo o caminho até o nosso lar.

E assim eu convido você a orar comigo a oração de Dag Hammarskjöld, que na aventura e na promessa sugere:

Por tudo que foi, obrigado, e a tudo que será, sim!

Estudo bíblico

UM

Não estou acenando; estou me afogando

Quando águas profundas encontram um amor ainda mais profundo

Pedaços quebrados

- 1. Defina, em suas próprias palavras, o que significa estar quebrantado.
- 2. Refletindo sobre sua própria vida, qual dessas afirmações descreve você melhor?
  Explique, sob a declaração apropriada, como isso se apresenta para você.

Eu tenho tido dificuldades de admitir, para mim mesmo e para os outros, que estou quebrantado.

Sei que sou quebrantado, mas não sei como lidar com isso.

- 3. Sheila cita o poema de Stevie Smith: "Durante toda a minha vida, estive sempre muito longe/Não acenando, mas me afogando". Descreva sua própria experiência de afogamento. Como você sobreviveu?

Vasos restaurados

O quebrantamento pode acontecer em nossa vida de maneiras diversas. Às vezes, é a convicção de um pecado que nos quebra. Outras vezes, ficamos paralisados quando percebemos nossas fraquezas ou aquilo que nos falta. Ambos os tipos de quebrantamento apontam para a nossa necessidade de ajuda divina. Ambos os cenários provam que nossa condição humana nos limita.

Ao estudarmos o que a Bíblia nos ensina sobre o tema, comecemos com a fonte óbvia do nosso quebrantamento: o pecado. De um ponto de vista bíblico, o pecado é algo que nos aliena de Deus. É o ato de fazer algo errado que rompe nosso relacionamento com Deus. Tornamo-nos conscientes da nossa pecaminosidade quando somos confrontados com um Deus santo.

Paulo usa a palavra grega *hamartia* para descrever um pecado que não é só um pecado intencional, mas que está em inimizade debilitadora com Deus. Em suas cartas à igreja, fica claro que Paulo entende num nível muito profundo que o salário do pecado é a morte. O pecado nos mantém presos e ameaça nosso relacionamento com Deus. Nenhum de nós está sozinho nisso, pois, como nos lembra Romanos 3:23, todos nós pecamos e carecemos da graça de Deus. Podemos nos consolar — todos nós precisamos de um Salvador!

Hamartia também deriva, em parte, da compreensão grega da tragédia, que está ligada também à palavra *húbris*. A maioria de nós entende essa palavra em termos de orgulho. Na antiga cultura grega, *húbris* equivalia à tentativa de se elevar ao nível dos deuses, de viver como sobre-humano. Assim, o pecado é uma tentativa de nos elevar a um *status* divino, e tentamos desafiar o pecado compensando excessivamente as nossas habilidades.

Para seguidores de Jesus, o entendimento central de pecado é descrença, que está intimamente associada à dureza de coração. Às vezes, somos teimosos demais para abrir nosso coração para o amor de Deus.

- 4. O que os seguintes versículos dizem sobre pecado e como o povo de Deus reage?
  Isaías 6:5
  Salmos 51:1-9
  Lucas 5:8

> "Muitas vezes, a raiva é mais confortável do que o medo. Raiva me passa a ilusão de controle, enquanto medo me deixa nua e exposta."
> —Sheila

- 5. Quando nos deparamos com um conflito, é fácil deixarmos nossa natureza pecaminosa se manifestar. Tendemos a ficar em nossa zona de conforto, seja respondendo com raiva ou recuando, com pena de nós mesmos. Qual é a sua "zona de conforto pecaminosa"?

Leia o salmo 88

"Ó SENHOR, Deus que me salva,
a ti clamo dia e noite.
Que a minha oração chegue diante de ti;
inclina os teus ouvidos ao meu clamor.
Tenho sofrido tanto, que a minha vida
está à beira da sepultura!
Sou contado entre os que descem à cova;
sou como um homem que já não tem forças.
Fui colocado junto aos mortos,
sou como os cadáveres que jazem no túmulo,
dos quais já não te lembras,
pois foram tirados de tua mão.
Puseste-me na cova mais profunda,
na escuridão das profundezas.
Tua ira pesa sobre mim;
com todas as tuas ondas me afligiste.

Afastaste de mim os meus melhores amigos
e me tornaste repugnante para eles.
Estou como um preso que não pode fugir;
minhas vistas já estão fracas de tristeza.
A ti, SENHOR, clamo cada dia; a ti ergo as minhas mãos.
Acaso mostras as tuas maravilhas aos mortos?
Acaso os mortos se levantam e te louvam?

Será que o teu amor é anunciado no túmulo
e a tua fidelidade no Abismo da Morte?
Acaso são conhecidas as tuas maravilhas na região das trevas

e os teus feitos de justiça na terra do esquecimento?
Mas eu, Senhor, a ti clamo por socorro;
já de manhã a minha oração chega à tua presença.
Por que, SENHOR, me rejeitas
e escondes de mim o teu rosto?
Desde moço tenho sofrido e ando perto da morte;
os teus terrores levaram-me ao desespero.
Sobre mim se abateu a tua ira;
os pavores que me causas me destruíram.
Cercam-me o dia todo como uma inundação;
envolvem-me por completo.
Tiraste de mim os meus amigos e os meus companheiros;
 as trevas são a minha única companhia."

- 6. No espaço à direita do salmo apresentado acima, personalize cada parágrafo, para que ele reflita sua oração e confissão a Deus.

Progredindo

Quando sentimos o peso do quebrantamento, pode ser difícil pedir ajuda a Deus. A energia necessária para levantar nossa cabeça ao céu parece inexistente. Em meio ao quebrantamento, nossa fé em Deus deve se agarrar à sua promessa. No salmo apresentado, o salmista confessa sua angústia perpétua ao clamar por ajuda divina. Em seu tormento, ele clama por ajuda todos os dias, até mesmo nas profundezas do desespero.

- 7. Embora o salmo termine em lamento, como ele manifesta fé em Deus?

DOIS

Cordeiros rejeitados e ovelhas rebeldes

Um pastor que vai atrás de vítimas e vilões

Pedaços quebrados

No caso contado da fazenda de Sharon, uma ovelha que não consegue produzir leite em quantidade suficiente para uma cria numerosa decide alimentar alguns cordeiros e rejeitar outros. Esses cordeiros abandonados são chamados de "cordeiros rejeitados". Num sentido espiritual, todos nós somos cordeiros rejeitados.

Há também as ovelhas rebeldes, aquelas que decidiram abandonar o Bom Pastor. Talvez você tenha decidido recentemente seguir seu próprio caminho; cansou-se de confiar em Deus. A rebeldia se apoderou de seu coração, e parece que você não consegue encontrar o caminho de volta, porque não tem certeza se merece a graça dele.

- 1. Você se identifica mais com o cordeiro rejeitado ou com a ovelha rebelde?
  "Ele me deu total libertação; livrou-me porque me quer bem" (Salmos 18:19).

- 2. Anote os benefícios de ser um cordeiro rejeitado descritos no capítulo.

Num sentido espiritual, todos nós somos "cordeiros rejeitados" — perdidos em pecado, de espírito quebrado, com feridas no coração e na mente... e, às vezes, no corpo. Muitos de nós se sentiram como cordeiros rejeitados em nossa família de origem ou até mesmo (e é triste ter que dizer isso) na família de Deus. Sabemos o que significa sentir-se não desejado e não amado, abandonado, rejeitado, abusado ou negligenciado.

Vasos restaurados

Consultando o Capítulo 2, anote a definição da palavra hebraica *chavash*:

- 3. À luz dessa palavra, preencha a lacuna: Jesus, meu Pastor, _____ minhas feridas.

Leia João 10:1-21

Essa passagem se parece com Mateus 18:12-14 e Lucas 15:3-7, mas o relato de João usa a alegoria do pastor com um sentido mais amplo. O foco está naquilo que o pastor faz por suas ovelhas para criar uma imagem do relacionamento de Cristo, o Pastor, com seu povo, as ovelhas.

Nos versículos 1-2, Jesus usa a imagem de um aprisco de ovelhas. No tempo de seu ministério terreno, essa era uma estrutura normalmente feita de pedras ou tijolos de lama parcialmente coberta. Às vezes, era usada uma caverna nas montanhas. Havia uma abertura pela qual o pastor vigiava, para observar ladrões ou animais selvagens. Os ladrões tentavam acessar o aprisco de outras formas. Jesus contrasta isso ressaltando a entrada correta que o Bom Pastor usa. Falsos messias violavam a entrada legítima, tentando prejudicar o povo de Deus.

- 4. Anote algumas das funções do pastor mencionadas no texto.

- 5. João 10:4 diz que o pastor caminha à frente de suas ovelhas e elas o seguem porque conhecem a sua voz. Reflita sobre um período em que era claro que Deus estava guiando cada um de seus passos, caminhando à sua frente. Lembre-se de sua fidelidade, de como ele revelava seu amor e caráter. Lembre-se também de si mesmo nesse período. Como você interagia com as pessoas e tomava decisões? Como você interagia com Deus?

Jesus usou a metáfora de um pastor porque era uma profissão muito comum na Palestina. Em todo o Antigo Testamento encontramos referências figurativas e alegóricas à profissão do pastor. Abel é o primeiro pastor mencionado na Bíblia (Gênesis 4:2). Jesus vincula sua natureza divina à profissão mais comum do mundo bíblico. Mas a passagem termina dizendo que os ouvintes não entenderam a mensagem de Jesus por causa de sua arrogância espiritual. Confiavam em sua linhagem desde Abraão, mas não em Jesus como Messias.

- 6. Por que a confiança no Bom Pastor é essencial para cordeiros rejeitados e ovelhas rebeldes?
- 7. Cite alguns bloqueios tangíveis em sua mente, ao seu coração e à sua história pessoal que impedem você de confiar plenamente que Jesus pode carregar você até pastos seguros.

Se você estudar os relatos dos Evangelhos, encontrará a história das ovelhas também em Lucas, mas com uma diferença interessante. Na versão de Mateus, a ovelha representa uma pessoa crente. No relato de Lucas, a ovelha perdida representa uma pessoa que vem à fé pela primeira vez. E Jesus diz: "Eu digo que, da mesma forma, haverá mais alegria no céu por um pecador que se arrepende do que por noventa e nove justos que não precisam arrepender-se" (Lucas 15:7). Ambas as versões da história nos ensinam que o Bom Pastor ama *todas* as suas ovelhas, sejam elas recém-convertidas ou estejam elas retornando para ele após um longo tempo de afastamento.

Podemos nos confortar ao saber que Jesus irá atrás da ovelha perdida (Lucas 15:3-7) e deixará as 99 para trás. Isso mostra sua compaixão por nós mesmo quando decidimos nos afastar de sua vontade. Às vezes, nossos desejos são mais fortes do que a nossa obediência a ele.

- 8. Quais verdades falsas ou tentações você tem permitido que lhe afastem das verdades de Deus?

A preocupação principal de Jesus era a salvação de suas ovelhas, seu acesso à vida abundante.

Progredindo

O Bom Pastor entrega sua vida pelas ovelhas, sejam elas ovelhas rebeldes ou cordeiros rejeitados. Quanto mais tempo passarmos com nosso Bom Pastor, mais ouviremos sua voz dizer: "Eu amo você do jeito que é, e você pertence a mim".

Em João 10:7 Jesus disse: "Digo a verdade: Eu sou a porta das ovelhas". Quando as ovelhas entravam em seu aprisco após pastarem, o pastor ficava à porta, observando e vendo se tinham feridas. Ele também garantia que nada perigoso entrasse no aprisco. Após assegurar que todas estavam dentro do aprisco, a porta era fechada.

- 9. Imagine Jesus procurando por você. Quais feridas ele vê? Anote aquelas que estão doendo neste momento, nesta estação da vida.

Uma oração de encerramento

Senhor, confiamos a ti as nossas feridas e o nosso coração vagante. Tu nos conheces intimamente (João 10:3-5). Sabemos que tu morreste e entregaste a tua vida por nós. Ajuda-nos, Senhor, a não resistir à tua mão curadora. Ajuda-nos a seguir-te em cada detalhe da nossa vida. Sabemos, Jesus, que tu nos levas para pastos seguros. Amém.

TRÊS

Feridas antigas têm boa memória
Encontrando uma saída da escuridão

Pedaços quebrados

O Capítulo 3 abre com uma confissão: "Por mais louco que pareça, eu acreditava, no fundo do meu coração, que essa tempestade era culpa *minha*, que todos os céus tinham se reunido numa fúria contra mim. Grande parte dessa crença provinha de uma falta desesperadora de entendimento sobre a natureza verdadeira de Deus e seu amor ardente por mim".

É fácil culpar a nós mesmos quando a vida nos decepciona. Dizemos coisas como:

"Meu marido teria ficado se eu fosse mais bonita?"
"Mamãe morreu porque eu não a levei a um médico melhor?"
"O que eu poderia ter feito? O que foi que fiz?"
"Não posso ter filhos. Deus deve estar me castigando."
"Deve ter sido culpa minha."

- 1. É importante nos conhecermos o bastante para saber se a vergonha está nos afastando de Deus. Ore a Deus pedindo para que ele lhe revele se a vergonha o está afastando dele. Peça que ele revele a você qualquer vergonha que esteja afastando você de Seu amor. Anote o que lhe vier à mente.

> "A diferença entre culpa e vergonha é muito clara — em teoria. Sentimo-nos culpados por aquilo que fazemos. Sentimos vergonha por aquilo que somos."
>
> —Lewis Smedes

Quando pedimos perdão, Deus pode revelar coisas que não conseguimos enxergar em certos momentos. Muitas vezes, o arrependimento vem na privacidade do nosso quarto, quando estamos humildes em sua presença.

- 2. Agora, examine em oração se existe algo do qual Deus esteja convencendo você a fazer para reconciliar uma situação. Complete esta curta oração de confissão:
  "Senhor, tu me convenceste de que ainda preciso _____.
  Dá-me forças e sabedoria para que _____ e eu possa receber todo o perdão que tens para mim."

Vasos restaurados

Vemos, no jardim do Éden, o primeiro encontro da humanidade com a vergonha. A palavra "vergonha" aparece pela primeira vez em Gênesis 2:25: "O homem e sua mulher viviam nus, e não sentiam vergonha". A palavra hebraica usada aqui é *bosh*, que significa "sentir-se insignificante na presença de outro".

Leia Gênesis 3
Antes da Queda, Adão e Eva não tinham um conceito de "vergonha". Seu pecado fez com que perdessem seu estado de inocência. Por meio da enganação da serpente, caíram na tentação e desobedeceram a Deus. Perderam o paraíso, pois Deus os tinha alertado de que não deveriam comer da fruta proibida. A consequência imediata foi morte e perda da sua comunhão com Deus.

- 3. Compare agora Gênesis 2:25 com Gênesis 3:10. Depois da Queda, o que mudou? Qual foi a reação deles à vergonha?
- 4. Em Gênesis 3:11, Deus pergunta a Adão se ele havia comido da árvore. Qual foi a reação de Adão à sua vergonha na presença de Deus?
- 5. Releia o relato antes da Queda. Em quais bênçãos Adão e Eva andavam antes de conhecerem a vergonha?
- 6. Quem Deus amaldiçoou primeiro? Quais maldições vieram depois?

> Mas o SENHOR Deus chamou o homem, perguntando: "Onde está você?" E ele respondeu: "Ouvi teus passos no jardim e fiquei com medo, porque estava nu; por isso me escondi".
>
> Gênesis 3:9-10

O julgamento de Adão e Eva: aqui somos confrontados com a santidade de Deus. Antes de Deus pronunciar sua sentença contra Adão e Eva, ele lhes faz uma série de perguntas. A palavra *nus* aparece repetidamente para comunicar que a vergonha que eles sentiam ia muito além daquilo que sentiam um na frente do outro. Deus não os deixou envergonhados em seu estado nu, mas fez roupas de pele de animal para cobri-los. Deus sacrificou vida, o sangue de animais para cobri-los. Até mesmo aqui vemos a provisão que ele fez para seus filhos a fim de cobrir seu pecado, prenunciando o sangue que seria derramado na cruz.

- 7. Leia os seguintes versículos. O que eles dizem sobre o que Deus tem feito com a nossa vergonha?
  Salmos 25:2-3
  Romanos 9:33
  Romanos 10:11
  1Pedro 2:6

> "Parece que, num mundo mortalmente ferido pela desobediência e fatalmente infectado pela doença do pecado, a vergonha tem um papel a exercer nos propósitos redentores de Deus. Ele pretende usar *até mesmo a vergonha* para levar-nos até ele, onde poderemos viver livres de vergonha para sempre."
>
> — Sheila, p. 46.

Progredindo

- Para encontrar o tipo de vergonha santificadora que Deus usa para o nosso bem, contemple o seguinte:
  1. Diga as coisas certas a si mesmo.

2. Encha sua mente com a verdade da Palavra de Deus.

3. Cerque-se de pessoas santas e amorosas.

- Preencha as lacunas abaixo com seus próprios passos em direção a uma visão equilibrada do quebrantamento.

1. Hoje, afirmarei a verdade a mim mesmo, e direi: _____
_____

2. Meditarei sobre a seguinte passagem bíblica: _____
_____

3. Entrarei em contato com _____ nesta semana, porque sei que essa pessoa encoraja a minha fé.

QUATRO

Perguntas persistentes

A paz e a presença de Deus nas noites mais escuras e batalhas mais longas

Pedaços quebrados

Muitas vezes, Deus se recusa a responder às nossas perguntas do tipo "por que". As mais difíceis têm a ver com o sofrimento humano:
"Por que o filho dela foi curado, e o meu morreu?"
"Foi culpa minha?"
"Eu deveria ter tido mais fé?"
"Por que tu não salvaste meu casamento?"
"Que mais eu poderia ter feito?"
"Por que tu não me impediste de fazer papel de idiota?"

- 1. Anote uma das perguntas do tipo "por que" que você tem feito a Deus: _____
_____

- 2. Por que, na sua opinião, Deus se recusa a responder nossas perguntas? Leia Isaías 55:8-9.

Vasos restaurados

Algumas das nossas lutas com os *porquês* podem ser resumidas na palavra *teodiceia* — que vem das palavras *theos*, "Deus", e *dike*, "justiça". Esse termo é usado para se referir a tentativas de entender os caminhos de Deus em relação à humanidade. Parte da pergunta se resolve quando apelamos ao fato de que Deus é todo-poderoso, todo-amoroso e justo, a despeito da realidade do mal no mundo. Depois do jardim, a tensão do sofrimento tem seguido a história humana. As perguntas do tipo "por que" atormentaram o povo de Deus ao longo do Antigo e do Novo Testamento. Jó, Davi, Jonas, Paulo, Maria, Marta e até Jesus perguntaram ao seu Pai: "Por que tu me abandonaste?". Mas, quando encontramos nosso lugar sob o governo de Deus, não podemos ignorar o que ele diz ser: todo-poderoso, onisciente, amoroso, compassivo, misericordioso e soberano.

- 3. Reflita sobre seu próprio sofrimento, ao qual tem sobrevivido. O sofrimento aproximou ou afastou você de Deus?

Leia Mateus 8:5-13 — Jesus cura o servo de um centurião
História do servo do centurião: nos tempos do Novo Testamento, Roma tinha um exército elaborado e complexo. Um centurião era um oficial não comissionado que liderava cem homens. Ele era a coluna dorsal do exército; eram quem executava as ordens. Suas ordens tinham tanta autoridade quanto as do próprio imperador, pois era como se elas tivessem vindo do imperador. Esses soldados não tinham cargos na Palestina, mas havia auxiliares sob Herodes Antipas. O centurião era um não judeu de fora da Galileia. Tradicionalmente, os judeus odiavam os soldados romanos, por oprimi-los.

- Quais obstáculos poderiam ter impedido o soldado romano de se aproximar de Jesus e pedir ajuda?
- 5. Jesus alertou os judeus de que sua falta de fé em Deus poderia impedir sua entrada no reino. Não devemos superestimar a fé — achando que, de alguma forma, a fé em si é a fonte da bondade de Deus —, mas devemos reconhecer que a fé é essencialmente uma crença sólida em Deus e naquilo que ele pode fazer. Por que você acha que Deus despreza a nossa incredulidade?
- 6. Leia o versículo 13. Por que o servo do centurião foi curado, de acordo com o texto?
- 7. O que o centurião disse a Jesus que ilustra que ele entendia quão poderosa era a autoridade de Jesus?

Como você responderia a estas perguntas levantadas no capítulo 4?
"Como ele obteve esse tipo de fé?"
"O que ele sabia que eu não sei?"
"Como posso deixar Deus maravilhado?"

Quando nossas orações não são respondidas como desejamos, Deus, mesmo assim, nos ordena ter fé nele. Os judeus não queriam ouvir que esse gentio romano era bem-vindo à mesa de Deus, apesar de ter sido profetizado em Isaías 25:6-9. A fé do centurião mostrou que ele teve uma revelação da natureza da pessoa de Jesus e de sua autoridade, que lhe foi dada por Deus, e que se estendia para além dos judeus.

Leia João 11:1-44

A história de Lázaro é uma das mais notáveis que temos, e João é o único Evangelho que a registra. Esse relato mostra a angústia e a dor de duas irmãs que amavam muito o seu irmão Lázaro e que também amavam Jesus. Elas sabiam que Jesus era o único que poderia ajudar seu irmão doente. Mas, quando Cristo se atrasou quatro dias, segundo a perspectiva mundana delas, os *porquês* começaram a consumi-las. Elas sabiam que ele poderia ter vindo mais cedo, que ele poderia ter curado o irmão antes de sua morte. Jesus também mostra sua compaixão, como diz o versículo 35: "Jesus chorou".

- 8. Por que Jesus esperou, de acordo com os versículos 4 e 40?

A fé de Jesus na capacidade de seu Pai de ressuscitar Lázaro era forte. Ele meramente agradeceu a Deus, como se já tivesse sido feito. Jesus pediu que retirassem a pedra. Para todos aqueles que testemunharam isso, teria sido muito difícil duvidar da autoridade que Jesus tinha recebido, quando Lázaro saiu do túmulo vivo.

Progredindo

No caso de Maria e Marta, o *porquê* fica claro no fim da história. Deus permitiu que Lázaro morresse, para que sua morte pudesse lhe trazer mais glória. A morte exigia um Deus maior, um milagre maior. Como no caso de Maria e Marta, a perda pode nos impedir de absorver o poder de Deus e o que ele pode fazer para remir uma situação.

Romanos 8:38-39 diz:

> Pois estou convencido de que nem morte nem vida, nem anjos nem demônios, nem o presente nem o futuro, nem quaisquer poderes, nem altura nem profundidade, nem qualquer outra coisa na criação será capaz de nos separar do amor de Deus que está em Cristo Jesus, nosso Senhor.

Talvez você esteja em meio a um tipo profundo de sofrimento e o *porquê* ameaça impedi-lo de erguer seu escudo da fé para testificar: "Não existe Deus mais poderoso do que o meu. Eu confio nele".

> "Minha mente e meu coração humanos não conseguem entender os caminhos de Deus, mas confio em seu coração. Eu tive que travar uma guerra dura e sangrenta para chegar a esse lugar de descanso."
> — Sheila, p. 46.

- 9. Enquanto você espera uma resposta de Deus, descubra como essa espera pode trazer mais glória para ele. Anote suas descobertas.

CINCO

Esconde-esconde, fazer de conta e outras fugas fracassadas

Como evitar uma velha estratégia que nunca funciona

Pedaços quebrados

Todos nós usamos máscaras de uma forma ou de outra. É o nosso jeito de fazer parte, de nos adaptar. Quanto mais quebrantados nos sentimos por dentro, mais nos sentimos obrigados a esconder nosso quebrantamento dos outros, para que não riam de nós ou nos rejeitem. Ao longo dos últimos 16 anos, tenho falado a mais de 4 milhões de mulheres no palco do *Women of Faith*. Ouço sempre as mesmas coisas:

"Não gosto da minha aparência."
"Não gosto de como me sinto."
"Odeio o que vejo no espelho."
"Se as pessoas realmente me conhecessem, ninguém iria querer me conhecer."

- 1. Pense nos diversos círculos em que você passa a maior parte de seu tempo. Marque os ambientes a seguir em que você sente que pode ser você mesmo e não precisa usar uma máscara. Acrescente outros ambientes sociais que estejam faltando.
Trabalho
Lar
Igreja
Vizinhança
Estudo bíblico
Funções sociais na comunidade

- 2. Se você marcou um ambiente ou acrescentou um próprio, anote por que você acha que, nesse ambiente, você não tende a usar uma máscara.

Vasos restaurados

> "Parte do desafio do nosso quebrantamento é treinar nosso coração para que ele consiga ouvir o amor de Deus em meio ao barulho da nossa vergonha."
>
> — Sheila, p. 83-4.

No capítulo 3, analisamos a Queda e a vergonha que resultou dela para Adão e Eva. Muitas vezes, a vergonha faz com que nos escondamos, nos cubramos.

- 3. Leia Gênesis 3:9-10. O que Adão confessa a Deus?

Como cristãos vivendo deste lado da cruz, ainda temos um instinto de nos esconder de Deus. Que pecado você tem tentado carregar por conta própria, pensando que é grande demais para Deus?

Por causa da obra salvadora de Cristo, não precisamos nos esconder *de* Deus, mas podemos nos esconder *nele*. Quando buscamos a presença do Senhor, estamos seguros. Acreditar que seu pecado é grande demais para que Deus possa reconciliá-lo significa rejeitar o poder da cruz.

Leia Hebreus 4:14-16

Sumo sacerdote: um sacerdote-chefe dos hebreus que tem suas origens em Arão. Ele foi elevado acima dos outros sacerdotes e visto como cabeça espiritual do povo de Deus. Israel o procurava para conhecer a vontade de Deus (Êxodo 28:3).

- 4. Com quem Jesus é comparado no versículo 14?
- 5. O versículo 16 diz que devemos ir com toda a _____ ao trono de Deus. E lá receberemos *misericórdia* e *graça*.

- 6. Aprendemos, nessa passagem, que Jesus foi tentado em todos os pontos, como nós. Não devemos deduzir que a vida era fácil para ele. Apesar de passar pela vida sem pecado, como essa experiência humana torna mais fácil aproximar-se dele?
- 7. Leia Hebreus 5:5. Como esse versículo revela a humildade de Jesus como Sumo Sacerdote designado por Deus?
- 8. O que Hebreus 7:24-25 nos diz sobre o sacerdócio de Cristo?

Sob o sistema antigo, o sumo sacerdote ia até Deus em nome de seu povo. Sob a aliança nova, podemos vir até ele diretamente, com ousadia. Mediação não é mais necessária. Podemos largar nossas máscaras por trás das quais nos escondemos e buscar a presença de Deus. Jesus estava com Deus quando o universo foi criado. Mas ele pode ter empatia conosco, pois deixou o trono de seu Pai para assumir sua forma em carne humana. Jesus conquistou o pecado, revelando-se plenamente Deus e plenamente homem.

Progredindo

Uma coisa que nos mantém próximos de Deus é a confissão. Não precisamos esconder nossos pecados — ele já conhece todos. Quando buscamos seu perdão e agradecemos por ele, é mais fácil receber sua graça.

- 9. Anote um pecado que você tem tentado esconder, talvez até de si mesmo. Após anotá-lo, releia Hebreus 4:14-16. Tome tempo para louvar e agradecer a Deus pela misericórdia e graça que ele lhe dá generosamente hoje.

> "Você não precisa se esconder mais. Você é amado do jeito que é. Você não precisa usar uma máscara; Deus vê você do jeito que é. Você não precisa fingir que está bem; Cristo é a nossa justiça e, finalmente, podemos ser humanos, autênticos, amados e livres. Você não precisa negar a verdade; o Senhor sabe tudo e lhe oferece Cristo."
>
> — Sheila, p. 86-7.

SEIS

O que posso saber com certeza?

Três verdades sólidas para manter você de pé, aconteça o que acontecer

Pedaços quebrados

"O que posso saber com certeza?" talvez seja a pergunta mais importante em sua vida neste momento. É provável que você esteja questionando o amor de Deus por você ou lutando com algum aspecto da sua fé. Talvez esteja num lugar esperando pela resposta de Deus a uma oração. Talvez tenha acabado de receber uma notícia que o deixou devastado.

- Anote seus pensamentos e complete cada afirmação, com um curto parágrafo.

    Devo confiar em Deus neste momento porque não tenho certeza de que
    _____
    _____
    _____
    _____

    Embora não me sinta seguro com relação às minhas circunstâncias, sei que isto é verdadeiro sobre Deus:
    _____
    _____
    _____
    _____

Vasos restaurados

No capítulo 5, você leu sobre a tensão entre a vergonha e um Deus amoroso. O estudo deste capítulo se concentrará na soberania de Deus. Enquanto vivemos e manobramos num mundo que muitas vezes se esquece da verdade do Pai, podemos ter certeza de *quem* Deus é quando todo o resto está mudando diante dos nossos olhos. Embora este mundo possa passar a impressão de que todos menos Deus estão governando, isso simplesmente não é verdade. As Escrituras prometem que ele é o Senhor deste mundo. Até mesmo Satanás e seus anjos caídos só podem fazer aquilo que ele permite, e por um tempo. Sim, até mesmo Satanás está sujeito a Deus. O inimigo não pode nem começar a se comparar com o poder de Deus.

Soberania: o poder ilimitado de Deus; o controle de Deus sobre os assuntos da natureza e da história; governo supremo.

As Escrituras declaram que Deus está executando seu plano soberano de redenção, e a conclusão é certa: Deus vence. Embora tenhamos pecado contra Deus e careçamos da sua graça, seu plano para nós supera nosso quebrantamento. Sua soberania é caracterizada por sua justiça e santidade.

Leias as seguintes passagens bíblicas sobre a soberania de Deus.

- 1. Anote, em suas próprias palavras, o que cada passagem significa para você:
  Gênesis 14:18-20
  Êxodo 6:2
  Lucas 2:29
  Atos 4:24
  Apocalipse 6:10

Nada que Deus desconheça acontece neste mundo; assim, sabemos que tudo aquilo que nos surpreende não é uma surpresa para ele. Ele está preparado para todas as situações, e nada desafia seu controle. Quando analisamos o que significa o fato de Deus ser soberano sobre o bem e o mal, devemos examinar também três de seus atributos divinos:

"Oni" deriva da palavra latina *omni*, e significa "todo".

Leia sobre seus atributos soberanos:

- 2. Deus é **onipotente** (todo-poderoso)
  Marcos 14:36
  Lucas 1:37
  Visto que Deus é todo-poderoso, posso ter certeza de que ele
  _____
  _____.

> "O maior aspecto da onipotência de Deus é que a nossa imaginação se perde quando refletimos sobre ela."
>
> — Blaise Pascal

- 3. Deus é **onisciente** (ele sabe tudo)
  1João 3:20
  João 21:17
  Isaías 44:7-8
  Uma vez que meu Deus conhece todas as coisas, posso ter certeza de que
  _____
  _____
  _____.

> "O conhecimento de Deus está ligado à sua soberania; ele conhece cada coisa, tanto em si como em sua relação com todas as outras coisas, porque ele as criou, as sustenta e as faz funcionar a cada momento, de acordo com seu plano para elas."
>
> — J. I. Packer

- 4. Deus é onipresente (em todos os lugares a cada momento)
  Salmos 139:7-12
  Jeremias 23:23-24

> "Se Deus está presente em cada ponto do espaço, se não podemos ir para onde ele não está, nem mesmo conseguimos conceber um lugar

em que ele não está, por que, então, essa presença não se tornou o fato universalmente celebrado no mundo inteiro?"

— A. W. Tozer

- 5. Qual desses três "onis" significa mais para você neste momento?

> Lembrem-se das coisas passadas,
> das coisas muito antigas!
> Eu sou Deus, e não há nenhum outro;
> eu sou Deus, e não há nenhum como eu.
> Desde o início faço conhecido o fim,
> desde tempos remotos, o que ainda virá.
> Digo: Meu propósito ficará de pé,
> e farei tudo o que me agrada.
> Isaías 46:9-10

Progredindo

Ao lutar com os desconhecidos do agora e do futuro, lembre-se disto: ele conhece sua vida, sua história e também o que está por vir — até o menor dos detalhes. Deus sabe o que ainda está por vir na sua vida, e ele declara que o propósito dele para você permanecerá de pé. Ele fará tudo que lhe agrada na sua vida.

Filipenses 4:6-7 pode nos fortalecer enquanto avançamos para desfechos imprevistos: "Não andem ansiosos por coisa alguma, mas em tudo, pela oração e súplicas, e com ação de graças, apresentem seus pedidos a Deus. E a paz de Deus, que excede todo o entendimento, guardará os seus corações e as suas mentes em Cristo Jesus".

Personalize essa passagem e preencha as lacunas:

Não andarei ansioso por _____, mas em tudo, pela oração e súplicas, e com ações de graças, apresentarei meu pedido _____ a Deus. Então tenho a promessa de que sua paz, que excede todo o entendimento, guardará meu coração e a minha mente em Cristo Jesus.

SETE

Um conto de duas Teresas

Sabedoria provada pelo tempo para lidar com dor persistente

Pedaços quebrados

Você pode conhecer os escritos da Madre Teresa ou não, mas praticamente todos se lembram dela como uma freira que sacrificava a si mesma e que amava profundamente a Deus e aos outros. Releia sua carta a Jesus:

> Senhor, meu Deus, quem sou eu para que tu me abandones? A Filha do teu Amor — que agora se tornou a mais odiada; aquela que jogaste fora como indesejada — não amada. Eu clamo, eu me agarro, eu quero, e não há ninguém que responda, ninguém a quem eu possa me agarrar. Não, ninguém. Sozinha... Onde está minha fé? Nem mesmo lá no fundo não há nada além de vazio e escuridão. Meu Deus, como é dolorosa essa dor desconhecida. Não tenho fé; não ouso professar as palavras e os pensamentos que se apertam em meu coração e me fazem sofrer agonia indizível.
>
> Tantas perguntas não respondidas vivem dentro de mim, e temo desvelá-las — por causa da blasfêmia. Se Deus existe, perdoa-me, por favor. Quando tento elevar meus pensamentos para o céu, existe um vazio tão convincente, que aqueles pensamentos voltam como facas afiadas e ferem minha própria alma — me dizem que Deus me ama. No entanto, a realidade da escuridão, do frio e do vazio é tão grande que nada consegue tocar a minha alma.

- 1. Alguma vez você já sentiu que a escuridão à sua volta era tão forte, que parecia ser mais forte do que Deus? Explique.

"Oro para que sua "noite escura" não se estenda a tais extremos.

Oro para que o dia amanheça logo — um mero raio de luz no horizonte oriental que se expande e se transforma num lindo nascer do Sol em sua vida."

— Sheila, p. 106.

Vasos restaurados

João Batista é o precursor de Jesus, que trouxe as boas-novas sobre o Messias vindouro; tanto Jesus como João receberam seu nome de Gabriel antes mesmo de nascerem; não sabemos nada sobre a infância de João, e o mesmo vale para os primeiros anos de Jesus; Jesus nasceu apenas poucos meses após João, e os dois eram primos; os quatro Evangelhos contam que João vivia "no deserto"; João entendeu que o propósito de seu ministério era a reforma e o preparo das pessoas para receber Jesus como Messias (Mateus 3).

Leia Mateus 11:1-6
- 1. Até os seguidores mais próximos de Jesus perderam a coragem e duvidaram do plano de Deus. Quais perguntas João Batista levanta na prisão (cf. tb. Mateus 3:11)?
- 2. Leia Mateus 3:1-6. À luz de Mateus 11:1-6, e sabendo qual era o chamado de João Batista, você acha que suas dúvidas eram sensatas?
- 3. Como Jesus responde à pergunta de João?
- 4. Como Deus endossou Jesus publicamente, segundo Atos 2:22?

No capítulo 7, as duas Teresas lutam com seus sentimentos e decidem viver para além deles. Não permitem que a dor ou a escuridão as separe de Deus. Quando pensamos na Madre Teresa, refletimos sobre uma vida sacrificada para ajudar os destituídos, dando seus sorrisos e seu amor, apesar de se sentir destituída em sua própria alma. Só Deus para levantar uma mulher como Teresa de Ávila, para escrever sobre a oração, justamente aquela coisa que ela confessa ter odiado.

Em meio ao nosso quebrantamento, não importando como nos sintamos, devemos fazer um esforço para ter comunhão com Deus. Podemos estar irritados, decepcionados, desanimados e cansados. Mas exercitamos nossa fé mesmo assim, pois ela está enraizada não em nossos sentimentos, mas na confiança fiel do Pai.

Leia esta oração honesta de Davi:

> Meu Deus! Meu Deus!
> Por que me abandonaste?
> Por que estás tão longe de salvar-me,
> tão longe dos meus gritos de angústia?
> Meu Deus! Eu clamo de dia, mas não respondes;
> de noite, e não recebo alívio!
> Tu, porém, és o Santo,
> *és rei, és o louvor de Israel.*
> Em ti os nossos antepassados puseram a sua confiança;
> confiaram, e os livraste.
> Clamaram a ti, e foram libertos;
> em ti confiaram, e não se decepcionaram.
> Mas eu sou verme, e não homem,
> motivo de zombaria e objeto de desprezo do povo.
> Caçoam de mim todos os que me veem;
> balançando a cabeça, lançam insultos contra mim, dizendo:
> 'Recorra ao SENHOR!
> Que o SENHOR o liberte!
> Que ele o livre, já que lhe quer bem!'
> Contudo, tu mesmo me tiraste do ventre;
> deste-me segurança junto ao seio de minha mãe.
> Desde que nasci fui entregue a ti;
> desde o ventre materno és o meu Deus.
> Não fiques distante de mim, pois a angústia está perto
> e não há ninguém que me socorra.
> (Salmos 22:1-11)

Esse salmo trata de angústia e abandono, mas também de alegria e do reino de Deus. O rei Davi venceu incontáveis batalhas com Deus ao seu lado. Davi, um guerreiro poderoso, recebeu vitória contra todas as probabilidades, por causa do poder e da fidelidade de Deus ao seu povo. Milagres apontam para a autoridade de Deus; às vezes, lembrar o que já atravessamos com a ajuda de Deus edifica a nossa fé, para que nos lembremos de sua provisão e tenhamos a confiança de que ele atravessará conosco também essa provação.

Davi se sentiu abandonado. João Batista se sentiu abandonado. Segundo as passagens estudadas, como eles lidaram com esses sentimentos reais e legítimos?

Qual é sua primeira reação quando sente que Deus abandonou você?

Progredindo

Reflita sobre as duas Teresas mencionadas no capítulo. Ambas sabiam o que era sofrer e ansiar pela presença de Deus em sua vida. Em nossa humanidade, podemos convencer a nós mesmos de que nossas orações não fazem diferença, embora as Escrituras deixem claro que nossas orações são poderosas e eficazes (Tiago 5:16).

A maioria de nós já se sentiu como essas duas Teresas ou Noemi: certos de que Deus levantou sua mão contra nós (Rute 1:13). Marque o sentimento que melhor descreve seus pensamentos quando você está no meio de um sentimento de abandono por Deus:

"Minha oração não importa. Deus faz mesmo o que quer."

"Não tenho energia para orar. Por que eu deveria orar, se meu coração não quiser?"

"As Escrituras dizem que devemos orar sem cessar. Por causa da minha convicção de que a Palavra de Deus é verdadeira, eu oro, mesmo quando estou desencorajado."

Como cristãos, devemos lembrar de que Deus não tem medo dos nossos sentimentos. Ele os acolhe e quer que lhe contemos tudo. Encerre este estudo anotando algo que o deixa desencorajado. Então, conclua com palavras de louvor a Deus e proclame sua confiança nele, mesmo na escuridão.

OITO

Amor intenso e graça de Halloween
Por que a dedicação feroz de Deus a você vem com surpresas

Pedaços quebrados

O amor de Deus é um tema que não se esgota. À medida que crescemos em nossa caminhada com ele, descobrimos cada vez mais quão grande e feroz é o seu amor por nós. E todos nós experimentamos seu amor de maneiras diferentes porque, como pessoas quebrantadas, todos nós precisamos de um toque diferente.

- 1. Descreva seu entendimento do amor de Deus por você. Use palavras que transmitam sua experiência pessoal, e não apenas aquilo que as Escrituras lhe ensinaram.
- 2. Quais imagens vêm à mente quando você reflete sobre a expressão "amor incondicional", usada para descrever o amor de Deus por nós?

> "Temo que, pelo fato de usarmos essa expressão constantemente sem explicar o que ela significa, nós a privamos de sua força original. Hoje em dia, as pessoas a ouvem e tendem a pensar que, quando pecam contra o Senhor, ele responde: 'Tudo bem; não se preocupe com isso. Eu amo você mesmo assim', quando, na verdade, ele responde algo parecido com: 'Eu amarei você para sempre, e é justamente por isso que *não* está tudo bem.'"
>
> — Sheila, p. 117-8.

AMOR INTENSO E GRAÇA DE HALLOWEEN

Vasos restaurados

O amor de Deus não pode ser totalmente compreendido. Muitas vezes, seu amor nos deixa confusos por um tempo. Uma das passagens mais difíceis tanto para cristãos quanto não cristãos é a história de Abraão e Isaque.

Leia Gênesis 22:1-14

- 3. Ao refletir sobre essa passagem, saiba que Abraão também estava no escuro quando seguiu Deus até o monte Moriá. Como essa passagem deixa você no escuro?
- 4. Há três imperativos fortes de Deus nessa história: "Tome", "vá" e "sacrifique-o". De que maneiras essas palavras levaram Abraão além daquilo que ele acreditava poder suportar? Deus explica por quê?
- 5. O que Abraão aprendeu sobre o amor de Deus por meio de sua confiança nele?
- 6. No versículo 7, quem levanta a pergunta: "Onde está o cordeiro?"

Nas horas mais escuras da vida de Abraão, ele consegue dizer, de uma maneira que nunca conheceu antes, "O Senhor proverá". Ele não disse essas palavras para acalmar seu filho; sabia que podia depender de Deus nos últimos momentos dramáticos. Após viajar cinquenta milhas, sem saber como isso seria reconciliado, Abraão demonstrou seu próprio amor feroz por Deus. Ele sabia que Deus se opunha aos sacrifícios humanos pagãos que eram praticados (Levítico 20:1-5), portanto, nada disso fazia sentido para ele. Embora não houvesse cordeiro à vista.

- 7. Abraão chamou de Javé-Jiré o local do altar. O que isso significa (cf. v. 14)?
- 8. Consulte os benefícios do sofrimento nas páginas 128-130. Por meio do sofrimento, Deus restaurará, estabelecerá, fortalecerá e nos assentará. Anote como Deus fez isso por meio da provação em sua vida, leitor.

Restaurar
kartarizein

Estabelecer
sterixein
Fortalecer
sthenoun
Assentar
themelioun

> Então o SENHOR deu-lhe a seguinte resposta: "Seu herdeiro não será esse. Um filho gerado por você mesmo será o seu herdeiro". Levando-o para fora da tenda, disse-lhe: "Olhe para o céu e conte as estrelas, se é que pode contá-las". E prosseguiu: "Assim será a sua descendência". Abrão creu no SENHOR, e isso lhe foi creditado como justiça.
>
> (Gênesis 15:4-6)

Progredindo

Temos muitos exemplos na Bíblia de pessoas quebrantadas que suportaram sofrimento profundo. Hebreus 11 está cheio de pessoas desse tipo. Quando ler a lista, esteja ciente também de seus grandes erros e falhas de caráter. Mas Deus usou essas pessoas de formas poderosas para revelar a sua bondade. O amor de Deus nos leva a lugares aos quais não queríamos ir com ele, mas, quando obedecemos, seu amor é maior e mais vivo do que jamais pensaríamos que fosse possível.

Abraão foi chamado de "um amigo de Deus" nas Escrituras por causa de sua fé, e grande parte de Hebreus 11 é dedicada a esse patriarca. Se ele não tivesse confiado em Deus, não teria conhecido seu amor de maneira tão íntima e salvadora.

- 9. Desenhe uma "estrada" pela qual Deus levou você e na qual tudo que você pôde fazer foi confiar nele. A sua jornada pode ter levado mais do que a viagem de três dias de Abraão; talvez você já esteja viajando por essa estrada desconhecida há alguns anos. Desenhe nela símbolos que mostram que "o Senhor proveu" de maneiras inesperadas. Como você chamaria seu destino final?

"Existe algo duplamente precioso numa fé que saiu vitoriosa da dor, da tristeza e da decepção. O vento apaga uma chama fraca, mas aumenta ainda mais uma chama forte. O mesmo acontece com a fé."

— William Barclay

NOVE
Nada a proteger, nada a perder
Três escolhas quando o sofrimento leva você da plateia para o palco

Pedaços quebrados

Escolha é algo que Deus nos dá; às vezes, escolhemos nosso próprio caminho, pensando que ele nos afastará do sofrimento. Mas, normalmente, significa que perderemos uma bênção que Deus preparou para nós.

- 1. Lembre-se de uma ocasião em que você escolheu intencionalmente seu próprio caminho e, mais tarde, reconheceu a bênção perdida. Como isso impactou seu relacionamento com Deus?

Leias as passagens bíblicas a seguir que pedem que façamos uma escolha segundo os caminhos de Deus. Marque aquela que você escolhe fazer hoje, mesmo que seja difícil.
- "E não nos cansemos de fazer o bem, pois no tempo próprio colheremos, se não desanimarmos" (Gálatas 6:9).
- "Que a paz de Cristo seja o juiz em seu coração, visto que vocês foram chamados para viver em paz, como membros de um só corpo. E sejam agradecidos" (Colossenses 3:15).
- "Assim, aproximemo-nos do trono da graça com toda a confiança, a fim de recebermos misericórdia e encontrarmos graça que nos ajude no momento da necessidade" (Hebreus 4:16).
- "Apeguemo-nos com firmeza à esperança que professamos, pois aquele que prometeu é fiel" (Hebreus 10:23).

- "Por meio de Jesus, portanto, ofereçamos continuamente a Deus um sacrifício de louvor, que é fruto de lábios que confessam o seu nome" (Hebreus 13:15).

Vasos restaurados

Jó — o santo sofredor de Deus. O livro de Jó é, em grande parte, poesia, sendo considerado um dos livros de sabedoria do Antigo Testamento. É um relato da luta de um homem fiel com o sofrimento. Jó é um modelo de integridade espiritual, que também estava quebrantado. Ele se agarrou à sua fé sem entender a razão de seu sofrimento. No fim, por meio de grandes perdas e aflições, e apesar dos conselhos ruins de seus amigos, Jó finalmente reconheceu o poder de Deus com clareza e aprendeu a confiar de maneiras que sua mente não entendia.

Resumir o propósito do livro de Jó em uma única afirmação é difícil, pois ele é multifacetado. Vislumbramos uma realidade que se parece muito com o nosso mundo: pessoas quebrantadas respondem ao sofrimento; um homem honesto tenta se submeter à vontade de Deus; a realidade de Satanás tenta nos desencorajar e nos afastar do plano de Deus; e como a humanidade pode se chocar contra os propósitos divinos de Deus. Jó também ilustra que, embora sejamos pecaminosos, fracos e ignorantes, podemos ser íntegros e puramente devotos a Deus em meio à adversidade.

Leia Jó 1

- 1. O que aprendemos sobre a vida de Jó nos versículos 1-5?
- 2. Como o versículo 6 nos diz que Deus governa sobre todo o mal?
- 3. Como Deus descreve Jó a Satanás (v. 8)?
- 4. Quais perdas Jó sofreu nas mãos de Satanás?
- 5. Como Jó reage aos seus problemas, segundo o versículo 20?
- 6. Quando passamos por um sofrimento profundo, nossa tendência natural é encontrar alguém a quem possamos culpar. Você costuma culpar outros, a si mesmo ou a Deus?

Em meio a tudo isso, Jó não pecou culpando Deus (Jó 1:22).

Leia 2Coríntios 1:3-7
- 7. Qual é o desafio de Paulo para nós quando enfrentamos problemas?
- 8. Quais são os benefícios do sofrimento, segundo Paulo?

Progredindo

Minha oração é que você tenha menos dificuldades de abraçar a realidade do quebrantamento em sua própria vida. Não precisamos ter medo, porque Deus usa tudo isso para nos aproximar dele. Resumindo:

- Pessoas quebrantadas nada têm a proteger e nada têm a perder.
- Pessoas quebrantadas não temem o sofrimento, pois escolheram usá-lo para que os aproxime dos braços amorosos de Deus.
- Pessoas quebrantadas não temem os homens, pois sabem que aquele que vive dentro delas é maior do que qualquer um que estiver na frente delas.
- Pessoas quebrantadas não temem a morte, pois sabem quem e o que as aguarda do outro lado.

Como Deus está usando seu quebrantamento para libertar você?

> Deus usa coisas quebradas. Ele usa o solo quebrado para produzir trigo; nuvens quebradas para dar chuva; grãos quebrados para dar pão; pão partido para dar força. É o frasco quebrado que libera o perfume. É Pedro, chorando amargamente, que retorna com um poder maior do que nunca.
>
> *Streams in the desert* [Mananciais no deserto], p. 113.

DEZ

Chamado para algo maior

Permita que Deus use sua dor para os propósitos maravilhosos do céu

Pedaços quebrados

Nossa caminhada com Deus é repleta de paradoxos. O pior dia pode acabar sendo o melhor. Às vezes, a escuridão nos ajuda a ver ainda mais a luz de Deus. Ele usa até os lugares mais escuros e podres para revelar sua verdade e beleza.

- 1. Pense num lugar ou numa experiência escura. Como Deus lhe apareceu de maneira inesperada? Você conseguiu discernir que ele estava ali naquele instante? Ou só depois, quando tudo acabou?

> "Deus se deleita com homens e mulheres que vão além de si mesmos para fazer coisas "grandes" por outros. Ele convida as pessoas quebrantadas não só a colocarem sua fé nele, a despeito da escuridão, mas também a ousarem ir além de si mesmas e, por meio da fé, trazer o toque restaurador e amoroso de Cristo para outros homens e mulheres em dor."
>
> — Sheila, p. 151.

Vasos restaurados

Anteriormente em nosso estudo, analisamos a grande fé do centurião. Jesus também disse que a mulher cananeia, uma marginalizada, demonstrou grande fé. As duas histórias falam de gentios que foram elogiados por sua grande fé em Cristo. Em Mateus 15, Jesus entra em território pagão. Mateus, o autor, faz questão de mencionar seus ancestrais, que vinculam a região aos inimigos de Israel — os cananeus, um povo hostil ao Deus de Israel; eles adoravam a muitos deuses pagãos. Mais uma vez, Jesus demonstra o poder de Deus para reconciliar os menos prováveis com o Messias. Ninguém está fora do alcance de Deus.

Leia Mateus 15:21-28

- 2. Como Jesus reagiu inicialmente ao pedido dela? Como os discípulos reagiram?
- 3. Embora estivesse em território gentio e tenha curado outros gentios, por que Jesus fez questão de dizer a ela que ele veio pelas ovelhas perdidas de Israel?
- 4. Segundo o versículo 25, qual foi a reação da mulher gentia à resposta de Jesus?
- 5. Às vezes, comparamos nosso nível de quebrantamento com o dos outros, convencendo-nos a nós mesmos: "Bem, não posso pedir ajuda àquela pessoa; ela está longe demais para ajudar". Nas Escrituras, Jesus prova que não existe escuridão que ele não consiga expulsar. Nenhuma situação e nenhum lugar estão sem sua presença. Como a fé da mulher cananeia penetra a escuridão de sua linhagem?

Quando Jesus fala, no versículo 28, ele o faz com grande convicção e emoção: "Mulher, grande é a sua fé!". O texto diz que a filha dessa mulher foi curada na mesma hora. Depois disso, Mateus revela cada vez mais milagres que Jesus faz para os gentios. As bênçãos começam a fluir claramente para judeus e gentios. Como os judeus, às vezes acreditamos que apenas determinados círculos de pessoas merecem receber o amor de Deus. Mas a verdade é que nenhum de nós merece a graça de Deus. Todos nós estamos no mesmo barco — estamos realmente quebrantados. A resposta para todos nós é confiar que ele compensará aquilo que nos falta, que começa a transbordar em nossa vida quando passamos tempo com ele. Como a mulher cananeia, devemos nos ajoelhar diante de Deus e adorá-lo.

Faça questão de praticar o seguinte:

- 6. Ore e leia. Leia Efésios 3:3-4 e diga em suas próprias palavras o que significa.

___

- 7. Ore e estude. Leia 2Timóteo 2:15 e diga em suas próprias palavras o que significa.

___

- 8. Ore e saqueie. Leia Provérbios 2:3-5 e diga em suas próprias palavras o que significa.

___

- 9. Ore e pense. Leia 2Timóteo 2:7 e diga em suas próprias palavras o que significa.

___

Progredindo

Quando realmente abraçamos a escuridão que nos cerca, nosso quebrantamento deixa de ser algo que precisamos temer. Deus dá conta dela, e encontramos liberdade quando desistimos de tentar compensar aquilo que nos falta. Devemos exercitar nossa fé nele, não em nós mesmos. Anote algo que está esmagando você em sua vida.

- 10. Encerre este estudo escrevendo sua oração de fé. Console-se no fato com o qual você pode começar: "Creio, ajuda-me a vencer a minha incredulidade!" (Marcos 9:24). Conclua com palavras de convicção de que Deus está libertando você.

> "Crescer em Cristo significa abrir mão da nossa necessidade de entender ou controlar tudo e da nossa necessidade de aprovação. Quanto mais nos aproximamos de Cristo, menos a nossa fé gira ao redor de *nós*, ao redor daquilo que *nos* agrada, e passa a girar mais em torno dos outros."
> — Sheila, p. 153.

ONZE

Somente os feridos podem servir
E se suas feridas tornam você apto para o serviço dele?

Pedaços quebrados

Talvez, por meio deste estudo, você tenha sido capaz de ser mais aberto em relação a si mesmo e a Deus sobre suas feridas, tenham elas sido causadas por seus próprios erros ou pelo fato de viver num mundo caído. Nossas feridas podem realmente ser uma bênção disfarçada.

- Reflita sobre uma ferida que você carrega consigo e preencha as lacunas:
Se eu não tivesse sofrido _____, não saberia que Deus pode _____
_____.

Embora não desejasse meu sofrimento para ninguém, sou grato por poder ajudar outros que _____
_____.

"Somente os soldados feridos podem servir no serviço do amor."
— Thornton Wilder

Vasos restaurados

Nascido como cidadão romano, Paulo tinha uma herança judaica que significava mais para ele do que qualquer outra coisa. Ele estudou com Gamaliel, um rabino renomado de seus dias, e tinha um fundamento firme na ortodoxia judaica.

Quando o evangelho começou a se espalhar, Paulo se pôs a perseguir cristãos e quis matá-los. Ele se associou aos carrascos de Estêvão (o primeiro mártir registrado na Bíblia) e, então, iniciou sua missão de matar os seguidores de Cristo. Com grande confiança na lei, ele foi confrontado com a pessoa de Jesus. Há três relatos da conversão de Paulo em Atos: os capítulos 9, 22 e 26.

Ao apóstolo Paulo é atribuída a autoria de mais ou menos dois terços do Novo Testamento. Sua história fala sobre o que Deus pode fazer com os menos prováveis dos homens. Até o próprio Paulo se chamou de "o menor dos apóstolos" (1Coríntios 15:9), mas, provavelmente, nenhum outro cristão teve a influência de Paulo. Jamais saberemos, deste lado do céu, quantas pessoas vieram à fé ao lerem uma das cartas de Paulo. Seus escritos estão até hoje trazendo pessoas a Cristo.

Leia Atos 9:1-19

- 1. Como a história começa (versículos 1-2)? O que Saulo (mais tarde chamado de Paulo) estava fazendo?
- 2. Vemos que Saulo se sentia confiante com a fé de seus ancestrais. Ele não percebeu sua própria necessidade de um Salvador e estava espiritualmente cego para a condição de sua alma. Lembre-se de um período em que você não estava ciente da sua depravação espiritual. Como Deus a expôs a você?
- 3. Releia os versículos 4-7. Quando a luz do céu caiu sobre Saulo, o que Jesus disse a ele? Como Saulo reagiu?
- 4. Releia os versículos 10-19. Deus garantiu que os cristãos certos estivessem perto de Paulo em sua hora de necessidade. Qual foi a primeira reação de Ananias ao estender a mão a Paulo?
- 5. Deus usa outros cristãos para nos ajudar em nosso quebrantamento. Todos nós precisamos de um lugar seguro para nos curar e ser vulneráveis. Quando Deus lhe providenciou o amigo certo na hora certa para ajudá-lo a "enxergar" melhor?

Damasco: um grande centro comercial perto de uma cordilheira. A cidade tinha uma grande população judia e fazia parte da província romana da Síria desde 64 a.C.

- 6. A história da conversão de Paulo ilustra nossa dependência total de Deus. Embora Paulo tenha se enganado, Deus demonstrou misericórdia e o confrontou na estrada para Damasco, acabando com sua cegueira espiritual. Paulo não merecia esse milagre — Jesus o procurou mesmo assim. Pense em alguém em sua vida que nem percebe que está quebrantado e que precisa de Jesus. Como você pode ser Ananias para ele?

Após sua conversão, Paulo partiu para evangelizar gentios e judeus — mas, principalmente, gentios. Com isso, recebeu a promessa de sofrimento (Atos 9:16). Em todas as suas cartas, Paulo descreve seus sofrimentos e suas perdas, mas os conta como nada em comparação com sua salvação em Cristo.

Leia as seguintes aflições que Paulo suportou:

> Tenho trabalhado mais do que qualquer um deles. Passei mais tempo na prisão!
> Fui espancado inúmeras vezes. Encarei a morte repetidas vezes.
> Cinco vezes os judeus me açoitaram 39 vezes.
> Fui espancado com varas três vezes. Fui apedrejado uma vez. Sofri naufrágio três vezes. Passei 24 horas em mar aberto.
> Em minhas viagens, estive em perigo constante de rios e enchentes, bandidos, conterrâneos e pagãos. Encarei o perigo nas ruas das cidades, o perigo no deserto, o perigo em alto-mar, o perigo entre cristãos falsos. Conheci exaustão, dor, longas vigílias, fome e sede, tive que sobreviver sem refeições, no frio e sem roupas.
> Além de todas as provações externas, carrego o fardo diário da responsabilidade por todas as igrejas. [...]
> Em Damasco, o governador da cidade, agindo sob ordens do rei Aretas, enviou homens para me prender. Escapei por uma janela e desci pelo muro num cesto. Este é o tipo de saída dignificada do qual posso me gabar. (2Coríntios 11:23-28, 32-33, Phillips)

- 7. Faça uma lista das aflições que ele suportou.
- 8. A vida de Paulo é surpreendente, pois ele sabia que o sofrimento era temporário e que o fruto viria. Qual é o fruto que resultou da perseverança de Paulo? E qual é o fruto da sua própria perseverança, leitor?

Progredindo

Gálatas 6:2 diz: "Levem os fardos pesados uns dos outros e, assim, cumpram a lei de Cristo". Há estações na nossa vida em que Deus nos leva a um lugar de cura e descanso. Normalmente, porém, é apenas uma estação. Nosso propósito é retribuir uns aos outros, porque Deus sabe que isso também beneficia o corpo de Cristo.

Temos percorrido um longo caminho em nossa discussão sobre o quebrantamento. Oro para que Deus esteja tocando você, para que você estenda a mão a alguém que tenha uma ferida semelhante à sua. Paulo também sabia que, quando sofremos, podemos demonstrar compaixão de uma maneira que seria impossível se não tivéssemos primeiro sofrido.

- 9. Pense em alguém que está sofrendo. Peça que Deus lhe dê a força para estender a mão. Talvez você se sinta inadequado, mas fixe seus olhos naquele que é mais do que adequado. Anote o que você quer que essa pessoa saiba sobre você que possa aproximá-la do toque curador de Deus.

> Você está cansado? Exausto? Esgotado pela religião? Venha a mim. Venha embora comigo e você recuperará sua vida. Eu lhe mostrarei como descansar de verdade. Ande comigo e trabalhe comigo — observe como eu faço as coisas. Conheça os ritmos não forçados da graça. Não colocarei nada pesado sobre você. Seja meu companheiro e você aprenderá a viver em liberdade e com leveza.
> (Mateus 11:28-30, A Mensagem)

DOZE

A dor sagrada

Como Deus transforma suas feridas em algo santo

Pedaços quebrados

Não há nada de bom na dor em si. Uma dor que não confiamos a Deus permanece o que é: dor. Não temos como evitá-la, visto que existem muitos fatores que não podemos controlar na vida. Às vezes, não é fácil discernir sua fonte, seja ela uma escolha errada, a consequência de viver num mundo caído ou a disciplina de Deus. É fácil querer ignorá-la e fingir que não existe, mas Deus quer que sejamos honestos com ele.

- 1. Ouça seu coração. Você sente alguma dor abafada ou intensa? Complete a seguinte afirmação:
  A fonte da minha dor é_____.
  Confio que Deus _____.

- 2. Descreva com suas próprias palavras o que você acha que *dor sagrada* significa.

> "Dor é apenas dor. Mas, quando decidimos tomar essa dor e entregá-la a Deus para o seu uso soberano, então ela se torna *sagrada*. Sim, todos nós enfrentamos dor ao longo da nossa vida — física, emocional e espiritual. Mas, se permitirmos que Deus acesse essa dor, pedindo que ele a transforme em algo que possa usar... algo acontece. Algo sobrenatural."
>
> — Sheila, p. 176.

Vasos restaurados

A Bíblia nos oferece 150 salmos cheios de oração, louvor, revelação e verdade. A palavra grega *psalmos* significa "cânticos cantados com acompanhamento". Lemos reações do povo a Deus e reações de Deus ao seu povo. Os salmos nos convidam a experimentar Deus pessoalmente e a caminhar com ele por cada reviravolta que encontramos aqui na terra. Ouvimos Deus falar ao seu povo e também o povo de Deus falar com ele. Rapidamente reconhecemos que havia liberdade para expressar frustração, impaciência, mágoa, raiva e dor. O livro de Salmos nos mostra como Deus vê o indivíduo e a comunidade.

Leia o salmo 6

- 1. Davi é o autor do salmo 6. Como ele demonstra sua honestidade no salmo?
- 2. Davi ora, pedindo que o Senhor o discipline não só com justiça, mas também com misericórdia. Quais perguntas ele faz a Deus no versículo 3?
- 3. Às vezes, a dor provém da angústia de esperar, do desconhecido. Anote uma ocasião em que você sentiu que não saber era ainda mais difícil do que receber uma notícia ruim.
- 4. No versículo 5, Davi lembra Deus de que os mortos não podem se lembrar dele. Para Davi, lembrar-se envolvia louvar aquilo que Deus havia feito. Em sua dor, ele não nega a dignidade de Deus ser louvado. Anote algo pelo qual você é grato, mesmo em meio à dor.
- 5. Davi menciona que sua angústia é mais intensa porque, para ele, parece que ninguém se importa com sua dor. No momento de seu sofrimento, ele o entrega a Deus. Em qual linha do salmo Davi transforma sua dor em uma *dor sagrada*?
- 6. Até mesmo em sua dor, o que Davi reconhece nos versículos 8-9?

Progredindo

Podemos nos consolar sabendo que Deus está plenamente ciente de cada lágrima que derramamos. Lembre-se de Jerry, que chorou por quarenta dias após sua perda — são muitas lágrimas derramadas. Mas as Escrituras nos dizem que Deus guarda nossas lágrimas. Ele redime todas as coisas. Nada é desperdiçado. Deus prometeu registrar todas as nossas tristezas:

> Registra, tu mesmo, o meu lamento;
> recolhe as minhas lágrimas em teu odre;
> acaso não estão anotadas em teu livro?
> (Salmos 56:8)

Nenhuma mente humana consegue conceber a habilidade de Deus de registrar tudo. Podemos louvá-lo por sua compaixão conosco. Jesus é sempre fiel no cumprimento de seu plano de redenção. Algum dia, o paraíso será recuperado e nós voltaremos a ser completos fixando nosso olhar em nossa esperança futura e o nosso lar com Cristo (Apocalipse 21:4). Deus promete remir tudo que o inimigo tentou tirar de nós. A notícia maravilhosa é que nosso sofrimento atual é temporário. À luz da eternidade, tudo isso não passa de um lampejo.

A dor pode nos afastar de Deus se nós permitirmos. Reveja o que você escreveu como sua fonte de dor no início deste estudo. Use essa palavra/expressão para preencher a lacuna a seguir. Já que ele prometeu que transformará nossa tristeza em alegria, preencha a versão remida de sua dor.

- Ele transformou meu/minha
  _____ em _____.
  (fonte de dor)   (fonte de alegria)

TREZE

Cristo, o quebrantado
O Salvador que escolheu sofrer... por você

Pedaços quebrados

Algumas igrejas celebram a Comunhão todo domingo; algumas, a cada duas semanas; outras, mensalmente. Algumas tradições, como o catolicismo, os ortodoxos orientais e os luteranos, usam o termo "Eucaristia", que vem do grego e significa "ações de graças". Outros usam a palavra "Comunhão". Antes da Reforma, a Ceia do Senhor era o elemento central de um culto de adoração — não o sermão. Cada domingo era uma ocasião para celebrar seu poder sobre a cruz. Cristo era o foco central da adoração por meio da Ceia do Senhor.

É fácil participar da Comunhão esquecendo-se do milagre que ela representa. Na noite da traição de Jesus, antes de partir o pão, ele deu graças ao Pai (Mateus 26:26). Vemos aqui o amor incrível de Jesus por seu Pai ao agradecer por seu sofrimento, pelo fato de seu corpo estar prestes a ser partido.

- 1. Anote uma experiência de Comunhão que foi especialmente significativa para você. O que Deus lhe disse durante aquele tempo de adoração?

"Este é o meu corpo, partido por ti".

> "Ele nasceu em pobreza e morreu em desgraça, e considerou que valeu a pena."
>
> — Dorothy Sayers

QUEBRANTAMENTO

Vasos restaurados

A coisa que Satanás sabe muito bem é que Jesus venceu o pecado e a morte por meio do poder do seu sangue e da ressurreição. Isso é algo que ele não quer que lembremos. Foi por isso que Jesus disse: "Fazei isto em memória de mim". Ele não quer que nos esqueçamos do poder da cruz e de que ele tem a resposta para o nosso quebrantamento. Ele não quer que nos esqueçamos de que ele tem toda a ajuda de que necessitamos. Nós realmente vencemos o pecado, a morte e o quebrantamento por causa de seu sacrifício por nós. No entanto, é fácil esquecer essa verdade, vê-la como algo garantido e não recorrer ao seu poder no nosso dia a dia. Quanto mais nos lembrarmos daquilo que ele fez por nós, mais acreditaremos em seu poder de devolver a vida ao nosso dia a dia.

Leia João 19:28-37
- 2. Quais foram as últimas palavras de Jesus antes de curvar sua cabeça?
- 3. O que as últimas palavras de Jesus significam para você, pessoalmente?
- 4. Em geral, as pernas de um homem crucificado eram quebradas para apressar sua morte. Quando suas pernas eram quebradas, ele não conseguia mais erguer seu corpo para respirar. Por que o esquadrão de execução decidiu não quebrar as pernas de Jesus?
- 5. Leia Salmos 34:20. Anote o cumprimento dessa profecia:

> "Pessoas quebrantadas precisam saber que Deus cumpre a sua palavra, até mesmo nos menores detalhes. Muitos de nós viram como mentiras destruíram nossos lares e promessas quebradas abalaram a nossa vida. Mas essa garantia aparentemente insignificante de que Deus não permitiria que alguém quebrasse os ossos do Messias me diz que eu posso confiar nele em todas as coisas, grandes ou pequenas. Portanto, eu me glorio nas palavras de Paulo: "pois quantas forem as promessas feitas por Deus, tantas têm em Cristo o 'sim'" (2Coríntios 1:20).
>
> — Sheila, p. 197.

- 6. Leia Isaías 53:4-5:

    Certamente ele tomou sobre si as nossas enfermidades
    e sobre si levou as nossas doenças;
    contudo nós o consideramos castigado por Deus,
    por ele atingido e afligido.
    Mas ele foi transpassado por causa das nossas transgressões,
      foi esmagado por causa de nossas iniquidades;
    o castigo que nos trouxe paz estava sobre ele,
    e pelas suas feridas fomos curados.

- 7. A cruz é, claramente, onde o poder de Deus conquista a vitória. Como isso muda sua visão sobre o seu quebrantamento?

Isaías chama Jesus de *o Servo Sofredor*. Seu sofrimento foi profundo; muitas vezes, preferimos pular a Sexta-Feira Santa para chegar logo ao domingo da ressurreição. Mas perdemos o poder de seu quebrantamento se ignoramos a dor de Jesus. Embora sem pecado, ele conheceu o peso do pecado quando esteve pendurado na cruz, e o suportou por nós. Seu Pai no céu sabia que ele venceria para que nós pudéssemos ter a vida eterna e o poder da ressurreição dentro de nós. Ele sabia que seu Filho cumpriria sua missão.

- 8. Leia 1Pedro 4:12-13 e responda: quais são as duas bênçãos que resultam do sofrimento, segundo Pedro?
Eu tenho_____ com Cristo e devo _____.

- 9. Leia Atos 14:22: Entramos _____ através de sofrimento.

Progredindo

Talvez você tenha iniciado este estudo sentindo vergonha e culpa por estar quebrantado. Talvez tenha estado em negação, mas compreende agora que Jesus lhe entende e apoia enquanto você reúne os pedaços quebrados de sua vida e os oferece a Deus. Cada pessoa é chamada para algum tipo de sofrimento, e Deus, nosso Criador, sabe o que cada um de nós deve carregar. Ele conhece nossa estrutura; ele conhece nossas fraquezas; ele sabe para onde iremos e quem impactaremos. Para que tipo de quebrantamento ele chamou você, para que possa restaurar um irmão ou uma irmã que necessita de cura? Lembre-se de que Deus não desperdiça nada, e ele quer usar você como um vaso para trazer cura aos outros.

- 10. Em oração, anote o que ele chama você para fazer por meio do seu quebrantamento, que ajudará outros. Encontre uma passagem bíblica que reforce isso, seja uma passagem de capítulos anteriores ou uma passagem para refletir sobre como você servirá a ele no futuro.

Oração de encerramento

Pai, eu te agradeço por enviar teu filho Jesus para curar nossas feridas, para nos libertar. Obrigado pelo fato de nossa história não terminar em quebrantamento, por sermos vencedores por meio de Jesus Cristo. Teu corpo partido era e ainda é a resposta para a nossa vida quebrantada. Assim, Senhor, oferecemos a ti todos os pedaços quebrados e te seguimos com confiança. Tu nos completaste.

Em nome de Jesus.

Amém.

Este livro foi impresso pela Exklusiva, em 2021, para a Thomas Nelson Brasil. O papel do miolo é pólen soft 70g/m² e o da capa é cartão 250g/m².